Manfred Heinlein

Bauexperte im Einsatz

Manfred Heinlein

BAUEXPERTE IM EINSATZ

Tipps vom Profi rund ums Bauen und Wohnen

Linde
international

Bibliografische Information der Deutschen Nationalbibliothek
Die Deutsche Nationalbibliothek verzeichnet diese Publikation in der Deutschen Nationalbibliografie; detaillierte bibliografische Daten sind im Internet über http://dnb.d-nb.de abrufbar.

Die Herstellung der Produktion „Bauexperte im Einsatz“ erfolgt durch die Tele München Gruppe und die ON-MEDIA GmbH im Auftrag von RTL II. Die Produktion basiert auf einem Format der ATV Privat TV GmbH & Co KG, gefördert vom FERNSEHFONDS AUSTRIA.

ISBN 978-3-7093-0549-2

Umschlag: buero8; Umschlagbild: Sabine Jakobs
Textredaktion: Cornelia Rüping
Satz: Strobl, Satz·Grafik·Design, 2620 Neunkirchen

1210 Wien, Scheydgasse 24, Tel.: 01/24 630
www.lindeverlag.de
www.lindeverlag.at
Druck und Bindung: PBtisk a.s.
Dělostřelecká 344, 261 01 Příbram, Tschechien – www.pbtisk.eu
1

„Der Mensch hat dreierlei Wege, klug zu handeln: erstens durch Nachdenken, das ist der edelste, zweitens durch Nachahmen, das ist der leichteste, und drittens durch Erfahrung, das ist der bitterste.“

Konfuzius (551–479 v. Chr.)

Inhalt

Einleitung 9

Kapitel 1: Was Sie vor der Realisierung eines Bauprojekts bedenken sollten 13

1.1 Ermittlung der Kosten 15
1.2. Die Finanzierung Ihres Vorhabens 18
1.3 Warum Sie nur für Ihre Bedürfnisse planen und bauen sollten 19

Kapitel 2: Der rechtliche Rahmen 23

2.1 Rechtliche Beziehungen 25
2.2 Bürgerliches Gesetzbuch (BGB) 26
2.3 Die Makler- und Bauträgerverordnung (MaBV) 40
2.4 Vergabe und Vertragsordnung für Bauleistungen (VOB) 41
2.5 Die richtige Unterstützung vor, während und nach der Bauausführung 47
2.6 Was bedeutet „Anerkannte Regeln der Technik“? 52
2.7 Realisierung mit einem Architekten 62
2.8 Realisierung mit einem Bauträger 73

Kapitel 3: Naturwissenschaftliche Grundlagen und Begriffserklärungen 79

3.1 Wasser 80
3.2 Energie 86
3.3 Luftströmungen oder der Bernoulli-Effekt 88
3.4 Weitere Begriffe, die Sie kennen sollten 89

Kapitel 4: Die gängigsten Baustoffe 93

4.1 Vom Zement zum Beton 94
4.2 Mauerwerk 97
4.3 Holz und Holzbaustoffe 99

Kapitel 5: Die Gebäudehülle - vom Keller bis zum Dach. 105

5.1 Fehlertolerante Konstruktionen 106
5.2 Einflüsse auf die Gebäudehülle 108
5.3 Keller 110
5.4 Außenwände/Mauerwerk 135
5.5 Problemfeld ausreichende und gebrauchstaugliche Lüftung 154

5.6 Der Sockel, das unterschätzte Bauteil 154
5.7 Dach 161
5.8 Verglasungselemente 189
5.9 Die Luftdichtheit der Gebäudehülle 195

Kapitel 6: Innenausbau 203
6.1 Wandbaustoffe 204
6.2 Fußbodenbeläge 205
6.3 Badezimmer (Nassräume) 206
6.4 Innenputz 211
6.5 Beheizung 212
6.6 Beschichtungsstoffe (Tapeten und Farben) 218

Kapitel 7: Das Fertighaus 219
7.1 Holzrahmenbau und Holztafelbau 220
7.2 Das Blockhaus 231

Kapitel 8: Besonderheiten bei Wohneigentum 233
8.1 Erfahrungen mit einem Bauträger 234
8.2 Die Wohnungseigentümergemeinschaft 237
8.3 Der Erwerb von Bestandsimmobilien 238
8.4 Rechtliche Aspekte 243

Kapitel 9: Wenn an einer rechtlichen Auseinandersetzung kein Weg vorbeiführt 245
9.1 Vorbereitung 246
9.2 Der lange Weg zum Urteil 247
9.3 Das Gerichtsverfahren 249
9.4 Mediation 253
9.5 Das Schiedsgutachten 254

Kapitel 10: Neun Umstände, unter denen Ihr Vorhaben zum Alptraum werden kann 255

Literatur 259
Links 260
Dank 261
Abkürzungsverzeichnis 262
Stichwortverzeichnis 264
Der Autor 269

Einleitung

Wie oft kaufen Sie sich im Leben einen Pkw? Zwölfmal, 16-mal? Wie oft eine Waschmaschine, einen Fernseher? Sehr wahrscheinlich bauen Sie jedoch nur ein einziges Mal ein Haus, selbst wenn Sie vielleicht mehrfach eine Eigentumswohnung kaufen. Und bei diesem einen Mal sehen Sie sich einer ganzen Armada von Spezialisten gegenüber: Sie als technischer Laie gegen vielleicht 26 bis 30 Personen ihres Fachs.

Und – da können Sie sicher sein – fast alle wollen nur Ihr Bestes. Und darunter verstehe ich in diesem Fall Ihr Geld. Das kann schon beim Architekten anfangen, der Ihnen ein Pauschalhonorar unterhalb der Mindestsätze der Honorarordnung für Architekten vorschlägt. Und dies mit wirklich einleuchtenden und überzeugenden Begründungen. Sie in Ihrem Überschwang und dem Gefühl, ein Schnäppchen zu machen, sind begeistert und willigen ein. Nicht ahnend, dass der Architekt natürlich weiß, dass ein Pauschalhonorar unterhalb der jeweiligen Mindestsätze als nicht vereinbart gilt; und dass er am Ende im Extremfall immer sein Mindesthonorar einfordern kann. Egal was zwischen Ihnen vereinbart ist.

Dann kommen noch die Fachingenieure und die ausführenden Firmen hinzu. Und je nach Hauptlieferant oder Vertragspartner hinter den Fachfirmen, zum Beispiel dem Heizungsbauer, wird Ihnen dieser ein ganz bestimmtes Fabrikat einbauen wollen. Natürlich wieder mit schlagenden Argumenten. Klar, weil er da die größtmögliche Rückvergütung kassiert.

Viele Bauherren glauben dennoch, einem Bauprojekt ohne fachliche Beratung und Betreuung gewachsen zu sein. Leider müssen wir Sachverständige und die Rechtsanwälte feststellen, dass auf beiden Seiten – also beim Bauherrn mit seinem Architekten auf der einen Seite und den beauftragten Firmen auf der anderen Seite – der Wunsch nach größtmöglichem persönlichen Gewinn auf Kosten der anderen im Fokus steht. Häufig lässt deshalb die Ausführungsqualität zu wünschen übrig. So werden zum Beispiel Arbeitsschritte, die zu einer dauerhaften und risikomindernden Ausführung notwendig wären, einfach weggelassen. Beispiele hierzu finden sich in Kapitel 5.3.5 „Untergeschoss in der Qualität Weiße Wanne“, in Kapitel 5.9 „Die Luftdichtheit der Gebäudehülle“ und in Kapitel 6.3 „Badezimmer (Nassräume)“.

Welche Probleme eine nicht sachgerechte Planung und Realisierung nach sich ziehen kann, illustrieren die folgenden Beispiele aus meiner Praxis.

BEISPIELE

- Schauplatz ist eine teure Eigentumswohnung, die von einer alleinerziehenden Krankenschwester und zwei kleinen Kindern genutzt wird. Einige Jahre nach Ablauf der Gewährleistungsfrist bilden sich im Schlafzimmer Wasserränder an den Innen- und Außenwänden. Neben dem Schlafzimmer liegt das Badezimmer. Ursache: Aufgrund der fehlenden Abdichtung unter der Bade-/Duschwanne sickerte jedes Mal beim Baden/Duschen Wasser zwischen die Wanne und die Wand in den Fußbodenaufbau und reicherte sich dort an. Die im Boden verlegten Heizleitungen aus Stahlrohr korrodierten daraufhin. Und irgendwann trat dann aus den durchgerosteten Heizleitungen massiv Wasser aus. Dieser (versicherungstechnisch sogenannte) Allmählichkeitsschaden verursachte zudem Probleme mit der Schadensregulierung durch die Versicherung.
- Nächster Schauplatz ist der Neubau eines Einfamilienwohnhauses, erstellt von einem Bauträger. Eine meiner ersten Fragen betraf die Ausführung des Untergeschosses. Der Verkäufer erklärt mir, dass ein wasserundurchlässiger Keller aus Beton erstellt worden war. Die Nachfrage meinerseits, was denn die Gründe hierfür seien, ob denn eine entsprechende Wasserbelastung vorliege, konnte er nicht bejahen. Mehraufwand gegenüber einer gemauerten Lösung: ca. 15.000 €. Ob es eine rechtliche Lösung gibt, bei der dieser völlig sinnlose Aufwand zurückgefordert werden kann, ist fraglich.
- Nächster Fall: Ich wurde gerufen, weil nach heftigen Regenfällen im Staffelkeller (ein Teil des Hauses ist nicht unterkellert) eines Zweifamilienwohnhauses zentimeterhoch das Wasser stand. Der Staffelkeller selbst und zudem die vorhandenen kreisrunden, schlecht verschlossenen Stellen in regelmäßigen Abständen kurz über dem Boden in der Wand zum nicht unterkellerten Bereich machten mich stutzig. Unter diesem Bereich fand ich einen alten Feuerkanal. Dieser hatte in der Gemeinde vor vielen Jahrzehnten dazu gedient, im Brandfall Löschwasser vom weit oben

gelegenen Löschteich zu einer Brandstelle zu leiten. Seitdem wurde in diesem Kanal Regenwasser gesammelt und in den Vorfluter geleitet. Da sich niemand mehr für den Kanal verantwortlich fühlte, sammelte sich darin viel Unrat an, was dann bei entsprechenden Niederschlägen zum Aufstau führte und Wasser in das Gebäude drückte. Der Verkäufer hatte hier schon nachbessern lassen, dies aber dem Käufer verschwiegen. Arglist? Das müsste sich erst einmal beweisen lassen.

Die Liste ließe sich endlos fortsetzen. Ich habe mir zwar im Lauf der Jahre zwangsläufig ein dickeres Fell zugelegt, bin aber immer noch tief erschüttert, wenn Menschen aus Unwissenheit oder Gutgläubigkeit erheblichen Schaden erleiden. Die finanziellen Folgen sind immer schwerwiegend und können sogar bis zum totalen Verlust der Existenz führen. Damit sind meist auch erhebliche Spannungen innerhalb einer Beziehung oder Familie verbunden. Doch wie kann sich ein (zukünftiger) Bauherr davor schützen?

Während der Aufnahmen zur Sendung „Bauexperte im Einsatz", bei den zahlreichen Gesprächen mit Geschädigten, wurde mir klar, dass ich meine jahrzehntelangen Erfahrungen als Architekt und öffentlich bestellter und vereidigter (kurz: ö. b. u. v.) Sachverständiger für Schäden an Gebäuden zu Papier bringen muss, vor allem um den vielen Bau- und Kaufwilligen meine Erfahrungen mit auf den oft beschwerlichen Weg zu geben. Herausgekommen ist dieses Buch, es soll Ihnen, liebe Leserinnen und Leser[1], eine Idee davon geben, wo bei den grundsätzlichen und üblichen Bauausführungen der Hase lang läuft. Durch die Beachtung und Umsetzung gewisser naturwissenschaftlicher und baukonstruktiver Grundlagen ist es relativ einfach, ein dauerhaft funktionsfähiges und gebrauchstaugliches Bauwerk zu errichten. Dieses Buch vermittelt Ihnen in leicht verständlichen Worten Grundlagen, sodass Sie mitentscheiden können. Mitentscheiden, wenn es um die Wahl der Bauart, die Wahl der Baustoffe und die Wahl der Konstruktion geht.

---

1 Bitte sehen Sie es mir nach, wenn ich nicht jedes Mal beide Geschlechter ausdrücklich benenne, denn dies würde den Lesefluss stören. Selbstverständlich möchte ich Männer und Frauen gleichermaßen ansprechen.

Nach der Lektüre werden Sie Ihren Vertragspartnern – sei es der Architekt, der Werkunternehmer oder der Bauträger, der Generalunter- oder -übernehmer – gezielt Fragen nach dem Wie und dem Warum stellen können. Und letzten Endes werden Sie auch das Wissen Ihrer Baupartner testen können. Durch fundierte Nachfragen werden diese ebenfalls dazu angehalten, ihr Wissen zu komplettieren beziehungsweise sich mehr anzustrengen und tiefer in die Materie einzusteigen.

Sie werden den Rechtsrahmen, in dem sich das Bauen bewegen muss, und damit Ihre Rechte, aber auch Ihre Pflichten kennenlernen. Natürlich lässt sich im Rahmen dieses Buchs nicht jede einzelne Ausprägung möglicher Komplikationen ausleuchten. Aber was Sie erfahren, wird ausreichen, damit Sie wissen, welche Risiken es gibt und wie man sie begrenzen kann.

Klar ist, dass dieses Buch weder ein Studium der Architektur oder der Ingenieurwissenschaft noch jahrzehntelange Erfahrung eines vollumfänglich tätigen Architekten oder Ingenieurs ersetzen kann. Zudem fallen die Entscheidungen darüber, ob eine Konstruktion dauerhaft funktionsfähig und mängelfrei ausgeführt wurde, nur in der täglichen Praxis. Dieses Buch kann daher kein Ersatz für eine baubegleitende Qualitätskontrolle und juristische Begleitung sein, die ich Ihnen dringend ans Herz legen möchte.

Kapitel 1

Was Sie vor der Realisierung eines Bauprojekts bedenken sollten

In diesem Kapitel geht es darum, sich intensiv mit gewissen Fragen zu beschäftigen, zum Beispiel: Was kann ich mir realistisch und locker leisten? Was (hinsichtlich Größe und Flächen) brauche ich wirklich? Wie finanziere ich mein Vorhaben? Wo liegen die größten Fallen für ein Scheitern?

Lassen Sie mich mit einem modernen Märchen beginnen: Es war einmal eine Familie mit fünf Kindern. Der Vater ging als Angestellter im öffentlichen Dienst einer einfachen Arbeit nach, die Mutter kümmerte sich um den Nachwuchs. Kurz nach der Geburt des fünften Kindes gingen die Eltern wieder schwanger – diesmal mit dem Gedanken an ein eigenes Haus.

Man rechnete und rechnete, bezog die Arbeitsleistung des noch jungen Opas als Eigenleistung mit ein, addierte das Kindergeld und Förderungen des Staates für kinderreiche Familien hinzu, wusste in etwa, was das Haus inklusive Bauland kosten sollte – und schon war die Realisierung in greifbare Nähe gerückt. Die sensationell niedrigen Zinsen befeuerten den Traum zusätzlich.

Gespräche mit Banken, der Verkäuferin eines Bauträgers, der das Fertigteilhaus auf einen konventionell zu errichtenden Keller stellen wollte, und einer Architektin folgten, dann die Berechnung aller Zahlen – und – Strahlen. Die Familie war im siebten Himmel, endlich sollte es für alle eine schöne Bleibe mit Garten drum herum geben, himmlisch.

Vielleicht lag es am Lärm der Kinder, vielleicht auch an zu viel Träumerei – die warnenden Rufe wurden nicht gehört: Und was ist, wenn Opa ausfällt? Wenn sich die Architektin verrechnet hat? Wenn mit dem Baugrund etwas nicht stimmt? Ach, immer diese Wenns. Irgendwie wollte man an dem Traum festhalten, wollte keine Details wissen, die das Vorhaben möglicherweise infrage stellen könnten.

Und dann nahm das Schicksal seinen Lauf: Opa starb an einem Dienstag. Er fühlte sich in der Arbeit nicht wohl, wollte zum Arzt – ist aber nie dort angekommen.

Die Architektin hatte sich verrechnet. War von idealen Annahmen und einem normalen Baugrund ausgegangen, obwohl die gewählte Gegend bekanntermaßen meist felsig war. Bewusst? Fahrlässig? Genau wollte das zu diesem Zeitpunkt noch niemand wissen, schon gar nicht der Bauträger. Wer wollte schon erkennen, welche Gründe dahintersteckten? Ein Fehler kann ja jedem passieren.

So ging es weiter: Der Baugrund war also felsig und wasserundurchlässig. Diesen zu entfernen – besonders wenn das Kellergeschoss in Hanglage tief eingebunden werden muss –, kostet Geld, viel Geld. Und wohin mit dem Wasser aus dem Baugrund? In den öffentlichen Kanal? Ging nicht, war nicht zulässig. Der Bauträger schlug vor, den Keller in Art einer Weißen Wanne zu bauen, also wasserundurchlässig. Zudem sollte der Keller nicht mehr so tief in den Baugrund gesetzt werden, das würde Aushub sparen. Diese Idee war nicht schlecht, nur mussten zusätzliche 15.000 € für die Weiße Wanne aufgebracht werden. Woher nehmen?

Dahin war die schöne Kalkulation. Doch die Hoffnung blieb, dass sich schon eine Lösung finden lassen würde, wenn erst einmal der Keller gebaut wäre. Der steht mittlerweile schon seit zwei Jahren, setzt Moos an, die außenseitige Dämmung fällt ab, Gras wächst darüber.

Sie ahnen es schon, es hatte keine Lösung gegeben, die Verzweiflung war sogar noch gewachsen: Die Bank hatte Wind von der Finanzierungslücke bekommen und die Auszahlung des Kredits gestoppt. Eine Nachfinanzierung war ebenfalls nicht möglich gewesen – aus der Traum.

Leider hatte dieses Märchen kein Happyend. Doch können wir daraus eine ganze Menge lernen.

1.1 Ermittlung der Kosten

Vergessen Sie die Rente der Oma oder den Einsatz des Vaters als Eigenleistung oder die in Aussicht gestellte Gehaltserhöhung. Kann ja alles gutgehen, aber was ist, wenn die Oma stirbt, der Vater krank wird und damit ausfällt? Solche Ich-will-unbedingt-bauen-Finanzierungen bergen ein erhebliches Risiko. Alles ist darauf ausgerichtet, dass ja nichts schiefgeht, doch leider gibt es da noch das Schicksal mit seinen Irrungen und Wirrungen.

TIPP

Für Bauprojekte gilt: Finanzieren Sie solide und rechnen Sie immer mit dem Worst-Case-Szenario.

Aktuell werden irre niedrige Bauzinsen angeboten, das vernebelt schon dem einen oder anderen die Sinne – und lässt vergessen, dass die Zinsen irgendwann wieder steigen werden. Doch auch bei einem höheren Zinssatz muss die Finanzierung noch stehen: Die Kinder brauchen etwas zu essen, sollen gute Kleidung erhalten und auch ein Urlaub sollte noch drin sein.

1.1.1 Flächenbedarf

Als Erstes gilt es, sich kundig zu machen, was denn das gewünschte Haus kosten würde. Dafür müssen Sie zunächst den Flächenbedarf feststellen.

Träumen Sie ruhig von einem großen Wohnzimmer (35 m^2), dem daran angegliederten Esszimmer mit toller Küche (endlich mal mit Freunden bei einem Gläschen Wein kochen, quatschen, wohlfühlen ... 30 m^2), einem vorgelagerten Wintergarten mit 15 m^2, vom schönen Eingangsbereich mit WC (15 m^2). Ergibt für das Erdgeschoss zusammen circa 95 m^2.

Um das Geschoss darüber zu planen, lassen Sie die Kinder träumen und ihre Vorstellungen äußern. Sind diese noch in Planung, setzen Sie pro Kind mindestens 15 m^2 an. Soll jedes Kinderzimmer über ein eigenes Bad verfügen, kommen weitere 5 bis 8 m^2 hinzu. Ich kürze jetzt mal ab: Vermutlich wird das Obergeschoss nur um den Wintergarten kleiner.

Alles in allem ergeben sich daraus circa 180 m^2 Nettogrundfläche. Zu dieser Wohnfläche kommen ungefähr 25 % Konstruktionsfläche (Wände, Treppen usw.) hinzu, die Bruttogrundfläche macht also etwa 225 m^2 aus.

1.1.2. Nebenkosten

Mit diesen Vorstellungen gehen Sie beispielsweise zu einem Architekten und fragen ihn zunächst nach den Kosten für eine überschlägige Schätzung der Baukosten. Dies wird oft gratis erfolgen. Der Kollege schaut dann mal „schnell" in der Fachliteratur nach (hier findet er Auflistungen realisierter Bauten, deren Kennzahlen nur nach der gewünschten Größe umgerechnet werden), fragt nach, ob Ihr Gebäude unterkellert sein soll, und wird Ihnen dann eine Kostenschätzung abgeben. Ich betone: Schätzung! Zudem kann er Ihnen die zu erwartenden Nebenkosten (für Planung, Sonderingenieure, Baugenehmigung usw.) nennen. Bei gewissenhafter Arbeit kennen Sie dann den Kostenrahmen mit einem Spielraum von plus/minus 15 %.

1.1.3 Grundstück

Fehlt nur noch das Grundstück. Hierfür suchen Sie den Immobilienmakler vor Ort auf, der nennt Ihnen zumindest einen marktüblichen Quadratmeterpreis. Fragen Sie nach, ob dieser Preis „erschließungsbeitragsfrei" (ebf) oder „erschließungsbeitragspflichtig" (ebp) ist. Ist er ebp, müssen Sie etwa 30 bis 50 €/m² für die anteiligen Erschließungskosten hinzurechnen.

TIPP

Die Kontaktdaten von Immobilienmaklern finden Sie in der örtlichen Presse oder beim Immobilienverband Deutschland (IVD), www.ivd.net.

Eine andere Möglichkeit ist der Anruf beim Sachverständigenausschuss der jeweiligen Stadt oder des Landkreises. Hier werden die notariellen Kaufverträge ausgewertet. Auch an dieser Stelle kriegen Sie Auskünfte über die Quadratmeterpreise. Achtung: Diese Angaben hinken der aktuellen Marktlage hinterher, da sie nur alle zwei Jahre ermittelt werden. Und: Schauen Sie auch hier darauf, ob die Werte ebf oder ebp sind! Letzteres erfordert weitere Aufwendungen für die anteiligen Erschließungskosten. Einen Anhaltswert hierzu nennt Ihnen ebenfalls der Sachverständigenausschuss.

Zum Grundstückspreis müssen Sie die Grunderwerbsteuer – sie ist je nach Bundesland verschieden und reicht von 3,5 % (Bayern) bis 6,5 % (Schleswig-Holstein) – sowie die Notarkosten und Maklergebühren hinzurechnen. In Summe ergibt das etwa plus 10 bis 13 %. Oder Sie suchen einen örtlichen Bauträger auf. Der hat vielleicht gleich ein passendes Grundstück im Angebot. Auch hier sind die vorgenannten Kosten zu berücksichtigen.

Und fertig ist der in etwa zu erwartende Kostenrahmen. Die finanziellen Belastungen, die damit verbunden sind, gilt es zu bewältigen, und zwar ohne Klimmzüge machen zu müssen! Ruhig schlafen, ausgehen, ein Gläschen Wein trinken, sich einen Urlaub, den Kindern gewisse Extras gönnen, die Autoreparatur bezahlen, an die man gar nicht gedacht hat, oder sogar ein neues Auto kaufen – all das muss dann noch locker möglich sein.

1.2. Die Finanzierung Ihres Vorhabens

Damit Sie sich nicht ständig zu sorgen brauchen, benötigen Sie einen beruhigenden Eigenkapitalanteil (nicht nur die 20 %, die viele Banken fordern) und ein dauerhaft erzielbares Haushaltseinkommen, ohne auf eine Gehaltserhöhung zu hoffen und ohne Sonstiges mit einzurechnen. Ich würde nicht unter 35 % Eigenkapital starten. Dann sind die Tilgungsraten niedrig und es bleibt Ihnen Luft zum und damit Lust am Leben. Wenn Ihr Traumhaus also samt Grundstück und allem circa 500.000 € kostet, wären 175.000 € Eigenkapital eine gute Voraussetzung.

Und jetzt überlegen Sie sich mal den Worst Case (also die schlimmsten Umstände): Wodurch könnten Sie gezwungen sein, das Haus wieder zu verkaufen? Die Liste mit den Beispielen ist natürlich beliebig erweiterbar:

- Die Zinsen steigen.
- Der Baugrund hat möglicherweise ebensolche Überraschungen wie im Märchen am Anfang des Kapitels zu bieten – also hier Eventualitäten einplanen.
- Es kommt zu Bauzeitverzögerung aufgrund diverser Umstände wie Fehllieferung von Fenstern oder Konkurs der Estrichfirma. Dies zieht eine monatelange Doppelbelastung – Miete und Tilgung – nach sich.
- Steigende Baupreise oder eine Fehlkalkulation – hier würde ich plus 3 bis 5 % ansetzen.
- Baustreitigkeiten, die den Einsatz eines Rechtsanwalts und/oder eines Bausachverständigen notwendig machen – rechnen Sie hierfür grob 7.000 bis 10.000 € ein.
- (An eine Scheidung sollten Sie nur denken, wenn Ihnen der Hausbau die Luft zum Atmen nimmt, deshalb steht dieser Punkt in Klammern.)

Und noch etwas kommt hinzu, das die Kosten in die Höhe treibt, an das viele aber vorab nicht denken: Sonderwünsche! Sie glauben gar nicht, was Ihnen plötzlich alles ein- und auffällt, wenn der Fokus erst einmal auf das Baugeschehen gerichtet ist! Dann sind eine exklusivere Kücheneinrichtung, die Whirlpoolwanne und vieles andere wichtig. Wenn sich solche Sonderwünsche finanzieren lassen, ohne dass Sie die skizzierten Folgen befürchten müssen, können Sie sich auf den Weg zur Bank machen. Für die Verhandlungen dort kann ich Ihnen leider keine Tipps geben. Da müssen Sie alleine durch.

TIPP

Finanzierungsdauern von 60 Jahren (gerade hat mir ein Freund erzählt, dass seine Tochter diese Tilgungszeit anstrebt) sollten auf keinen Fall ins Kalkül gezogen werden. Dieser Zeitraum ist mehr als unübersichtlich.

1.3 Warum Sie nur für Ihre Bedürfnisse planen und bauen sollten

Natürlich sollen Sie sich am Anblick Ihres Hauses erfreuen, wenn Sie abends geschafft von der Arbeit kommen. Natürlich sollen Sie sich auch im Innenbereich wohlfühlen. Den Spruch „My home is my castle" kennt sicher jeder von Ihnen. Nur leider kommt das Erwachen erst Monate später, wenn der Rausch vom eigenen Heim etwas verflogen ist.

Vor kurzem habe ich mit zwei Bekannten gesprochen. Der eine lebt mit der Familie in einer vor etwa einem Jahr erworbenen Bestandsimmobilie, der andere hat sich ein Einfamilienhaus bauen lassen. Beide Gebäude wurden von einem in der Region hochgelobten Architekturbüro gebaut, bekannt für moderne kubische Formen, mit entsprechender Anhängerschaft. Meine beiden Bekannten scheinen nicht mehr dazuzugehören, haben sie doch mächtig geschimpft. Was den Ärger auslöste war die Tatsache, dass das offene Wohnen (das eben viele Bauherren zunächst verlockend finden) nicht nur dann seinen Reiz verliert, sondern richtig anstrengend wird, wenn kleine Kinder mit im Haus sind. Wie drückte dies einer der beiden aus? Du kannst abends keine Freunde mehr empfangen, denn weil alles offen ist, können die Kinder oben nicht schlafen. Später, wenn die Kinder größer sind, läuft es andersherum: Dann können die Eltern nicht schlafen oder sich einfach mal im Wohnbereich entspannen, weil oben laut Musik gehört wird.

Damit möchte ich Ihnen sagen: Fragen Sie sich, was Sie brauchen. Was braucht Ihre Familie wirklich, um sich im Traumhaus wohlzuführen? Gerade im Hinblick auf die moderne Glasarchitektur meine ich damit ganz konkrete Fragen wie: Fühlen Sie sich wohl, wenn Sie mit dem Rücken zu geschosshohen Glaswänden sitzen, durch die abends jeder ins Zimmer schauen kann? Oder: Ist es wirklich sinnvoll, dass der Koch- vom Wohn-/Essbereich nicht getrennt ist oder nicht getrennt werden kann? Oder: Ist die offene Bauweise wirklich gut, besonders dann, wenn Sie sich mal zurückziehen wollen?

Hinzu kommen weitere Fragen zur speziellen Beschaffenheit Ihres Hauses, die Sie für sich überdenken sollten, bevor Sie endgültig Ihr Budget festlegen beziehungsweise überprüfen und dann an die Umsetzung gehen:

- Soll das Gebäude auch nach Auszug der Kinder weiter allein nutzbar, also zum Teil vermietbar sein, oder wollen Sie dann ausziehen? Daran sollten Sie schon denken, selbst wenn noch keine Kinder da sind.
- Welche Badegewohnheiten pflegen Sie? Stichwort: Das Bad als Wohlfühltempel mit der Möglichkeit für Wasserspiele. Die Ansprüche haben sich gewaltig gewandelt von dem alleine der Körperhygiene dienlichen Zweckraum hin zum Luxustempel.
- Soll das Bad Teil des Schlafzimmers sein? Halt, Stopp: An dieser Stelle müsste Ihnen Ihr Architekt erklären, dass sowohl der Wärmebedarf als auch das Feuchteangebot unterschiedlicher nicht sein können und eine Trennung sinnvoll wäre.
- Soll das ausgebaute Dachgeschoss auch im Hochsommer noch behagliche Temperaturen aufweisen? Dies wird gerne übersehen und sorgt dann für Ärger, wenn Sie bei 30 Grad und mehr weder richtig arbeiten noch schlafen können.
- Wie soll der Keller beschaffen sein? Soll überhaupt ein Kellergeschoss gebaut werden? Was wollen Sie dort lagern? Oder wollen Sie einen Hobbyraum oder ein Gästezimmer dort einrichten?
- Wollen Sie direkt von der Garage oder dem Carport aus über einen Pufferraum in das Wohnhaus gelangen?
- Nehmen Sie sich viel Zeit für Ihre Überlegungen und versuchen Sie, rein optische Vorstellungen und die Wirkung auf andere außen vor zu lassen. Oft stelle ich fest, dass die offene Bauweise, die tollen und exquisiten Tür-

griffe, die ausgefallenen Fliesen, die noblen Leuchten eher dazu dienen sollen, Nachbarn, Freunde oder allgemein die Außenwelt zu beeindrucken. Alle sollen sehen, dass sich der Bauherr moderne Architektur und noch vieles andere leisten kann. Doch dieser Effekt wird Ihr Wohlbefinden in den eigenen vier Wänden sicher nicht steigern. Sie leben darin, Sie werden mit den Folgen der Planung leben müssen. Und das jeden Tag!

TIPP

Setzen Sie sich ruhig gegen Ihren Architekten durch, falls er – wie viele Kollegen – das Haus eher von außen nach innen entwickelt (optische Wirkung über alles). Ihm kann sein Vorgehen zwar einen Architekturpreis bringen, Ihnen aber meist keine Steigerung des Wohlbefindens.

Vor allen Dingen kommt es auf die richtige Konstruktion eines Hauses an! Andere Türgriffe oder Armaturen könnten Sie sich irgendwann leisten und die alten austauschen. Aber nachträglich etwas an der Konstruktion zu ändern ist ökonomisch gesehen wenig sinnvoll. Der namhafte amerikanische Architekt und einer der ersten großen Hochhausarchitekten Louis Sullivan von der Chicago School of Architecture formulierte es so: „Form follows Function". Also die Form folgt der Funktion. Dieser am Menschen orientierten Denkweise hänge auch ich an.

Kapitel 2

Der rechtliche Rahmen

Sie empfinden es sicher als selbstverständlich, in ein Geschäft zu gehen und etwas zu kaufen. Wahrscheinlich denken Sie nicht mal daran, dass sich dahinter vielfältige Rechtsbeziehungen verbergen. Nicht anders ist es bei Ihrem Bauvorhaben, nur viel komplexer. Damit Sie keine Rechtsnachteile erleiden, möchte ich Ihnen in diesem Kapitel die Rechtsrahmen näher bringen, in denen sich das Baugeschehen abspielt.

HINWEIS
Ich verwende in diesem Kapitel den Rechtsbegriff „Mangel“, um nicht immer wieder den dafür von versierten Sachverständigen bevorzugten technischen Begriff „bautechnischer Fehler“ zu benutzen.

Wahrscheinlich haben Sie sich das schon gedacht: Die Geschehnisse auf dem Bausektor unterscheiden sich erheblich vom gewöhnlichen Geschäftsverkehr – also wenn Sie zum Beispiel am Kiosk etwas kaufen oder ein neues Auto bestellen. Denn Sie als Bauherr bestellen ein Werk, das erst durch geistige und körperliche Leistungen (von Ihnen und zahlreichen anderen Beteiligten) unter ganz bestimmten Umständen mit unterschiedlichsten Materialien körperlich wird. Das führt zu diversen Rechtsbeziehungen und es wäre gut, die Arten der Rechtsbeziehungen, die Sie in einigen Fällen sogar wählen können, und deren Auswirkungen zu kennen.

Die Ausführungen[2] hierzu begrenze ich auf das meiner Meinung nach Notwendigste, um Sie nicht in Versuchung zu führen, eventuelle Probleme rechtlicher Art allein mithilfe dieses Buches zu regeln. Dafür ist es nicht gedacht. Ich möchte Ihnen nur einen Überblick über die wichtigsten Rechtsgrundlagen geben, denn Sie glauben gar nicht, wie schnell Bauherren einen Rechtsnachteil erleiden.

Als Vertragsgrundlage kommt zum Bürgerlichen Gesetzbuch (BGB) – da die Besonderheiten des Baugeschehens hier so gut wie nicht geregelt sind – bei gewissen Fallkonstellationen die Vergabe und Vertragsordnung für Bauleistungen (VOB) hinzu. Ein Grundsatz ist allerdings immer gleich: Leistung gegen Vergütung. Jedoch unterscheiden sich die Voraussetzungen dabei ganz erheblich.

2 Dank an Dr. Hendrik Hunold aus der Kanzlei Tandler & Partner, München, der mich bei der Erstellung dieses Kapitels unterstützt hat.

2.1 Rechtliche Beziehungen

Damit Sie sich in diesem rechtlichen Wirrwarr orientieren können, liste ich erst einmal diverse rechtliche Konstellationen zwischen Ihnen als dem Bauherrn und möglichen Vertragspartnern und die möglichen Vertragsgrundlagen auf:

- Architekt und Fachplaner: nur das BGB
- Auftragnehmer (zum Beispiel Handwerkerfirmen): BGB oder VOB/B (Letztere muss ausdrücklich vereinbart werden)
- Generalunternehmer (GU) oder Generalübernehmer (GÜ): nur das BGB; mehr zum Thema in Kapitel 2.2.9 „Verhältnis zwischen Bauherr und GU (oder sonstiger Unternehmer)“
- Bauträger: das BGB sowie die Makler- und Bauträgerverordnung; mehr zum Thema in Kapitel 2.3 „Die Makler- und Bauträgerverordnung (MaBV)“
- Baubetreuer: das BGB; da ein Baubetreuer das Haus auf Ihrem Grundstück errichtet, ist die MaBV zu Ihrer Absicherung nicht notwendig

Während das BGB zu den Gesetzen zählt, ist die VOB/B eine Allgemeine Geschäftsbedingung (AGB, Vertragsrecht). Als AGB werden alle für eine Vielzahl von Verträgen vorformulierten Vertragsbedingungen bezeichnet, die eine Vertragspartei (der Verwender) der anderen Vertragspartei bei Abschluss eines Vertrags stellt. AGB müssen wirksam miteinander vereinbart werden!

WICHTIG

Die Grundlage der rechtlichen Beziehungen bildet in Deutschland – wenn nichts anderes schriftlich vereinbart wurde – das BGB, bei Bauverträgen speziell dessen Werkvertragsrecht (§§ 631 ff.). Für Bauleistungen in der Konstellation Bauherr – Werkunternehmer sollte unbedingt die VOB/B beziehungsweise VOB/C rechtswirksam vereinbart werden.

Was Sie über BGB und VOB/B und besonders über die Grundlagen für die rechtswirksame Vereinbarung der VOB/B beziehungsweise VOB/C beachten müssen, erfahren Sie im Folgenden.

2.2 Bürgerliches Gesetzbuch (BGB)

HINWEIS

Die nachstehenden Ausführungen gelten für Sie als einzelner Besteller. Wer Teil einer Bau(herren)gemeinschaft ist, für den gelten etwas andere Regelungen.

Das Vertragsverhältnis besteht zwischen Ihnen als Bauherrn – im BGB Besteller – und der Baufirma (oder einem Generalunternehmer oder Generalübernehmer) – im BGB als Unternehmer bezeichnet.

Da der Bauvertrag auf die Herstellung eines körperlichen Arbeitsergebnisses gerichtet ist, liegt in der Regel ein reiner Werkvertrag im Sinne des § 631 BGB vor. Der Unternehmer wird mit der Verpflichtung zur Erstellung dieses Werkes beauftragt, das frei von Sach- und Rechtsmängeln sein muss (§ 633 Abs. 1 BGB).

Ein Werk ist frei von Sachmängeln, wenn es die vereinbarte Beschaffenheit hat. Das heißt, es muss eine bestimmte Ausführungsart, Art und Güte des Baumaterials oder/und die Funktionstauglichkeit des Werkes gegeben sein. Existiert eine Leistungsbeschreibung, findet sich darin die vereinbarte Beschaffenheit, vorausgesetzt sie entspricht den anerkannten Regeln der Technik.

Wenn es keine solche Vereinbarung gibt, ist ein Werk dann frei von Sachmängeln, wenn es sich für die nach dem Vertrag vorausgesetzte oder für die gewöhnliche Verwendung eignet und eine Beschaffenheit aufweist, die bei Werken der gleichen Art üblich ist und die der Besteller nach der Art des Werkes erwarten kann.

BEISPIELE

Sie haben eine Spedition planen und errichten lassen. Nach der Fertigstellung stellen Sie fest, dass die Tragfähigkeit der Betondecke leider nur halb so groß ist, wie es für den Betrieb einer Spedition notwendig wäre. Dies verstößt gegen die nach dem Vertrag vorausgesetzte Verwendung und stellt einen Sachmangel dar.

Sie kaufen sich eine Doppelhaushälfte. Im Vertrag ist bezüglich des Schallschutzes nichts weiter geregelt. Nach dem Bezug monieren Sie eine subjektiv hohe Schallbelastung aus der anderen Doppelhaushälfte. Eine Schallschutzmessung bestätigt Ihre Wahrnehmung und weist Werte auf, die bei Werken der gleichen Art unüblich sind und die Sie nicht hätten erwarten müssen. Das Werk weist einen Sachmangel auf.

Wenn Sie der Meinung sind, dass das Werk so erbracht wurde, wie Sie es bestellt haben (es der vereinbarten Beschaffenheit entspricht), und es offensichtlich mangelfrei ist, hat alles seine Ordnung. Dann sind Sie an der Reihe und müssen für die Vergütung sorgen. Auch hier gibt es unterschiedliche Rechte und Pflichten, je nachdem wer Ihr Vertragspartner ist.

2.2.1 Vergütung

Die Vergütung, geregelt in § 641 BGB, ist bei Abnahme des mängelfreien Werkes zu entrichten. Sie werden sicher verstehen, dass Ihr Vertragspartner nicht warten will, bis das Werk vollends fertiggestellt ist, zumal das viele Monate dauert. Daher wird in der Regel ein Zahlungsplan ja nach Baufortschritt (Fertigstellung einzelner Gewerke) miteinander vereinbart, der sich oft an den Regelungen der Makler- und Bauträgerverordnung orientiert.

2.2.2 Mängelrechte

An dieser Stelle geht es um Ihre Rechte, falls Mängel auftreten. Was gemäß BGB als Mangel gilt, zeigen die folgenden Beispiele.

- Architekten: Planungsfehler, zum Beispiel wurde die Abdichtung falsch geplant, sodass Wasser in das Untergeschoss eindringt, oder die vereinbarte Bausumme wurde erheblich überschritten; Objektüberwachungsfehler, zum Beispiel wurde die Abdichtung zwar richtig geplant, aber durch den Unternehmer falsch ausgeführt. Da dies ein für die dauerhafte Mängelfreiheit wichtiges Ausführungsdetail ist, hätte die Ausführung besser überwacht werden müssen.
- Unternehmer: Es wurde ein anderes als das bestellte Werk hergestellt, es gibt also Abweichung von der Geschosshöhe, die Räume sind kleiner usw.; Verstoß gegen die anerkannten Regeln der Technik (a. R. d. T).

- Ferner liegen Mängel immer dann vor, wenn nicht das gebaut, geplant oder erreicht wird, was vereinbart war. Es reicht jede Abweichung des vertraglich Vereinbarten von dem tatsächlich Ausgeführten aus.

Falls Sie Interesse haben, hier der juristische Wortlaut des Mangelbegriffs:
- Fehler: Es wurde handwerklich etwas falsch ausgeführt, zum Beispiel die bereits genannte Abdichtung oder die Bodenfliesen weisen zahlreiche Höhendifferenzen (sog. Überzähne) gegenüber benachbarten Fliesen auf usw.
- Fehlen (oder Abweichung von) einer vereinbarten Beschaffenheit (§ 633 BGB), zum Beispiel kleinerer oder niedrigerer Raum als geplant, falsche Fliesen, Energieverbrauch viel zu hoch, Befahrbarkeit der Garage unmöglich.
- Verstoß gegen die anerkannten Regeln der Technik, zum Beispiel unzureichender Schallschutz, zu großes Steigungsverhältnis der Treppe, eindringendes Wasser durch das Dach durch Abweichung von den Regelwerken, falsche Ausführung des Untergeschosses im Lastfall drückendes Wasser.
- Abweichung von der üblichen Beschaffenheit (jedoch nicht in Regelwerken oder der Baubeschreibung zu finden), zum Beispiel nicht bedienbare Dachflächenfenster, weil sie zu hoch angeordnet sind, oder es fehlen versenkte Schmutzfänger in einer hochpreisigen Wohnanlage.

Und was ist zu tun, wenn Mängel auftreten? Zunächst geht es um den Zeitpunkt, zu dem ein Mangel festgestellt wurde. Sie als Besteller haben es relativ leicht, wenn Sie Mängel vor der Abnahme entdecken; allerdings muss es auf deren Existenz Hinweise geben. Einfach so ins Blaue hinein alle möglichen Mängeleinreden zu behaupten, das geht nicht. Liegen Hinweise auf einen Mangel vor, trägt der Unternehmer die Beweislast. Er muss darlegen, dass eben kein Mangel vorhanden ist. Ferner muss er bei fehlerintoleranten Bau arten nachweisen, dass diese richtig ausgeführt wurden (mehr hierzu in Kapitel 2.4.3 „Mängelansprüche nach VOB/B“).

BEISPIEL
Sie kaufen eine Eigentumswohnung und stellen noch vor der Abnahme fest, dass Sie alle möglichen Geräusche von Nutzern aus anderen Etagen oder Ihrem Nachbarn hören, und zwar deutlich. Dies ist ein Hinweis auf einen fehlerhaften Schallschutz (wobei vor subjektiven Eindrücken zu warnen ist). Also formulieren Sie schriftlich eine Mängelrüge an den Unternehmer, in der Sie diesen Umstand beschreiben und um Beseitigung dieses Mangels bitten.

In diesem Fall muss der Unternehmer den Nachweis erbringen, dass dem nicht so ist und die Bauweise den anerkannten Regeln der Technik entspricht. Das lässt sich regelmäßig nur mit Schallschutzmessungen von darauf spezialisierten Büros nachweisen. Solche Messungen kosten im Mittel um die 2.000 €. Würden Sie den Mangel erst nach der Abnahme feststellen, hätten Sie die Beweislast für Ihre Behauptung und müssten schon mal tiefer in die Tasche greifen. Dies nennt man Beweislastumkehr, eine der Folgen einer Abnahme.

Kommt es zu einer gerichtlichen Auseinandersetzung, muss derjenige, der die Beweislast trägt, regelmäßig einen Kostenvorschuss für die Gerichts-, Rechtsanwalts- und Sachverständigenkosten leisten.

Die Anspruchsvoraussetzungen bei und die Rechtsfolgen von Mängeln unterscheiden sich abhängig davon, ob diese vor oder nach der Abnahme erkannt werden. Vor der Abnahme bestehen grundsätzlich Mängelrechte, wenn Sie eine angemessene Frist zur Beseitigung der Mängel (Aufforderung zur Nacherfüllung) gesetzt haben. Achtung: Eine angemessene Frist ist bei witterungsbedingten Arbeiten beispielsweise im Winter heikel zu bestimmen. Ist sie nämlich zu kurz, also unangemessen, gilt die Frist als nicht gesetzt. Bei umfangreichen Mängeln sollten Sie daher bitte unbedingt einen Fachanwalt und einen Sachverständigen hinzuziehen.

TIPP
Beim Architektenwerk ist eine Frist zur Nachbesserung dann unsinnig, wenn sich der Mangel seiner Leistung schon im Bauwerk manifestiert hat (also praktisch schon umgesetzt wurde). Die Rechte beschränken sich daher auf Ersatz des Schadens.

Kommt der Unternehmer Ihrer Aufforderung zur Mängelbeseitigung (Nacherfüllung) nicht nach, können Sie die folgenden Mängelrechte geltend machen:

- Schadens- und Aufwendungsersatz: Je nach Umfang der Mängel kommt hier der kleine (Ausgleich des Wertverlustes) oder der große Schadenersatz (Rücktritt, siehe unten) zur Anwendung.
- Ersatz der Aufwendungen aller in Zusammenhang mit der Beseitigung der Mängel entstandenen Kosten und Ersatz des entstandenen Schadens.
- Schadenersatzanspruch (dieser besteht grundsätzlich, egal ob der Unternehmer nacherfüllt hat oder nicht).
- Rücktritt: Sie können vom Kaufvertrag zurücktreten, wenn der Mangel erheblich ist (großer Schadenersatz). Aber Vorsicht: Der Rücktritt sollte nur durch einen Fachanwalt, der sich wiederum mit einem Sachverständigen berät, erklärt werden.

Nach der Abnahme bestehen die folgenden Mängelrechte:

- Nacherfüllung: Wie eben beschrieben setzen Sie dem Unternehmer eine angemessene Frist zur Beseitigung des Mangels. Er ist verpflichtet, den Mangel regelgerecht (also unter Berücksichtigung der anerkannten Regeln der Technik) zu beseitigen. Im Extremfall kann dies eine Neuherstellung des Werks bedeuten.
- Selbstvornahme und Aufwendungsersatz: Kommt der Unternehmer Ihrem Verlangen nicht nach, muss er die Kosten für die von Ihnen auf eigene Rechnung beseitigten Mängel ersetzen.
- Minderung der Vergütung anstelle des Rücktritts: Verzichten Sie bei erheblichen Mängeln auf einen Rücktritt vom Vertrag, so können Sie die dem Unternehmer zustehende Vergütung für seine Leistung mindern, wenn er nicht nachbessert. Wie viel dies ist, muss für den Einzelfall von einem Sachverständigen ermittelt werden.
- Rücktritt (großer Schadenersatz): Sie können vom Kauf zurücktreten, wenn erhebliche Mängel vorhanden sind.

Vorsicht, es gibt Ausnahmen, und zwar die Unmöglichkeit der Mängelbeseitigung sowie die Verweigerung der Mängelbeseitigung aufgrund eines unverhältnismäßigen Kostenaufwands. Letzteres kommt im Prinzip nur bei optischen Fehlern vor, denn bei der Herstellung der Funktion, zum Beispiel der Wasserdichtheit des Kellers, gibt es keine Unverhältnismäßigkeit. In diesen Fällen können bestimmte Mängelrechte ausgeschlossen oder eingeschränkt sein.

Leider sind Mängelrechte meist nur gerichtlich durchzusetzen. Denn wenn ein Unternehmer schon die berechtigte Forderung nach einer Nacherfüllung verweigert, wird deutlich, dass es ihm an Einsicht fehlt. Er wird also kaum freiwillig seine Geldbörse öffnen, um irgendwelche Schadenersatzzahlungen zu leisten. Sie können dann folgende gerichtliche Maßnahmen einleiten:

- Antrag auf ein selbstständiges Beweisverfahren
- Einreichung einer Klage auf Kostenvorschuss
- Einreichung einer Klage auf Schadenersatz

Näheres hierzu finden Sie in Kapitel 9.3 „Das Gerichtsverfahren".

Hat der Unternehmer nach Aufforderung auf Basis der anerkannten Regeln der Technik nacherfüllt, stehen Ihnen beim BGB-Vertrag ab Abnahme dieser Leistung wiederum fünf Jahre Gewährleistung zu. Beim VOB/B-Vertrag sind es lediglich zwei Jahre, die aber nicht vor Ablauf der vereinbarten Gewährleistungsfrist enden.

TIPP

Der Vollständigkeit halber sei noch die Möglichkeit für Ansprüche aus arglistig verschwiegenen Mängeln (viele sagen versteckte Mängel dazu, was die Sache nicht richtig trifft) erwähnt. Die Voraussetzungen hierfür und der Umgang damit sind jedoch so komplex, dass dringend die Unterstützung durch einen Fachanwalt empfohlen wird.

2.2.3 Abnahme

Um zu erklären, wozu eine Abnahme da ist, komme ich noch mal auf das neue Auto zurück. Viele Menschen reisen ja gerne zu den Geburtsstätten ihres geliebten Automobils. Steht es dann endlich vor ihnen, inspizieren sie es von außen und von innen mit kritischem Auge. Sie vergleichen die Ausführung mit ihrer Bestellliste, um festzustellen, ob denn wirklich alles dem entspricht, wie sie es in Auftrag gegeben haben.

Genau darum geht es bei der Abnahme. Sie sollen dem Auftragnehmer oder Ihrem Vertragspartner gegenüber erklären,

- ob das Werk im Wesentlichen dem entspricht, was Sie bestellt haben, und – jetzt wird's schwieriger –
- ob es mangelfrei ist.

Zu unterscheiden ist dabei zwischen der förmlichen (wenn sie vereinbart ist), der stillschweigenden und der fiktiven Abnahme, die im Folgenden beschrieben werden.

Ich kann Ihnen hier nur ans Herz legen, im Bauvertrag die förmliche Abnahme zu vereinbaren. Förmlich heißt, dass Sie mit dem Unternehmer einen Termin zur Abnahme vereinbaren und dann selbst, möglichst in Begleitung eines Sachverständigen, Ihr bestelltes Werk begehen. Wenn es dem Vorgenannten entspricht, nehmen Sie es förmlich mit Protokoll ab. Bei Ihrem Auto machen Sie das doch auch! Nur so behalten Sie das Heft des Handelns in der Hand. Denn eine Abnahme hat Folgen: In der Hauptsache ist dies die Beweislastumkehr (die Sie viel Geld kosten kann), der Anspruch des Unternehmers auf Werklohnzahlung und der Übergang der Gefahr. Ferner gilt es, sich bei der Abnahme gewisse Rechte, zum Beispiel aus verwirkter Vertragsstrafe, vorzubehalten.

Indem Sie zum Beispiel das Werk in Benutzung nehmen oder die Rechnung vorbehaltlos zahlen, kann es sein, dass Sie eine stillschweigende Abnahme vollziehen. Das kann aus Unwissenheit oder dem Wunsch, alles schnell abzuwickeln, geschehen. Aber: Sie geben damit die zuvor genannten Rechte aus der Hand.

Bei der fiktiven Abnahme wurden Sie zur Abnahme aufgefordert, haben den Termin aber aus irgendwelchen Gründen verbummelt, also nicht wahrgenommen. Dadurch haben Sie de jure die Abnahme erklärt, ohne dies tatsächlich willentlich getan zu haben. Vorsicht: Auch damit verzichten Sie auf die beschriebenen Rechte.

Grundsätzlich sind Sie als Bauherr verpflichtet, die Abnahme durchzuführen und zu erklären (§ 640 BGB), wenn der Unternehmer dies beantragt und die Bauleistung im Wesentlichen (bis auf geringfügige, also unwesentliche Mängel oder Restarbeiten) erbracht ist. Mit der Abnahme nehmen Sie das bestellte Werk entgegen und erklären es als in der Hauptsache vertragsgerecht.

Dies wäre der Normalfall. Zuweilen passiert jedoch Folgendes: Ein Bauherr stellt Mängel fest und ist der Meinung, dass er das Werk deshalb nicht abzunehmen hat. Vorsicht: Eine Abnahme können Sie nur dann verweigern, wenn gravierende Mängel vorhanden sind! Beispiele: Der Schallschutz ist erkennbar ungenügend, die Heizung funktioniert nicht, es gibt sicherheitsrelevante Mängel (Absturzsicherungen vor den französischen Fenstern fehlen, es gibt Brandschutzmängel). Oder aber die Liste der Mängel ist so lang und die zu erwartenden Mängelbeseitigungskosten sind in der Summe so hoch, dass sie im Verhältnis zu den Herstellungskosten des Gebäudes erheblich sind.

Die Feststellung der Mängel sollten Sie unbedingt einem Sachverständigen überlassen, die Einstufung in „gravierend" sollte nur ein Rechtsanwalt in Absprache mit dem Sachverständigen vornehmen. Denn wenn Sie grundlos ablehnen, kann Sie der Unternehmer auf Abnahme und Zahlung des Werklohns verklagen. Und wieder haben Sie Ihre Mängelrechte aus der Hand gegeben!

TIPP

Dringende Empfehlung: Nehmen Sie zur Abnahme bitte immer einen Sachverständigen mit. Die Kosten der Abnahme, also auch die für den Sachverständigen, tragen zwar grundsätzlich Sie selbst. Stellt dieser aber Mängel am Werk fest und erklärt er die Leistung als nicht abnahmereif, sind Ihnen die Kosten zu erstatten.

Alle Folgen der Abnahme auf einen Blick:

- Der Erfüllungsanspruch des Auftraggebers ist nun abgeschlossen.
- Die Vergütungs- und Leistungsgefahr geht auf Sie über. Falls also bei-

spielsweise das Haus abbrennt oder Teile des Hauses beschädigt werden, tragen Sie die Verantwortung.

- Die Vergütung wird fällig.
- Die Beweislast dreht sich um.
- Nicht vorbehaltene Rechte gehen verloren. Beispiel: Der vertraglich vereinbarte Fertigstellungszeitpunkt wurde überschritten, für diesen Fall war eine Vertragsstrafe vereinbart worden. Diesen Anspruch verlieren Sie, wenn sie sich die Geltendmachung dieses Rechtes nicht bei der Abnahme vorbehalten haben.

Zudem würden Sie das Nacherfüllungs-, Selbstbeseitigungs-, Rücktritts- und Minderungsrecht verlieren, wenn Sie die Bauleistung des Auftragnehmers trotz Kenntnis der vorhandenen Mängel abnehmen.

Um dies zu vermeiden, führen Sie bitte unbedingt die Abnahme persönlich mit fachlicher Begleitung durch. Auf diese Person können Sie im Extremfall übersehener gravierender Mängel zurückgreifen.

2.2.4 Verjährungsfrist

Die Verjährungsfrist nach BGB beträgt fünf Jahre ab Abnahme des Werkes. Stellen Sie während dieser Zeit Mängel an dem Werk fest, zum Beispiel dass in das Untergeschoss Wasser eintritt oder der Sockelputz abbröckelt, richten Sie eine Mängelrüge an den entsprechenden Unternehmer. Darin beschreiben Sie den Mangel mit Ihren eigenen Worten und fordern den Empfänger unter Setzung einer angemessenen Frist auf, diesen zu beseitigen.

Achtung: Droht Verjährung oder endet die von Ihnen gesetzte Frist nach Ablauf der Verjährungsfrist, würde die Verjährung eintreten, falls sich der Unternehmer darauf beruft. Im Gegensatz zu der Regelung in der VOB/B unterbricht (in der Fachsprache heißt dies „hemmt“) Ihre Mängelrüge nicht den Lauf der Gewährleistung.

Bessert der Unternehmer regelgerecht nach, so beginnt der Lauf der Gewährleistung nach Abnahme neu, das heißt, diese beträgt wiederum fünf Jahre.

Im schlimmsten Fall müssten Sie gerichtliche Maßnahmen einleiten. Das ist auch noch am letzten Tag vor Eintritt der Verjährung möglich.

HINWEIS

Bei arglistigem Verschweigen eines Baumangels durch den Unternehmer (Auftragnehmer) verjährt der Anspruch des Bestellers (Auftraggebers) auf Ersatz der Mängelbeseitigungskosten nach § 634a Abs. 3, §§ 195,199 Abs. 3 Satz 1 Nr. 1, Satz 2 BGB) spätestens zehn Jahre nach Abnahme des Bauwerks. Beispiel: Der Unternehmer weicht von den vertraglichen Vereinbarungen dadurch ab, dass nicht erprobte Baustoffe verwendet wurden. Sie haben dies bei der Abnahme weder erkannt noch wurden Sie darauf hingewiesen.

2.2.5 Ins BGB eingebettet: die Bauträgerschaft

Wenn Sie in Bezug auf die Baukosten und den Fertigstellungszeitpunkt auf Nummer sicher gehen wollen (in diesem Zusammenhang empfehle ich die Lektüre des Kapitels 2.8 „Realisierung mit einem Bauträger“), käme die Beauftragung eines Bauträgers (Bauträgerschaft) für Sie infrage. Die Rechtsform der meisten Bauträger ist die GmbH. GmbH bedeutet: Gesellschaft mit beschränkter Haftung. Dies kann im Extremfall, wenn Konkurs droht, zum Problem werden. Achten Sie also peinlichst genau auf die Raten und darauf, dass auch die Bedingungen für die jeweiligen Raten erfüllt sind.

Einen Bauträger finden Sie ganz einfach über Inserate in der örtlichen Presse. Im Regelfall bieten Bauträger neben fertigen Bauplänen passende Grundstücke an. Natürlich können Sie sich von ihm auch auf Ihrem eigenen Grundstück das Wunschhaus errichten lassen. Je nach Fallgestaltung – Ihr Grundstück und Errichtung des Bauwerks durch den Bauträger oder beides aus seiner Hand – handelt es sich um einen typengemischten Vertrag. Denn beim Grundstückskauf werden die Regelungen des Kaufvertragsrechts und bei der Errichtung des Bauwerks die Regelungen des Werkvertragsrechts angewendet. Letzteres gilt übrigens auch für die Errichtung eines Fertighauses.

HINWEIS

Wird der Bauvertrag in Verbindung mit einem Grundstückserwerbsvertrag geschlossen und bilden beide eine rechtliche Einheit, bedarf es der notariellen Beurkundung.

Da der Bauträger auch Planungsleistungen erbringt, ist die Vereinbarung der VOB/B nicht möglich, sie enthält dafür keine geeigneten Regelungen. Im Rahmen des Vertrages ist zwingend die Makler- und Bauträgerverordnung (MaBV) zu beachten, die in der Hauptsache dem Schutz des von Ihnen eingesetzten Kapitals dient; Näheres hierzu in Kapitel 2.3 „Die Makler- und Bauträgerverordnung (MaBV)".

Eng verwandt mit dem Bauträger ist der Generalunternehmer (GU), der alles bis auf die Planung übernimmt, beziehungsweise der Generalübernehmer (GÜ), der alles einschließlich der Planung erledigt.

Ein GU erbringt, organisiert und koordiniert auf Basis eines Generalunternehmervertrags, der ein BGB-Werkvertrag ist, alle für die Realisierung des Bauvorhabens erforderlichen baulichen Leistungen. Planungsleistungen übernimmt er in der Regel nicht. Dabei ist er berechtigt, die erforderlichen Leistungen teilweise oder auch überwiegend an Dritte (als Subunternehmer oder Nachunternehmer bezeichnet) zu vergeben. Der „klassische" GU deckt zumindest einzelne Gewerke über das eigene Unternehmen ab.

In der Regel erbringt der GU als alleiniger Vertragspartner die bauliche Ausführung des gesamten Projekts schlüsselfertig. In diesem Fall haftet er vollumfänglich für eine fach- und termingerechte Auftragserfüllung. Das GU-Modell ist natürlich auch für bestimmte Teile der Gesamtbaumaßnahme denkbar, zum Beispiel für die gesamte Haustechnik (Heizung, Lüftung, Sanitär, Elektro, HLSE) oder die Fassade. Überantworten Sie dem GU auch Planungsleistungen, wird er zum Generalübernehmer.

DAS WICHTIGSTE IN KÜRZE

Die Grundlage der rechtlichen Beziehungen bildet in Deutschland – wenn nichts anderes schriftlich vereinbart wurde – das BGB, bei Bauverträgen speziell dessen Werkvertragsrecht (§§ 631 ff). BGB-Verträge mit Bauträgern, Generalunter- oder Generalübernehmern sollten bestimmte Inhalte enthalten, unter anderem diese:

- Ausführliche und erschöpfende Baubeschreibung
- Vereinbarung einer förmlichen Abnahme
- Vereinbarung eines Festpreises und Fertigstellungszeitpunkts

- Vertragsstrafenregelung
- Zahlungsplan

Die Verträge sollten unbedingt unter Mitwirkung von Sachverständigen und Rechtsanwälten erstellt werden.

2.2.6 Vertragsverhältnis zwischen Bau(herren)gemeinschaft und Unternehmer

Wenn Sie Teil einer Bau(herren)gemeinschaft sind, treten nicht Sie als Bauherr auf, sondern die Bau(herren)gemeinschaft als solche. Sie wird dann Vertragspartner des Unternehmers und damit Besteller.

BEISPIEL

Herr Christiani, Frau Müller und Herr Döring haben jeweils ein Drittel eines Baugrundstücks gekauft. Sie beauftragen zusammen das Unternehmen „Reihenhaus-Fritz", auf die beiden äußeren Teilgrundstücke des Herrn Christiani und der Frau Müller ein Reiheneckhaus und auf das mittlere Grundstück des Herrn Döring ein Reihenmittelhaus zu bauen.
Oder: Frau Körner hat das Erdgeschoss des sanierungsbedürftigen Altbaus und Herr Becker dessen Obergeschoss gekauft. Sie beauftragen zusammen eine Firma mit der Komplettsanierung.

In beiden Fällen entsteht automatisch eine sogenannte Gesellschaft des bürgerlichen Rechts (Bauherrengemeinschaft), da jeweils ein gemeinsamer Zweck – Errichtung der Reihenhäuser beziehungsweise die Komplettsanierung – verfolgt wird. Ist dies für den Unternehmer erkennbar, zum Beispiel weil alle Beteiligten im Vertrag als Besteller genannt sind, ist die Bau(herren)gemeinschaft Vertragspartner.

Solche Konstellationen sollten vorab gut be- und überdacht werden: Man baut nicht nur gemeinsam, sondern hat auch zusammen für das gesamte Bauvorhaben und dessen Kosten einzustehen. Kann zum Beispiel einer nicht zahlen, müssen die übrigen dessen Anteil vorschießen. Geht derjenige dann später auch noch pleite, bleiben die anderen auf den Kosten sitzen.

2.2.7 Vertragsverhältnis zwischen Auftraggeber und Architekt (BGB-Werkvertrag)

Mit einem Architekten stehen Sie in einem Werkvertragsverhältnis nach § 633 Abs. 1 BGB, auch wenn Sie nichts schriftlich fixiert haben. Das sollte natürlich nicht der Fall sein, denn das lässt Raum für Fragen wie: Was ist denn nun der Werkvertragserfolg? Welche Leistung hat der Architekt zu erbringen und vor allem zu welchem Honorar?

Dabei ist der Architekt Ihr Erfüllungsgehilfe. Den angestrebten Werkerfolg muss er mit Ihnen erarbeiten und wie dieser auszusehen hat, sollte unbedingt im Werkvertrag klar und eindeutig formuliert sein.

Das Leistungsbild des Architekten ist in der Honorarordnung für Architekten und Ingenieure (HOAI), und dort in § 34 und in der Anlage 10.1 dargestellt, doch dies hat nur im Hinblick auf die Honorierung Relevanz. Wollen Sie, dass die dort beschriebenen Leistungen auch erbracht werden, muss das Leistungsbild des § 34 vertraglich vereinbart werden. Inzwischen lehnt sich die einschlägige Rechtsprechung zumindest an die Grundleistungen aus diesem Leistungsbild als zu erbringende Mindestleistung an.

Die Leistung des Architekten ist in Leistungsphasen (Lph) aufgeteilt und je nach Leistungsphase muss er Sie auch über die sinnvolle und zum Teil notwendige Mitwirkung anderer Fachleute beraten.

WICHTIG

Verträge mit Architekten mit Regelungen aus der HOAI sollten ein klar definiertes und erschöpfend beschriebenes Werkvertragsziel enthalten. Zudem sollte darin die Leistungspflicht des Architekten klar festgelegt werden. Darüber hinaus sollte eine förmliche Abnahme vereinbart werden. Die Verträge mit Auftragnehmern, zum Beispiel Handwerkerfirmen, sollten grundsätzlich auf Basis der VOB/B erfolgen.

2.2.8 Vertragsverhältnis Bauherr - Auftragnehmer (Baufirma)

Falls Sie keinen Architekten an Ihrer Seite haben – Wer nimmt denn jetzt Ihre Interessen war? –, stehen Sie vor der Wahl, mit Ihren Auftragnehmern einen BGB- oder einen VOB/B-Vertrag zu vereinbaren. Hier mein eindeutiges Statement: Schließen Sie einen VOB/B Bauvertrag! Warum das besser ist, können Sie in Kapitel 2.4 „Vertragsordnung für Bauleistungen VOB/B“ nachlesen.

Es gibt Musterbauverträge auf Basis der VOB/B, darin müssen folgende Inhalte geregelt sein:

- Der klar definierte Leistungserfolg – genaue Beschreibung dessen, was am Ende herauskommen soll – und den Leistungsumfang – Angabe der Baumaterialien mit dazugehörenden Massen. Meist basiert der Auftrag auf einem Leistungsverzeichnis, in dem dies alles bereits dargestellt ist.
- Zeitablaufplan.
- Regelung der Abnahme. Sie sollte förmlich, das heißt in Anwesenheit von Ihnen, dem Architekten, falls vorhanden, und der jeweiligen Firma stattfinden.
- Vertragsstrafenregelung.
- Regelungen über Vertragserfüllungs- und Gewährleistungssicherheiten, zum Beispiel Bürgschaften, Bareinbehalt bei Zahlungen.

Lassen Sie sich zusätzlich von einem Fachanwalt beraten. Vor allem selbst gestrickte Vertragsstrafenregelungen sind häufig unwirksam.

2.2.9 Verhältnis zwischen Bauherr und GU (oder sonstiger Unternehmer)

Wenn Sie einen GU beauftragen wollen, dann bitte auf Basis eines eindeutigen Bauvertrags, den Sie am besten von einem Fachanwalt aufsetzen oder zumindest kontrollieren lassen. Die meisten Streitigkeiten basieren auf unklaren Angaben und Regelungen, die Raum für Interpretationen lassen. Und Richter entscheiden in erster Linie auf Basis der Vertragsauslegung!

Im Vertrag sollte Folgendes geregelt sein:

- Die klar definierte Baumaßnahme (also das, was am Ende rauskommen soll) auf Basis von Planunterlagen
- Detaillierte Baubeschreibung mit Angabe aller zu verwendenden Baumaterialien
- Zeitablaufplan, vor allem mit verbindlichen Fristen, zum Beispiel Anfangs- und Endtermin

- Zahlungsplan
- Regelung der Abnahme
- Vertragsstrafenregelung
- Zwingend Regelungen über Vertragserfüllungs- und Gewährleistungssicherheiten, zum Beispiel Bürgschaften oder Bareinbehalt bei Zahlungen

Bei Einschaltung eines GÜs ist darüber hinaus das Werkvertragsziel in Form von Planungsgrundlagen mit funktionaler oder detaillierter Baubeschreibung zu definieren.

2.3 Die Makler- und Bauträgerverordnung (MaBV)

Beim Bauträgervertrag wird, auch wenn das Bauwerk zum Zeitpunkt des Erwerbs fertiggestellt war – zum Beispiel bereits vorhandenes Wohneigentum –, Werkvertragsrecht angewendet. Hinzu kommt die Makler- und Bauträgerverordnung (MaBV), die aus der Gewerbeordnung abgeleitet wurde. Sie dient dem Schutz des Immobilienerwerbers beim Abschluss eines Bauträgervertrags, vor allem zur Absicherung seiner an den Bauträger gezahlten Gelder (§§ 2 bis 4 MaBV).

Für einen Bauträger besteht das Recht, Zahlungen vom Erwerber zu verlangen. Jedoch nur dann, wenn

- ein rechtsgültiger Vertrag vorliegt,
- eine Auflassungsvormerkung an der vereinbarten Rangstelle im Grundbuch eingetragen wurde,
- die Sicherung der Lastenfreistellung erfolgt ist und
- eine behördliche Baugenehmigung erteilt wurde (§ 3 Abs. 1 MaBV).

Der Bauträger muss das Geld, das er vom Erwerber einer Immobilie erhält, absichern und darf es nur für das betreffende Projekt verwenden. Die Zahlungen erfolgen abhängig vom Baufortschritt und grundsätzlich laut dem von der MaBV vorgegebenen Zahlungsplan. Insgesamt sind zwölf Raten vorgesehen. So werden zum Beispiel 40 % der Vertragssumme nach Rohbaufertigstellung einschließlich Zimmerarbeiten, 12 % nach Bezugsfertigkeit und Zug um Zug gegen Besitzübergabe und 5 % nach vollständiger Fertigstellung fällig.

Das Geld der Erwerber muss der Bauträger im Sinne der getrennten Vermögensverwaltung (§ 6 MaBV) von seinen privaten Geldern strikt trennen.

Weiter gibt es die Möglichkeit, gegenüber dem Kunden eine umfassende Bürgschaft zu stellen, falls die zuvor genannten Voraussetzungen nicht sämtlich erfüllt werden können (§ 7 Abs. 1 MaBV). Dies dient der Leistungserfüllung und Absicherung etwaiger Ansprüche des Auftraggebers, zum Beispiel auf Rückgewähr oder Auszahlung seiner bereits geleisteten Zahlungen.

Weichen Vereinbarungen zwischen Bauträger und Immobilienerwerber von der MaBV ab, sind sie nichtig (§ 12 MaBV). Auch Notare sind an die Regelungen der MaBV gebunden, sie dürfen keine anderslautende Vereinbarung beurkunden.

2.4 Vergabe und Vertragsordnung für Bauleistungen (VOB)

HINWEIS

Die Vereinbarung der VOB/B kommt nur dann in Betracht, wenn Bauleistungen (also keine Planungsleistungen) erbracht werden.

Für das Baugeschehen wurde die VOB mit ihren Teilen A, B und C geschaffen. Dass es die VOB/B gibt, basiert auf der Erkenntnis, dass das BGB für Bautätigkeiten praktisch keine beziehungsweise zu wenige Regelungen enthält. Damit wird sie den Abläufen auf Baustellen und natürlich den Vorgängen zwischen Auftraggebern und Auftragnehmern nicht gerecht. Also musste ein Instrumentarium geschaffen werden, das die notwendigen Regelungen enthält.

Herausgekommen ist die VOB, hier speziell die VOB/B, die es als Gesamtes zu betrachten gilt. Die darin enthaltenen Regelungen sind nämlich zum

Teil auftraggeber-, zum Teil auftragnehmerfreundlich. Dieses Gleichgewicht zu akzeptieren und zu achten ist eine zwingende Grundvoraussetzung, damit ein Bauvorhaben auch in rechtlicher Hinsicht gelingt.

Die VOB gliedert sich in drei Teile.

- Teil A Vergabe: Dieser Teil wird nur der Vollständigkeit halber erwähnt. Er spielt hauptsächlich für öffentliche Ausschreibungen eine Rolle und soll hier nicht weiter betrachtet werden. Es gibt seltene Fälle, in denen der Inhalt auch für die Bewertung von Ausschreibungen privater Bauherren herangezogen wird.
- Teil B Allgemeine Vertragsbedingungen für die Ausführung von Bauleistungen: Dieser Teil enthält in § 1 Art und Umfang der Leistung unter (1) gleich einen Automatismus: Als Bestandteil des Vertrags gelten auch die Allgemeinen Technischen Vertragsbedingungen VOB/C.
  Teil B umfasst die Regelungen zum Bauablauf von der Art und vom Umfang der Leistung über Vergütung, Ausführung, Kündigung, Abnahme und Mängelansprüche bis hin zu Streitigkeiten.
- Teil C Technische Vertragsbedingungen: Er enthält die technischen Regeln in Form von DIN-Normen. Nach herrschender Meinung handelt es sich hierbei um anerkannte Regeln der Technik.

Da die VOB/B eine Allgemeine Geschäftsbedingung ist, muss sie wirksam vereinbart werden, das heißt, ihr Text muss den Vertragsparteien bekannt sein. In der Realität bedeutet dies, dass die VOB/B dem meist technischen Laien vor Vertragsschluss in gedruckter Form auszuhändigen ist. Wer sich von einem Architekten vertreten lässt, bei dem reicht die oben skizzierte Vereinbarung der VOB/B aus. Gilt die VOB/B, verdrängt sie grundsätzlich die Regelungen des BGB.

2.4.1 Vergütungsregelungen

Die Vergütungsregelung in § 2 VOB/B richtet sich nach den Geschehnissen auf den Baustellen. Normalerweise liegt zwar der Ausführung ein Leistungsverzeichnis mit den jeweiligen Einheitspreisen zugrunde, doch es kommt vor, dass Leistungen nicht bepreist sind, weil sie entweder hinzukamen oder vorab einfach vergessen wurden. Oder die ausgerechneten Massen sind zu klein oder zu groß oder der Bauentwurf hat sich geändert. Oder für eine Leistung, bei der es zu erheblichen Änderungen kommt, wurde vorab eine Pauschalsumme vereinbart.

Für all diese Fälle hält die VOB/B Regelungen bereit. Und hier sieht man deutlich den Unterschied zum BGB. Auf jeden Fall muss der Ausgleich für die erbrachte Leistung (Ausführung) erbracht werden.

2.4.2 Ausführung

Damit etwas ausgeführt werden kann, werden Unterlagen benötigt, die das künftige Werk beschreiben, in der Regel Zeichnungen sowie Beschreibungen der einzusetzenden Materialien. Während Letzteres ja auch ein technischer Laie noch irgendwie aufs Papier bringt – mein Nachbar hat den Stein Sorte X und die Fliesen Marke Y eingebaut –, sieht es bei den Zeichnungen anders aus. Denn die Aussagen darin müssen auf die Anforderungen in der Realität so gut wie möglich eingehen. Beispiel: Ihr Baugrundstück liegt an einem Hang, die Baugrunduntersuchung würde den Lastfall aufstauendes Sickerwasser ergeben (siehe Kapitel 5.3 „Keller“). Wie stellen Sie dies in Worten dar? Besonders die vielen Details, die bei regelgerechter Ausführung notwendig sind?

Es gibt Bauherren, die mit einer irgendwie aufs Blatt gebrachten Genehmigungsplanung zu einem Bauunternehmer gehen und ihn bitten, diese Zeichnungen, die im Maßstab 1 : 100 erstellt wurden, in die Realität umzusetzen. Das geht mit ziemlicher Sicherheit schief. Wenn Sie alles, soweit es geht, richtig machen wollen, nehmen Sie sich bitte einen Architekten und lassen Sie ihn die Ausführungsplanung machen. Im Notfall haben Sie damit auch jemanden, an den Sie Regressansprüche stellen können.

Kommen wir zurück zur VOB/B. Nach § 3 sind Sie nämlich verpflichtet, die für die Ausführung notwendigen Unterlagen wie Zeichnungen, Berechnungen und Leistungsverzeichnisse dem Auftragnehmer zur Verfügung zu stellen. Und in diesen Unterlagen müssen umfassend und erschöpfend alle notwendigen Angaben für eine jedwedes Risiko ausschließende Ausführung enthalten sein.

Auf Basis dieser Unterlagen kann dann der Auftragnehmer das Gewünschte eigenverantwortlich umsetzen. Alles, was Sie oder Ihr Architekt dem Auftragnehmer zur Verfügung stellen, läuft unter Ihrer Verantwortung! Darüber hinaus enthält die VOB/B zahlreiche Regelungen, zum Beispiel zur Prüfpflicht des Auftragnehmers, zum Schutz der ausgeführten Leistung bis zur Abnahme, zur Einhaltung der Ausführungsfristen, zu Behinderungen, Kündigung, Haftung, Vertragsstrafe, Abnahme und anderes mehr.

2.4.3 Mängelansprüche nach VOB/B

HINWEIS

Natürlich können Sie Zusatzregelungen vereinbaren, beispielsweise für Mängelansprüche die Verjährungsfrist verlängern. Dies lässt die VOB/B in § 13 Mängelansprüche unter (4) zu, da hier steht: „Ist für Mängelansprüche keine Verjährungsfrist im Vertrag vereinbart, so beträgt sie für Bauwerke vier Jahre, für andere Werke zwei Jahre."

Welches Werk der Auftragnehmer dem Auftraggeber hier schuldet, klingt ziemlich ähnlich wie im BGB-Werkvertrag: Der Auftragnehmer hat dem Auftraggeber seine Leistung zum Zeitpunkt der Abnahme frei von Sachmängeln (beim BGB gibt's noch den Zusatz Rechtsmängel) zu verschaffen. Die Leistung ist dann frei von Sachmängeln, wenn sie

- die vereinbarte Beschaffenheit hat (Beispiele: Größe der Räume, vereinbarte Baustoffe, Fenster mit einem speziellen U-Wert; eine Abweichung davon würde automatisch den Tatbestand eines Mangels erfüllen) und
- den anerkannten Regeln der Technik entspricht.

Ist die Beschaffenheit nicht vereinbart, ist die Leistung zur Zeit der Abnahme frei von Sachmängeln, wenn sie sich für die im Vertrag vorausgesetzte, sonst für die gewöhnliche Verwendung eignet. Die gewöhnliche Verwendung zielt darauf ab, was bei Werken der gleichen Art üblich ist, und die vom Auftraggeber erwartet werden kann. Beispiele hierzu finden sich in Kapitel 2.2 „Bürgerliches Gesetzbuch (BGB)".

Wenn diese Vorgaben erfüllt wären, wäre das Thema Mängel hinfällig. Das ist aber leider oft nicht der Fall, daher kommt den Mängelansprüchen große Bedeutung zu. Genau wie im BGB-Werkvertrag kommt es hier auf den Zeitpunkt der Mängelrüge an – entweder vor oder nach der Abnahme. Für die Beweislast gilt dasselbe wie im BGB:

- Die Beweislast (über Mängelfreiheit) vor der Abnahme liegt beim Auftragnehmer.
- Die Beweislast (über vorhandene Mängel) nach der Abnahme liegt beim Auftraggeber.
- Derjenige, der die Beweislast trägt, muss regelmäßig auch die Kosten eines eventuell erforderlichen Gerichtsgutachters zumindest vorstrecken.

Die VOB/B trennt zwischen Ansprüchen und Anspruchsvoraussetzungen vor der Abnahme und denen nach der Abnahme.

Hinsichtlich der Gewährleistungsfrist, die immer erst nach Abnahme der Leistung zu laufen beginnt, sind zu unterscheiden:

- Leistungen für Bauwerke. Die Verjährungsfrist beträgt vier Jahre – wenn nichts anderes vereinbart ist.
- Leistungen für Werke, deren Erfolg in der Herstellung, Wartung oder Veränderung einer Sache bestehen, sowie für die vom Feuer berührten Teile von Feuerungsanlagen. Die Verjährungsfrist beträgt zwei Jahre.

Anders als beim BGB-Werkvertrag ist noch am letzten Tag vor Ablauf der Gewährleistung die schriftliche und konkrete Mitteilung über vorhandene Mängel möglich, verbunden mit der Aufforderung, diese zu beseitigen. Nach Beseitigung der Mängel beginnt die reduzierte Regelfrist von zwei Jahren zu laufen.

Wichtig ist, dass diese Mängelbeseitigungsaufforderung Ihrem Vertragspartner, also zum Beispiel nicht dem Subunternehmer des von Ihnen beauftragten Rohbauers, sondern Letzterem selbst, nachweisbar vor Ablauf der Gewährleistungsfrist zugeht. Das lässt sich beispielsweise durch Einwurf-Einschreiben oder Versand per Einschreiben/Rückschein sowie der Versendung per Post und zugleich via Telefax (Sendebericht aufbewahren!) erledigen.

Im Gegensatz zum BGB-Werkvertrag ist kein Rücktritt, das heißt die vollständige Rückabwicklung des Bauvertrags auch für die Vergangenheit, bei umfangreichen bautechnischen Mängeln möglich, sondern nur die Kündigung unter besonderen formalen Voraussetzungen. Dabei wird der Vertrag ab Kündigungszeitpunkt für die Zukunft aufgelöst.

Nach einer regelgerechten Nachbesserung beginnt der Lauf einer Verjährungsfrist von zwei Jahren neu, diese endet jedoch nicht vor Ablauf der Regelfrist oder der vereinbarten Frist.

2.4.4 Abrechnung

Der Auftraggeber schuldet auch hier den monetären Ausgleich, allerdings gibt es einen Unterschied zum BGB. Auf Nachweis sind während der Ausführung Abschlagszahlungen möglich. Ein fortgeschriebenes Aufmaß ist dazu nötig, dabei sind alle Massen der einzelnen Bauleistungen, also zum Beispiel Mauerwerk, Abdichtungsbahnen, Beton usw. aufzulisten und mit dem Baufortschritt fortzuführen. Ansonsten hätten Sie keinen Überblick über den aktuellen Stand der erbrachten Leistungen. Sie können nur verweigert oder reduziert werden, wenn die Ausführung baufehlerhaft ist (also Mängel vor der Abnahme bestehen). Der Rückbehalt darf den zweifachen Betrag der notwendigen Mängelbeseitigungskosten ausmachen (dies wird auch Druckzuschlag genannt).

WICHTIG

Für Bauleistungen – Neubau, Umbau, Modernisierung, (energetische) Sanierung, Instandsetzung – ist die VOB/B ein gutes Instrumentarium und sollte grundsätzlich als Ganzes vereinbart werden. Die Verjährungsfrist beträgt für Bauwerke vier Jahre, für andere Werke, zum Beispiel Feuerungsanlagen, zwei Jahre, wenn nichts anderes vereinbart wurde.

Ein Fachanwalt sollte den Bauvertrag ausarbeiten. Im Vertrag sind folgende Angaben erforderlich:

- ➜ klar definierte Baumaßnahme und klar definierter Leistungsumfang
- ➜ Zeitablaufplan mit Fristen
- ➜ die Abnahmeregelung, möglichst förmlich
- ➜ Vertragsstrafenregelung
- ➜ Regelungen über Vertragserfüllungs- und Gewährleistungssicherheiten

Zudem gilt: Mängelrügen mit Mängelbeseitigungsaufforderung müssen immer schriftlich erfolgen. Die Bezahlung von Rechnungen darf nur auf nachgewiesene Leistungen (fortgeschriebenes Aufmaß) hin erfolgen und nie in bar (Nachweis).

2.5 Die richtige Unterstützung vor, während und nach der Bauausführung

Ob man sich in dem Rechtsrahmen des BGB oder der VOB/B bewegt, die meisten Streitigkeiten basieren entweder auf nur mündlich vereinbarten Werkverträgen (wenn überhaupt), meist auch noch ohne Zeugen. Doch auch Zeugen sind kein Garant für eine schnelle Klärung, denn jeder kann sich im Nachhinein an etwas anderes erinnern. Oder die Vertragsparteien stolpern in ein Werkvertragsverhältnis ohne irgendeine Vereinbarung und/oder nur unklarem und unvollständig definiertem Werkvertragserfolg.

BEISPIEL

Ich habe einen Fall bearbeitet, in dem sich der Besteller mit dem Unternehmer darüber stritt, ob ein BGB- oder VOB/B-Vertrag vorlag, und darüber hinaus, ob es sich um einen Einheits- oder Pauschalpreisvertrag handelte. Dem Ganzen lag der Plan für ein Einfamilienwohnhaus zugrunde und die Baufirma hat auf Zuruf mit den Arbeiten begonnen. Alleine der Kostenvorschuss für mich betrug 6.000 €.

Zudem gibt es Fälle, bei denen die Besteller in dubiose Werkverträge hineingedrängt wurden.

Meine Empfehlung lautet: Lassen Sie sich für derartige Entscheidungen ausreichend Zeit und holen Sie sich Unterstützung, wenn Sie nicht weiterwissen oder unsicher sind. Ich kann nur dringend dazu raten, einen Fachanwalt einzuschalten. Das dafür investierte Geld lohnt sich mehrfach. Lassen Sie sich auf keinen Fall drängen.

BEISPIEL
Makler Mayer beschafft Ihnen nicht nur das Grundstück, sondern zieht gleich auch den passenden Fertighausbauvertrag aus der Schublade und merkt an: „Das ist eine einmalige Gelegenheit. Sie wissen ja, wie angespannt der Grundstücksmarkt ist. Sie sollten sich daher zeitnah entscheiden, ob Sie kaufen und das Fertighaus bauen, sonst ist das Grundstück sicher weg ...".

Ob Meinungsverschiedenheiten oder andere Probleme mit

- ➜ Ihrem Architekten, zum Beispiel wegen Fehlplanung, fehlerhafter Objektüberwachung (er ist überhaupt nicht anwesend, übersieht Fehler und der Bauablauf läuft schleppend),
- ➜ den ausführenden Firmen, zum Beispiel wegen Zeitverzug, mangelnder Baustellenbesetzung, offensichtlicher Fehlleistungen,
- ➜ dem Generalunternehmer oder Generalübernehmer, zum Beispiel wegen Abweichungen vom vertraglich vereinbarten Soll, Terminabweichungen,
- ➜ dem Bauträger, zum Beispiel wegen Abweichungen von der Baubeschreibung, Schlechtleistung oder eines ganz speziellen Themas im Zusammenhang mit Wohneigentum,

oder sonstige Schwierigkeiten im Lauf des Baugeschehens auftreten, in solchen Fällen sind Fachanwälte für Bau- und Architektenrecht gefragt.

Bau- und Architektenrecht ist ein Spezialfach, für dessen Bewältigung viel Fachwissen und vor allen Dingen viel Erfahrung gefragt ist. Die entsprechenden Fachanwälte benötigen in der Regel die Zuarbeit von versierten Bausachverständigen, die ihnen kurz und knapp die Probleme von der technischen Seite her aufbereiten.

BEISPIEL
Ihr Rohbauer, also derjenige, der die Erd-, Kanal-, Mauer- und Betonarbeiten ausführt, erbringt immer weiter baufehlerhafte Leistungen, er wurschtelt vor sich hin. Sie kündigen ihm den Bauvertrag und beauftragen gleich eine andere Firma mit der Fertigstellung, weil Sie unbedingt noch vor Weihnachten einziehen wollen.

Im neuen Jahr kommt die Schlussrechnung der gekündigten Firma, eine schöne Bescherung im Nachhinein. Das verstehen Sie erst einmal gar nicht, hat dieser Rohbauer doch eine Fehlleistung erbracht. Und dafür will er Geld haben? Es steht ihm zu! Sie haben ihm, unabhängig davon, ob ein VOB/B- oder BGB-Bauvertrag besteht, das Recht auf Eigennachbesserung abgeschnitten. Am Ende zahlen Sie doppelt, und das für eine fehlerhafte Bauleistung. Wirklich ärgerlich, so etwas gilt es zu vermeiden.

Bei derartigen Schwierigkeiten sind bautechnische Laien überfordert. Deshalb ist es sehr ratsam, sich einen ö. b. u. v. Sachverständigen an die Seite zu holen, um mit ihm die weiteren Schritte zu besprechen. (Der folgende Text stammt zum Teil aus einem Aufsatz von Dipl.-Ing. (FH) Architekt Michael Probst.) Dem Wortbegriff nach sind Sachverständige Menschen, die in der Sache verständig sind. Verständig alleine würde nicht ausreichen, hier geht es um ein weit über dem Üblichen liegendes Wissen und Können. Der Begriff „Sachverständiger" ist im Gegensatz zu der Bezeichnung „ö. b. u. v. Sachverständiger" (§ 132a StGB) rechtlich nicht geschützt; ö. b. u. v. Sachverständige gibt es nur in Deutschland. Sie werden in einem offiziellen bundesweiten Sachverständigenverzeichnis geführt.

Ein ö. b. u. v. Sachverständiger darf Sie im Rahmen des Rechtsdienstleistungsgesetzes (RDG) auch rechtlich beraten, das ist eine Annextätigkeit, sie bewegt sich also mehr am Rande seiner sonstigen Tätigkeit. Dessen spezielles Wissen nutzen zum Beispiel auch Gerichte, wenn Sie in Ermangelung eigener Fachkunde für die Beurteilung bautechnischer Fragen gemäß §§ 402 ff. ZPO einen ö. b. u. v. Sachverständigen einschalten. Das Urteil basiert dann in der Regel auf dessen Ausführungen.

Für die öffentliche Bestellung durchläuft der Sachverständige ein umfangreiches Bewerbungsverfahren. Voraussetzungen sind in der Regel ein Studium in der entsprechenden Fachrichtung und langjährige Berufspraxis. Seine Eignung muss der Sachverständige in einer schriftlichen und mündlichen Prüfung mit sehr hohen Anforderungen nachweisen. Grundpflichten eines ö. b. u. v. Sachverständigen sind Objektivität, Unparteilichkeit und Weisungsfreiheit. Hierauf muss der Bewerber einen Eid leisten. Ein Verstoß gegen diese Pflichten stellt einen Straftatbestand dar.

Die Bestellung kann durch eine Industrie- und Handelskammer, eine Handwerkskammer, eine Landwirtschaftskammer, eine Architekten- oder Ingenieurkammer oder durch das Regierungspräsidium eines Landes in unterschiedlichsten Fachbereichen erfolgen. Die ö. b. u. v. Sachverständigen werden in der Regel für fünf Jahre bestellt. Vor einer Wiederbestellung prüfen die bestellenden Behörden, ob auch dafür alle Voraussetzungen erfüllt sind.

TIPP

Holen Sie sich für die baubegleitende Qualitätskontrolle einen ö. b. u. v. Sachverständigen für Schäden an Gebäuden an Ihre Seite, um Fehlplanungen und Fehlleistungen von vornherein zu begegnen. Und zwar von Anfang an, das heißt, sobald die Planung vorliegt! Sinnvoll für Sie wäre auch die Begleitung der Planung, doch das stellt ein erhebliches rechtliches Risiko für den Sachverständigen dar. Am besten besprechen Sie dies mit Ihrem Sachverständigen für Ihren jeweiligen Einzelfall.

Die Kosten für eine baubegleitende Qualitätskontrolle liegen erfahrungsgemäß zwischen 0,7 und 1,5 % der Bausumme. Bei durchschnittlichen Kosten für ein Einfamilienwohnhaus von 350.000 € wären das maximal etwa 5.250 € brutto.

Für die baubegleitende Qualitätskontrolle gelten folgende Empfehlungen, wobei ich von einem normalen Einfamilienwohnhaus ausgehe; bei Eigentumswohnanlagen sieht die Abfolge ähnlich aus:

- Ich halte es für notwendig, schon vor Beginn der Arbeiten mit den ausführenden Firmen ein Fachgespräch zu führen, um die wichtigsten Details durchzusprechen. Dabei frage ich zum Beispiel, welche Fugensicherungssysteme bei einer Weißen Wanne zum Einsatz kommen.
- Die notwendigen Ortsbesichtigungen – ich halte etwa fünf Termine für angemessen – würde ich an den jeweiligen Baufortschritt anpassen. Um beim Beispiel mit der Weißen Wanne zu bleiben: Hier läge der erste Ortstermin schon kurz nach Beginn der Ausführung, wenn die Bewehrung eingebaut ist. Denn dann könnte ich kontrollieren, ob die wichtigen Fugensicherungs-

systeme den Vorgaben entsprechen und ob sie zum Beispiel richtig eingebaut sind. Ferner zeigt die Verarbeitung die Qualität der Firma.

- ➜ Die Feststellungen bei den Ortsbesichtigungen sollten am besten in Wort und Bild protokolliert werden. Eventuelle bautechnische Fehler bekommt der jeweilige Auftragnehmer angezeigt, und er wird um deren Beseitigung gebeten.
- ➜ Letztendlich hat der Bauherr mit der Dokumentation auch einen Nachweis für eine regelgerechte Ausführung in Händen. Bei einer Weiterveräußerung, besonders bei schadensträchtigen und fehlerintoleranten Konstruktionen, ist das sicher kein Nachteil.

Bei dem Beispiel mit dem Rohbauer kann ich mir den Ablauf so vorstellen: Der Sachverständige begutachtet die von Ihnen gerügte Leistung des Auftragnehmers und dokumentiert eventuell vorhandene Mängel. Denn oft sind die von technischen Laien behaupteten Mängel keine wirklichen Mängel. Der Sachverständige wird Ihnen aufgrund der Dokumentation vorschlagen, den Auftragnehmer zur Mängelbeseitigung aufzufordern, natürlich mit einer angemessenen Frist. Lässt der Auftragnehmer diese fruchtlos verstreichen, wird der Fachanwalt eingeschaltet, der die rechtliche Situation prüft und eventuell den Vertrag kündigt. Der Sachverständige wird Ihnen auf jeden Fall dazu raten, da das Thema Vertragskündigung sehr heikel ist.

Mit der Dokumentation der Mängel sind Sie auf der sicheren Seite und vor unliebsamen Überraschungen sicher. Denn damit können Sie in einem Rechtsstreit beweisen, dass die Kündigung auch von der technischen Seite her rechtens und entsprechend angezeigt war.

An diesem und an den anderen Beispielen im Buch sehen Sie, wie schwierig es ist, als Bauherr den Überblick zu behalten und Fehlentwicklungen zu erkennen. Oft wird ein Schaden erst nach einer mehr oder weniger langen Zeitspanne sichtbar. Passiert das innerhalb der Gewährleistungsfrist und ist die betroffene Firma noch solvent – was oft genug nicht der Fall ist –, stehen Sie schon mal ganz gut da. Dann geht es darum, der Firma ihre Eintrittspflicht für den Schaden klarzumachen, eben wie beschrieben gemeinsam mit einem Sachverständigen und einem Fachanwalt für Bau- und Architektenrecht.

2.6 Was bedeutet „Anerkannte Regeln der Technik“?

Die Verunsicherung ist auch in Fachkreisen groß, wenn es darum geht, was denn die richtigen Grundlagen für Bautätigkeiten sind. Hier kommen als Erstes immer die anerkannten Regeln der Technik, kurz a. R. d. T., ins Spiel. Und dann sprechen alle von a. R. d. T., ohne diesen Begriff richtig fassen und erklären zu können. Ich werde versuchen, diese Unsicherheit zu beseitigen.

Schauen wir kurz zurück: In früheren Zeiten wurden die Regeln der Baukunst in den Gilden und Zünften mündlich überliefert (Zunftgeheimnisse). Grundlage waren die gemachten Erfahrungen und handwerkliche Traditionen. Dies garantierte dem Bauherrn fachliche Qualität sowohl bei der Ausführung als auch beim Material. Zum Ende des 18. Jahrhunderts kamen zu den Erfahrungen in der Mechanik wissenschaftliche Methoden der Mathematik und der Physik hinzu, damit war der Grundstein für die Standsicherheit von Gebäuden endgültig gelegt.

Als 1898 der Deutsche Beton-Verein und 1907 der Deutsche Ausschuss für Eisenbeton entstanden, war dies das erste Mal, dass es ein Regelsetzungsgremium im heutigen Sinne gab. Fachleute aus Wissenschaft, Wirtschaft und Verwaltung erarbeiteten gemeinsam Regeln der Technik.

Leider nimmt die Industrie mittlerweile sehr starken Einfluss auf die Normung und versucht diese als a. R. d. T. zu installieren. Der massive Einfluss hinterlässt bei vielen unabhängigen Fachleuten den Eindruck, dass hier kräftig im Sinne der Gewinnmaximierung und der Sicherung von Marktanteilen manipuliert wird. Dieser Meinung muss ich mich leider anschließen. Deshalb ist es ganz wichtig, zwischen DIN-Normen, Regelwerken der Industrie und einer bautechnisch richtigen Ausführung zu unterscheiden. Die bautechnisch richtige Ausführung ist der Maßstab, nach dem im Streitfall bewertet wird.

In der Praxis stoße ich hier oft an Grenzen, wenn auf eine meiner Mängelbehauptungen die Frage folgt: Wo steht denn das? Nun ja, was ein bautechnischer Fehler im Einzelnen ist, steht nirgendwo! Wäre alles genau festgelegt, gäbe es keine Unstimmigkeiten. Dennoch sichert Ihr Vertragspartner am Bau üblicherweise stillschweigend bei Vertragsschluss einen Standard zu, der den a. R. d. T. entspricht. Maßgebend ist hierbei regelmäßig der Stand der

a. R. d. T. zum Zeitpunkt der Abnahme. Das gilt für den VOB-Vertrag wie für den BGB-Vertrag. Im Folgenden will ich Ihnen näherbringen, was denn hinter dem unbestimmten Rechtsbegriff a. R. d. T. steckt beziehungsweise woraus sich dieser Begriff ableitet.

HINWEIS

Der Begriff a. R. d. T. ist ein unbestimmter Rechtsbegriff. DIN-Normen können a. R. d. T. sein, sie sind jedoch Privatnormen mit Empfehlungscharakter, aber keine Rechtsnormen.

Es sind drei Entwicklungsstufen für Ausführungen zu unterscheiden:

- Stand der Technik
- Regeln der Technik (R. d. T.)
- Anerkannte Regeln der Technik (a. R. d. T) und hierin enthalten die allgemein anerkannten Regeln der Technik

2.6.1 Stand der Technik?

Von vielen und selbst von Fachleuten, die es eigentlich wissen müssten, wird immer wieder der Begriff „Stand der Technik" als Argument für eine fehlerfreie Leistung ins Feld geführt. Was verbirgt sich dahinter? Stellen Sie sich Neuerungen vor, also zum Beispiel aus Rationalitätsgründen entwickelte Bauprodukte für die Herstellung von Weißen Wannen. Die Hersteller sind natürlich der Meinung, dass diese grundsätzlich zum Einsatz auf Baustellen geeignet sind. Doch leider fehlt (noch) die Bewährung in der Praxis. Also kann der Stand der Technik nicht das sein, was Ihnen geschuldet ist. Oder würden Sie das Versuchskaninchen spielen wollen? Hiervon gibt es Ausnahmen:

Die Luftdichtheit der Gebäudehülle wurde aufgrund von Neuentwicklungen bei den Klebebändern von Jahr zu Jahr besser. Ebenso ist dies beim Schallschutz der Fall. Auch in der Installations- und Lüftungstechnik werden Neuerungen sehr schnell umgesetzt, ohne die Langzeitbewährung abzuwarten. Dabei werden die Risiken billigend in Kauf genommen. Der Auftraggeber sollte jedoch über die Risiken vollumfänglich informiert werden (Näheres hierzu in Kapitel 5.5.9).

2.6.2 Regeln der Technik

Unter Regeln der Technik fallen alle technischen Anleitungen für handwerkliche und industrielle Verfahrensweisen bei der Planung, Herstellung, Prüfung und Verwendung von Stoffen, Gegenständen, Bauwerken usw. Nicht dazu gehören Rechtsnormen mit technischem Inhalt, zum Beispiel die Landesbauordnungen oder die Gewerbeordnung, ferner innerbetriebliche Normen und sonstige Bau-, Ausstattungs- und Zuwendungsrichtlinien.

Die Regeln der Technik stellen den geronnenen Sachverstand dar und sind deshalb Empfehlungen von Fachleuten, unter anderem von Sachverständigen. Mit ihrer Hilfe soll ein bestimmtes Ziel erreicht werden, zum Beispiel die Abdichtung von Bauwerken im Grundwasser. Die Naturgesetze bilden hierfür die Grundlage und müssen beachtet werden.

DIN-Normen

Und was verbirgt sich hinter dem Begriff „DIN-Normen“? „DIN“ steht für Deutsches Institut für Normung e. V.

Um technische Regeln aufzustellen, die letztendlich in eine Norm einfließen, werden Ausschüsse gebildet. Besetzt ist ein derartiger Normenausschuss in der Regel mit Firmen- und Standesvertretern, die naturgemäß die (finanziellen) Interessen ihrer Firmen vertreten. Wichtig zu wissen ist, dass zunächst Vorschläge zum Einsatz von Produkten gemacht werden. Ist ein Normenwerk so weit gediehen, wird erst der Gelbdruck veröffentlicht, gegen den Einwendungen möglich sind.

Letztendlich entscheidet der Ausschuss über Akzeptanz oder Abweisung der Einwände. Die fertige Norm wird als Weißdruck veröffentlicht, damit gilt sie. Was viele nicht wissen: Mit der Veröffentlichung wird die Norm nicht automatisch a. R. d. T., sondern damit beginnt lediglich der Bewährungszeitraum für das Produkt oder die Bauart! Es gilt: DIN-Normen tragen die widerlegbare Vermutung in sich, dass es sich um a. R. d. T. handelt.

In erster Linie haben die Regeln der Technik für alle am Bau Beteiligten eine grundlegende Verständnisfunktion. Ohne die Begriffsdefinitionen in den jeweiligen technischen Regelwerken wäre eine rationelle und eindeutige Verständigung im jeweiligen Fachgebiet nicht möglich. Keiner wüsste, wovon der andere redet. Für den planenden Architekten oder Ingenieur sind die technischen Regelwerke Erfahrungssammlungen auf wissenschaftlicher Grundlage.

Vereinbarung der Regeln der Technik

Wurden sie nicht vertraglich vereinbart, sind die Regeln der Technik unverbindlich. Sie stehen jedermann zur Anwendung frei, müssen aber nicht einfließen. Im Zusammenhang mit der Ausschreibung von Bauleistungen kann unter Bezugnahme auf entsprechende einschlägige Regeln der Technik, zum Beispiel DIN-Normen, auf detaillierte Angaben zur Qualität usw. in der Leistungsbeschreibung verzichtet werden.

In der Regel hat der Anwender bei Beachtung der a. R. d. T. die Gewähr, dass seine Planung den gesetzlichen Anforderungen hinsichtlich der Sicherheit und der gewöhnlichen Gebrauchstauglichkeit genügt.

WICHTIG

Das Deutsche Institut für Normung (DIN) ist ein eingetragener Verein.

DIN-Normen sind privatrechtliche Regelungen mit Empfehlungscharakter. Sie können hinter den allgemeinen Regeln der Technik zurückbleiben.

Ein Werk ist nicht allein deshalb mangelfrei, weil es einer bestimmten Norm entspricht.

Grundsätzlich sind Normen auf die Sinnhaftigkeit zu hinterfragen.

Eine Ausführung muss den bautechnischen Notwendigkeiten entsprechen, die wie folgt definiert werden.

„Bautechnische Notwendigkeiten": Dieser Begriff beschreibt die Bauausführung, die im Rahmen der vereinbarten Beschaffenheit, zum Beispiel der Nutzungsdauer, unter Beachtung der naturwissenschaftlichen Grundlagen, der baustofflichen Eigenschaften, der örtlichen Einflüsse und der handwerklichen Umsetzbarkeit notwendig ist, um den geschuldeten funktionalen Werkerfolg in eine entsprechende Baukonstruktion umzusetzen.

2.6.3 Energieeinsparverordnung (EnEV)

In diesem Kapitel muss ich Sie mit einer Verordnung vertrauter machen, die das Baugeschehen immer mehr bestimmt. Und zwar in einer Weise, die ich und viele meiner Kollegen für nicht richtig erachten und die in Deutschland sehr kontrovers diskutiert wird. Es handelt sich dabei um die vom Bundesrat verabschiedete Energieeinsparverordnung, kurz EnEV, die für beheizte Wohn- und Nichtwohngebäude gilt. Sie unterscheidet darüber hinaus zwischen Neubauten (Wohn- und Nichtwohngebäude) und bestehenden Gebäuden. Ich gehe hier zunächst nur auf neu zu errichtende Wohngebäude ein.

Vor dem Inkrafttreten der EnEV im Jahr 2002 gab es eine Wärmeschutzverordnung und eine Heizanlagenverordnung. In gewissen Abständen wurden die energetischen Anforderungen sowohl an Gebäude als auch an Heizungsanlagen erhöht. Als Folge mussten sowohl besser wärmedämmende Wandbaumaterialien, Fenster und dergleichen als auch energieeffizientere Heizungsanlagen eingebaut werden. Ziel war die Reduzierung des Heizenergieverbrauchs.

Seit 2002 wurden drei Neufassungen der EnEV beschlossen. Am 1.5.2014 tritt die vierte Neufassung in Kraft und löst die bis dahin gültige Fassung aus dem Jahr 2009 ab. Ziel des sehr umfangreichen Regelwerks mit mehreren hundert Seiten ist eine Reduzierung der CO_2-Emissionen bezogen auf den Primärenergieeinsatz (also auf die Energiemenge aus der ursprünglich vorkommenden Energiequelle wie Kohle oder Erdgas). Damit werden auch die Verluste berücksichtigt, die sich von der Gewinnung des Energieträgers über den Transport bis zur Speicherung im Gebäude ergeben.

Da die Nutzung von Gebäuden, unter anderem durch Beheizung, Kühlung, Trinkwassererwärmung und Beleuchtung, erhebliche Energiemengen verschlingt und dabei viel CO_2 freigesetzt wird, setzt der Gesetzgeber hier an. Er will die Verringerung dieser Mengen erzwingen. In nicht allzu ferner Zukunft soll daher nicht mehr nur das energieeffiziente (also energiesparende), sondern das energieproduzierende Gebäude, auch Plusenergiehaus genannt, im Blickpunkt stehen.

Umsetzung der EnEV

Für den Vollzug der EnEV sind die Länder zuständig, für die Einhaltung der EnEV-Vorschriften ist der Bauherr und sind damit auch die Berater, Planer und Ausführenden verantwortlich. Falls die Regelungen nicht beachtet werden, wird dies als Ordnungswidrigkeit eingestuft, es drohen Bußgelder. Allerdings habe ich bisher noch nichts davon gehört, dass tatsächlich Strafzahlungen verhängt wurden.

Wie funktioniert die EnEV und worauf beruht sie?

Die Beachtung des Regelwerks führt dazu, dass Sie und Ihre Erfüllungsgehilfen (Planer, Projektanten) sich bei der Auswahl der Baustoffe an gewisse Vorgaben halten müssen. Genauer: an einen auf die Gebäudenutzfläche AN bezogenen maximalen Primärenergiebedarf (Q_p') und den Transmissionswärmeverlust (H_t'). Dies wird Referenzgebäudeverfahren genannt.

HINWEIS

Der Transmissionswärmeverlust über eine gewisse Zeit ist die Wärmemenge, die durch die Hüllfläche des Gebäudes sowie durch Lüftung und Abwässer verloren geht, wenn es draußen kälter ist. Wären die Innenraumtemperatur und die Außentemperatur gleich, würde kein Transmissionswärmeverlust auftreten.

Die Anforderung liest sich im § 3 der EnEV– Anforderungen an Wohngebäude – wie folgt:

„*(1) Zu errichtende Wohngebäude sind so auszuführen, dass der Jahres-Primärenergiebedarf für Heizung, Warmwasserbereitung, Lüftung und Kühlung den Wert des Jahres-Primärenergiebedarfs eines Referenzgebäudes gleicher Geometrie, Gebäudenutzfläche und Ausrichtung mit der in Anlage 1 Tabelle 1 angegebenen technischen Referenzausführung nicht überschreitet.*“

Auszüge aus der genannten Anlage spare ich mir, da mein Augenmerk auf das grundsätzliche Verstehen gerichtet ist. Deshalb weiter. Hinzu kommt § 25 EnEV zu den Befreiungen:

(1) Die nach Landesrecht zuständigen Behörden haben auf Antrag von den Anforderungen dieser Verordnung zu befreien, soweit die Anforderungen im Einzelfall wegen besonderer Umstände durch einen unangemessenen Auf-

wand oder in sonstiger Weise zu einer unbilligen Härte führen. Eine unbillige Härte liegt insbesondere vor, wenn die erforderlichen Aufwendungen innerhalb der üblichen Nutzungsdauer, bei Anforderungen an bestehende Gebäude innerhalb angemessener Frist durch die eintretenden Einsparungen nicht erwirtschaftet werden können.

(2) *Eine unbillige Härte im Sinne des Absatzes 1 kann sich auch daraus ergeben, dass ein Eigentümer zum gleichen Zeitpunkt oder in nahem zeitlichem Zusammenhang mehrere Pflichten nach dieser Verordnung oder zusätzlich nach anderen öffentlich-rechtlichen Vorschriften aus Gründen der Energieeinsparung zu erfüllen hat und ihm dies nicht zuzumuten ist.“*

Das betrifft vor allem Gebäude, die noch nicht Baudenkmäler sind, aber unter Ensembleschutz stehen. Doch mit der Umsetzung der EnEV gehen oft auch die Eigenheiten dieser Gebäude verloren.

Hinzu kommt, dass die Architekten durch die EnEV in eine Zwickmühle geraten, sind sie doch verpflichtet, ihrer Planung und Ausführung die anerkannten Regeln der Technik zugrunde zu legen. Wie zuvor erläutert, ist eine der Grundlagen für die Anerkennung als a. R. d. T., dass sich eine Baumethode bewährt hat. Doch nun müssen die Architekten eine Verordnung umsetzen, die Baumethoden verlangt, die sich (zumindest bis jetzt) nicht bewährt haben und sich, davon bin ich überzeugt, auch nicht bewähren werden.

Ich versuche, das ganze Dilemma mit einfachen Worten zu erklären: Durch diese Verordnung werden Bauherren mehr oder weniger gezwungen (bei Nichtbeachtung drohen hohe Bußgelder bis zu 50.000 €), immer dichtere hochwärmedämmende Gebäudehüllen mit immer komplexeren technischen Anlagen zu errichten. Immer dichter heißt auch, dass sich immer höhere Luftfeuchten innen entwickeln, denn es fehlt die „natürliche“ Luftwechselrate. Hohe Luftfeuchten bedeuten erhöhte Schimmelpilzgefahr an den Außenwänden. Natürlich kann dem mit entsprechenden Lüftungsanlagen begegnet werden, zum Beispiel mit Einzellüftern in den Außenwänden oder zentralen Lüftungsanlagen. Das Problem dabei ist jedoch die Gebrauchstauglichkeit und die Wartung. Bis jetzt ist mir noch keine langfristig befriedigende Lösung begegnet.

Mein Rat: Suchen Sie sich einen versierten Planer, der Sie allumfassend und kritisch berät. Letztendlich sollen Sie das Gefühl haben, dass Sie Ihre (!)

Entscheidung auf Basis einer guten Beratung getroffen haben. Ich weiß, dass dies nicht leicht ist.

Meiner Meinung nach rückt der Gesamtkomplex Gebäudehülle und die für den Menschen wichtigen Faktoren wie richtige Beheizung und „natürliche“ Belüftung und Lüftung immer mehr aus dem Blickfeld. Eine Betrachtung, die nur auf Energieeinsparung, und zwar auf den Quadratmeter (!) Wohnfläche bezogen, fixiert ist, halte ich für grundfalsch. Meine Kritik in Kürze:

- ➜ Die Grundlage für alle Einsparberechnungen, der U-Wert, ist falsch.
- ➜ Der solare Energiegewinn wird negiert, damit werden massive Gebäudekonstruktionen benachteiligt.
- ➜ Von einer richtigen Strahlungsheizung spricht niemand. Damit ließe sich erheblich Energie einsparen.
- ➜ Der Energieverbrauch wird immer nur auf den Quadratmeter bezogen betrachtet.
- ➜ Die Gebäudehüllen werden zu dicht und damit steigt – wie schon erklärt – die Gefahr der Schimmelbildung.
- ➜ Die berechneten Einsparungen stimmen nicht.
- ➜ Über lange Zeiträume betrachtet und unter Einbeziehung aller Faktoren ist fraglich, ob überhaupt Energie eingespart wird.
- ➜ Die Umsetzung der Anforderungen durch Einsatz von Wärmedämmverbundsystemen, meist auf Basis von Polystyrol, ist gesundheits- und umweltschädlich.

Falls auch Sie der Meinung sind, dass diese Verordnung nicht sinnvoll ist, gibt es ja den beschriebenen § 25 EnEV mit den möglichen Befreiungen. Hilfe unter anderem in diesem Fall erhalten Sie beim Club of Home (www.club-of-home.de).

Baubestand (§ 9 EnEV)

Wird der Baubestand geändert, erweitert oder ausgebaut, kommen zwei Verfahren zur Anwendung, die sich am Umfang der Maßnahmen orientieren. Entweder sind die geforderten Wärmedurchgangskoeffizienten (U-Werte, Näheres hierzu folgt noch) einzuhalten (sogenanntes Bauteilverfahren) oder es sind die Höchstwerte des Jahres-Primärenergiebedarfs des ganzen Gebäudes nachzuweisen (sogenanntes Bilanzverfahren). Die Werte dürfen um bis zu 40 % über den Grenzwerten für Neubauten liegen.

Wird die beheizte Nutzfläche um mehr als 50 m^2 erweitert, gelten für den Erweiterungsteil dieselben Anforderungen wie an Neubauten.

Falls Sie Interesse haben, lade ich Sie ein, die Grundlagen für die EnEV und meine Kritik daran noch näher kennenzulernen.

Der U-Wert

Auch wenn ich den U-Wert als Maßstab kritisch sehe und davon überzeugt bin, dass sich die berechneten Einsparpotenziale nicht erreichen lassen: Sie und ich müssen mit ihm leben und deshalb gehe in an dieser Stelle genauer auf ihn ein.

Fangen wir mal bei der Berechnungsgrundlage für den Energieverbrauch von Gebäuden an, genau das ist der U-Wert. Bei ihm handelt es sich um eine spezifische physikalische Größe mit der Einheit Watt pro m^2 mal Kelvin ($W/m^2 \times K$). Der U-Wert zeigt an, wie viel Energie (Wärme) von der warmen zur kalten Seite hin fließt. Ein niedriger U-Wert ist daher besser als ein hoher U-Wert.

Zur Ermittlung des U-Wertes werden in einer bipolaren Klimakammer an beiden Seiten eines Baustoffs, also zum Beispiel eines Mauersteins, stationäre Klimabedingungen geschaffen, zum Beispiel beträgt die Temperatur außen –10 °C und innen +20 °C, die Feuchtewerte sind gleichbleibend. Nach einer bestimmten Zeit tritt der Beharrungszustand ein, durch den sich idealerweise eine gerade Linie zwischen Innen- und Außentemperatur ergibt (wie in Abbildung 1 zu sehen). Der Energiefluss von warm nach kalt wird gemessen, und daraus dann der U-Wert berechnet.

Diesen Beharrungszustand gibt es in der Natur allerdings äußerst selten, praktisch nie. Und zwar aus folgendem Grund: Wurde nämlich von der Sonne Energie in den Wandbaustoff eingetragen, fließt logischerweise weniger Energie von innen nach außen. Das funktioniert übrigens auch bei nur diffuser Strahlung. Das bedeutet, dass der U-Wert in diesem Fall um einiges besser wäre, als von den Theoretikern vorgegeben. Abbildung 1 zeigt die beiden Temperaturverläufe in einer massiven Außenwand mit einer Rohdichte von

1800 kg/m³, unten die stationäre (Beharrungszustand), oben die realistischere instationäre Temperaturverteilung.

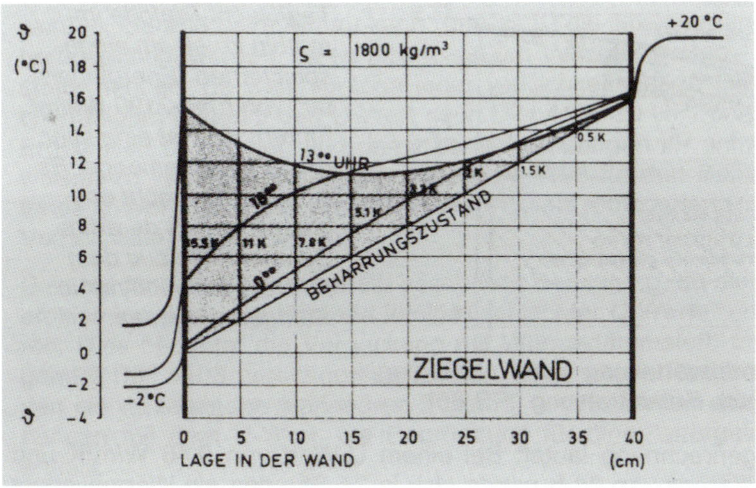

Abb. 1: U-Wert stationär und instationär

Die Erkenntnis daraus: Die U-Wert-Berechnung ist nur für leichte Baustoffe ohne Wärmespeichervermögen maßgeblich und sinnvoll, für massive, wärmespeichernde Baustoffe dagegen überhaupt nicht. Hierzu ein Beispiel[3]: Ein Hochlochziegel mit einer Dicke von 36,5 cm und einem spezifischen Gewicht von 1.200 kg/m³ und einer Wärmeleitfähigkeit von 0,50 W/m² × K würde statt des stationären U-Wertes von 1,06 W/m² × K nach Süden einen effektiven U-Wert von 0,25 W/m² × K, nach Osten oder Westen einen effektiven U-Wert von 0,50 W/m² × K und nach Norden immerhin noch einen effektiven U-Wert von 0,74 W/m² × K aufweisen.

Es besteht also ein immenser Unterschied. Es ist deshalb nicht verwunderlich, wenn die gemessenen Energieeinsparungen bei realisierten energetischen Sanierungen von Bestandsgebäuden nie mit den berechneten Ergebnissen übereinstimmen, sondern meilenweit darunter liegen.

3 Prof. Dr.-Ing. habil. Claus Meier: Richtig bauen. Bauphysik im Zwielicht – Probleme und Lösungen, Seite 181, 6. Auflage, Expert-Verlag

WICHTIG

Die EnEV sieht zur Erfüllung der Anforderungen das Aufbringen eines Wärmedämmverbundsystems nicht zwingend vor. Auch auf anderen Wegen, zum Beispiel mit dicken monolithischen Ziegelwänden, kann den Vorgaben entsprochen werden.

Im § 25 EnEV gibt es zudem Ausnahmeregelungen, mit denen meiner Meinung nach der Verzicht auf die Ausführung von Konstruktionen mit sehr hohen Dämmwerten begründet werden kann.

Die Umsetzung der EnEV stellt nach einer nachvollziehbaren Rechtsmeinung eine nicht anerkannte Regel der Technik dar. Damit verstößt sie gegen die Grundsatzforderung des Werkvertragsrechts, wonach nur bewährte Konstruktionen, also Ausführung auf Basis der anerkannten Regeln der Technik, zur Ausführung kommen sollen.

Anwendbar sind die U-Werte aus dem stationären Wärmedurchgang nur bei leichten Baustoffen. Schwere, speicherfähige Baustoffe werden dadurch erheblich benachteiligt. Aufgrund dieser Tatsache liegen auch die tatsächlich erzielten Energieeinsparungen bei energetischen Sanierungen weit unter den Berechnungen.

Bei Neubauten stimmen die berechneten Vorgaben ebenfalls nicht mit den tatsächlichen Energieverbräuchen überein. Diese liegen weit höher, was repräsentative Umfragen bei großen Wohnungsbauunternehmen ergeben haben. Die Wohnraumlüftung ist zum Problem geworden: Es geht fast nur noch mit Zwangslüftungen, die aber zum größten Teil unbefriedigend arbeiten. Es stellt sich auch die Frage, ob diese Art der Lüftung gebrauchstauglich ist und sich dauerhaft bewähren wird. Durch die neue Bauweise hat die Schimmelpilzproblematik in erheblichem Maß zugenommen.

2.7 Realisierung mit einem Architekten

Wenn Sie sich für den sicher sehr sinnvollen Weg entschieden haben, Ihr Bauvorhaben mithilfe eines versierten Architekten zu realisieren, finden Sie in den folgenden Ausführungen hilfreiche Tipps.

2.7.1 Architektenleistung: Pflichten und Grenzen

Um ein Gefühl dafür zu bekommen, ob man den nicht ganz einfachen Weg gemeinsam gehen könnte, ist ein längeres Gespräch nicht nur sinnvoll, sondern notwendig. Erzählen Sie dem Architekten von sich, davon, wie Sie sich Ihr künftiges Domizil vorstellen, von Ihren Lebensgewohnheiten, Ihrem Budget usw. Und dann hören Sie Ihrem Gegenüber zu, was es dazu zu sagen hat.

Wenn Sie sicher sind, dass Ihr Gesprächspartner die richtige Wahl ist, dann lassen Sie sich aus der HOAI den zu erbringenden Leistungsumfang erklären. Die möglichen Leistungen sind in neun Leistungsphasen (Lph) eingeteilt. Da der Architekt Ihr Erfüllungsgehilfe und Sachwalter ist, hat er umfangreiche Beratungsleistungen zu erbringen. Das betrifft neben den technischen Themen unter anderem die Bereiche Ökonomie und Ökologie.

Zudem sollten Sie mit dem Architekten den Werkerfolg so erschöpfend wie möglich definieren. Was passieren kann, wenn dies nicht geschieht, zeigt Ihnen ein einfaches Beispiel: Ein vermögender Pferdenarr ließ eine Reithalle bauen. Nach der Realisierung tropfte es durchs Dach. Fehler oder kein Fehler? Verstoß gegen die a. R. d. T. oder nicht?

Dazu müssen Sie wissen, dass Dächer nur regensicher, aber nicht regendicht sind. Das heißt: Bei den meisten, vor allem bei schuppenförmigen Dacheindeckungen wird Schnee oder Niederschlagswasser bei Windbelastung unter die Dacheindeckung getrieben, das Wasser tropft dann bei fehlender Sicherung in das Gebäude. Daher müssen ausgebaute Dächer nach den einschlägigen Regelwerken eine zweite Sicherungsebene haben. Aber wie verhält es sich bei einem Reitstall? Man könnte die Meinung vertreten, dass es ruhig mal auf die Pferde oder die Reiter runtertropfen könnte, denn schließlich reiten die auch draußen und da regnet es ja bekanntlich schon mal.

Die Sache ging bis zum BGH. Entschieden wurde, dass das Dach regendicht sein muss. Denn wenn einer schon eine Halle bauen lässt, will er vor den Unbilden der Natur geschützt sein.

Wäre das von Anfang an vereinbart gewesen, hätten sich die Beteiligten die Energie für den Prozess (der über viele Jahre ging) und das viele Geld für die Nachbesserung sparen können. Und apropos: Sie sollten unbedingt das Ihnen zur Verfügung stehende Budget, also die maximalen Baukosten einschließlich Nebenkosten, in den Werkvertrag als Ziel einfließen lassen.

Legen Sie im Vertrag mit dem Architekten die folgenden Inhalte fest:

- Die zu erbringenden Leistungen anhand des Leistungsbilds des § 34 HOAI; in ihm sind die neun Leistungsphasen mit den darin enthaltenen Grundleistungen aufgelistet.
- Die entsprechenden Leistungsphasen, am besten in Form eines Stufenvertrags mit den Lph 1 bis 4 (Grundlagenermittlung bis Genehmigungsplanung) und 5 bis 8 (Ausführungsplanung bis Objektüberwachung). Natürlich können Sie die Leistungsphasen in Abstimmung mit dem Architekten selbst festlegen. Denn vielleicht wollen Sie nach der Genehmigungsplanung oder der Ausführungsplanung einen Bauträger mit der Realisierung beauftragen und dem Architekten nur noch die Qualitätskontrolle übertragen.

  Der Stufenvertrag schützt Sie im Extremfall vor weitreichenden Folgen, falls Sie sich nicht mehr mit Ihrem Erfüllungsgehilfen verstehen und sich die Wege trennen. Es kann sonst durchaus passieren, dass der Architekt zum Beispiel den ihm entgangenen Gewinn geltend macht.
- Ein auskömmliches Honorar: Wer angemessen bezahlt wird, geht mit mehr Engagement an die Arbeit, als jemand, der sich „gedrückt" fühlt. Für die richtige Einteilung hat die HOAI die Honorarzonen I bis V geschaffen. Ein- und Zweifamilienwohnhäuser beispielsweise liegen je nach Anforderung und Standard in den Honorarzonen III und IV.

Berechnungsgrundlage für das Honorar sind letztlich die Nettobaukosten. Dabei hat der Architekt das Recht, den Wert Ihrer Eigenleistung mit einfließen zu lassen. Dessen Tätigkeit umfasst regelmäßig Folgendes:

- Ausarbeitung von Alternativen zu Ihren Vorstellungen.
- Erläuterung der diversen Ausführungsmöglichkeiten im Hinblick auf eventuell bestehende baukonstruktive Risiken. Dies ist besonders wichtig, wenn neue Bauarten oder Baumaterialien eingesetzt werden sollen.
- Erstellung der einzelnen Kostenberechnungsarten; dies reicht von der Kostenschätzung über die Kostenberechnung nach der Lph 4 und dem Kostenanschlag nach der Lph 6 bis zur Kostenfeststellung nach Abschluss der Lph 8.

  Je weiter das Bauvorhaben fortschreitet, umso näher werden Sie an den Toleranzrahmen Ihres Budgets gelangen. Eine gute Übersicht über die

Kosten soll es Ihnen ermöglichen, bei Überschreitung Ihres Budgets noch steuernd einzugreifen. Für solche Fälle muss der Architekt in seine Leistungsverzeichnisse Alternativpositionen, also technisch günstigere Ausführungsmöglichkeiten, einarbeiten.

- Ausarbeitung von Leistungsverzeichnissen für die einzelnen Gewerke: Um keine böse Überraschung in Bezug auf die letztendlichen Kosten zu erleben, sollten vor Baubeginn mindestens 85 % der wichtigsten Gewerke ausgeschrieben sein und die Ergebnisse auf dem Tisch liegen. Diese werden in einem Kostenanschlag aufgelistet. Die Entscheidung über die Ausführung liegt bei Ihnen.
- Kostenkontrolle auf Basis der Ausschreibungen.
- Zusammenstellen der Bauverträge auf Basis der VOB/B.
- Objektüberwachung (Lph 8): Besonders kritische Ausführungsdetails wie Abdichtungsmaßnahmen im erdberührten Bereich oder in den Bädern muss der Architekt besonders sorgfältig überwachen. Nur bei handwerklichen Selbstverständlichkeiten wie Putzaufträgen oder Ähnlichem genügt eine stichprobenhafte Überprüfung.
- Vorbereitung und Begleitung der einzelnen Abnahmen mit Überwachung der Beseitigung der dabei festgestellten bautechnischen Fehler (Mängel).
- Überprüfung der jeweiligen Schlussrechnungen einschließlich Aufmaß (hierbei wird die erbrachte Leistung aufgemessen. Dies erfolgt meist vor Ort oder anhand von Planunterlagen. Die festgestellten Massen werden dann mit den im Leistungsverzeichnis stehenden Einzelpreisen in eine Schlussrechnung übernommen).
- Auflistung der Gewährleistungsfristen.
- Aufstellung der Gesamtkosten.
- Die Schlussrechnung.

Die einzelnen Leistungsphasen

Die erste Stufe reicht von Lph 1 „Grundlagenermittlung" bis zur Lph 4 „Genehmigungsplanung". Während dieser muss sich der Architekt mit Ihren Wünschen und Vorstellungen intensiv auseinandersetzen, Sie beraten, Alternativen aufzeigen, Sie auf die Einschaltung weiterer Fachleute – sogenannter am Bau fachlich Beteiligter – hinweisen sowie wirtschaftlich denken und planen.

- Beispielsweise ist es seine Pflicht, Ihnen die Beauftragung eines Baugrundgutachters eindringlich nahezulegen. Ein Verzicht auf diesen Fachmann kann Sie – und natürlich den Architekten – teuer zu stehen kommen.
- Baustatiker: Mit ihm wird beispielsweise durchgesprochen, inwieweit sich der Entwurf des Architekten wirtschaftlich umsetzen lässt und welche Bauteile wie ausgeführt werden müssen. Er ist also hauptsächlich für die Standsicherheit Ihres Bauvorhabens verantwortlich.
- Projektanten für Heizung, Sanitär, Elektro: Sie erstellen nach Beratung und Abstimmung Ausführungspläne, die in die Leistung des Architekten eingebunden werden müssen. Dieser organisiert dann auch die Ausführungszeiten.

Diese anderen fachlich an der Ausführung Beteiligten sind zwar Ihre Auftragnehmer (und stehen damit in einem BGB-Werkvertragsverhältnis), aber der Architekt übernimmt die Koordination aller, deren Leistungen werden in seine integriert.

In diesen Leistungsphasen muss der Architekt Ihnen zwingend auch die voraussichtlichen Kosten über die Kostenschätzung (erste Kostenermittlung, Toleranzrahmen 40 bis 50 %) und weiter über die schon genauer werdende Kostenberechnung (zweite Kostenermittlung) nennen. Der Spielraum bei der zweiten Kostenermittlung zu den tatsächlichen Kosten bewegt sich etwa bei 20 %, bei Umbaumaßnahmen kommen nochmals 5 % hinzu.

Mit der Genehmigungsplanung hat der Architekt alle relevanten Grundlagen für die spätere Ausführung in Form von Zeichnungen und schriftlichen Darstellungen abzugeben. Beispielhaft sei hier das Abdichtungskonzept genannt, das häufig übersehen wird.

In der nächsten Stufe ab Lph 5 „Ausführungsplanung“ werden die Ergebnisse aus der ersten Stufe nur noch vertieft und detailliert, also ausführungsreif dargestellt. Eine ausführungsreife Planung muss alle für die Ausführung relevanten Angaben enthalten und jedwedes Risiko für den ausführenden Unternehmer vermeiden.

Darauf folgt die Lph 6 „Vorbereitung der Vergabe“. Dabei werden unter anderem Angebotsunterlagen in Form von Leistungsverzeichnissen erstellt (sie enthalten die definierten Baustoffe mit den Massen), die an kompetente

Firmen versandt werden. Nach dem Rücklauf der ausgefüllten Leistungsverzeichnisse kommt es in der Lph 7 „Mitwirkung bei der Vergabe“ zur Wertung der Angebote. Zur besseren Übersicht und Vergleichbarkeit wird ein sogenannter Preisspiegel erstellt. Gleichzeitig bildet dieser die Grundlage für die dritte Kostenberechnung, die Kostenkontrolle. Damit liegt Ihnen die letztendliche Entscheidungsgrundlage dafür vor, ob Sie sich Ihr Vorhaben leisten können oder wollen. Die Verlässlichkeit der Zahlen liegt hier maximal bei etwa plus 5 %. Bei Umbauten kommen auch hier 5 % hinzu.

Mit Erbringung der Lph 8 „Objektüberwachung“ endet die Ausführung des Objekts. Nach der technischen Abnahme der einzelnen Gewerke im Beisein Ihres Architekten verbleibt Ihnen die Erklärung der rechtlichen Abnahme (siehe hierzu Kapitel 2.2.3 „Abnahme“). Unter idealen Umständen wird Ihnen zu diesem Zeitpunkt ein mängelfreies Werk übergeben, das zudem die vereinbarte Beschaffenheit aufweist.

Nach der Überwachung der Beseitigung eventuell festgestellter Mängel, der Überprüfung der Schlussrechnungen und der Auflistung der Verjährungsfristen kann der Architekt auf Basis der Nettogesamtkosten sein Architektenhonorar berechnen.

Es gibt dann noch die Leistungsphase 9 „Objektbetreuung und Dokumentation“, in der sich der Architekt unter anderem mit den auftretenden Mängeln befassen muss, die während der Gewährleistungsfristen auftreten. Sie wird aber meistens nicht beauftragt, das halte ich auch nicht für zwingend.

2.7.2 Die Leistungserbringung des Auftraggebers

Den zu erbringenden Leistungen des Architekten stehen Ihre Leistungen als Auftraggeber gegenüber. Heißt auch: Jetzt geht's ans Geld, das hier Honorar heißt. Das „auch“ verweist auf weitere Pflichten Ihrerseits, die da wären:

- Fällen von Entschlüssen auf Basis der Entscheidungshilfen Ihres Erfüllungsgehilfen
- Pünktliches Bereitstellen des benötigten Kapitals

Bleiben wir zunächst beim Honorar. Da die HOAI Gesetzescharakter hat, führt kein Weg an einem angemessenen Honorar vorbei. Vergessen Sie also, dass Sie beim Architekten einen Nachlass raushandeln können, der die in der

HOAI festgelegten Mindestsätze unterschreitet. Wenn er doch einwilligt, ist die Vereinbarung gesetzeswidrig. Im Endeffekt könnte er Ihnen dann das ihm zustehende Mindesthonorar in Rechnung stellen.

HINWEIS

Wie bei allen Dingen gibt es auch hier Ausnahmen, wenn auch in sehr engen Grenzen, und zwar wenn Sie und den Architekten ein Verwandtschaftsverhältnis ersten oder zweiten Grades oder eine langjährige, sehr intensive Zusammenarbeit verbindet.

Was ist ein auskömmliches Honorar und wie hoch ist es? Hierfür gibt es in der HOAI den § 7 zur Honorarvereinbarung. Das Honorar wird je nach den Planungsanforderungen in mehrere Zonen, insgesamt sind es fünf, eingeteilt. Geregelt ist dies in § 5 Abs. 1 Honorarzonen für Objektplanung.

Honorarzone I gilt für Gebäude mit sehr geringen, Honorarzone IV für Gebäude mit überdurchschnittlichen Planungsanforderungen. Zone V gilt für höchste gestalterische Ansprüche mit umfangreichen funktionalen Zusammenhängen, komplizierte Konstruktionen und Ähnliches. In jeder Honorarzone gibt es einen Mindestsatz (den sogenannten Von-Wert) und einen Höchstsatz (den sogenannten Bis-Wert).

Ein einfaches, durchschnittliches Einfamilienwohnhaus liegt in der Regel in Honorarzone III. Wenn aber zum Beispiel die Anforderungen an ein Einfamilienwohnhaus eher in Richtung überdurchschnittlich gehen, kann durchaus Honorarzone IV infrage kommen. Ihre Vorstellungen werden anhand eines Punktekatalogs in eine der Honorarzonen eingeordnet.

Und genau da liegt gleich am Anfang der Zusammenarbeit ein Problem: Ohne dass Ihre Vorstellungen in einen Vorentwurf übersetzt wurden, können die Anforderungen noch gar nicht definiert und kann das Honorar noch nicht festgelegt werden. Festgelegt werden kann und sollte jedoch der Von-Wert, beispielsweise könnte er bei 20 % über dem Mindestsatz der anzusetzenden Honorarzone liegen. Hilfreich als erster Anhaltspunkt ist die Einteilung in § 35 Abs. 2 und in der Anlage 10.2 Objektliste für Gebäude.

Hat der Austausch über Ihre Wünsche stattgefunden und haben Sie sich mit dem Architekten verständigt, lässt sich das Honorar nach den zu erwartenden Gesamtbaukosten (nur die reinen Baukosten netto ohne Mehrwertsteuer) ermitteln. Diese Kosten werden zu Beginn der Tätigkeit entweder von Ihnen vorgegeben oder für den Vorentwurf wird eine Kostenschätzung nach entsprechenden Regeln erstellt. Der Vorentwurf zählt meist noch zur Akquisition und wäre damit kostenfrei. Fairer wäre es, die Vergütung hierfür gleich zu Beginn einer angedachten Zusammenarbeit miteinander zu vereinbaren.

Bei Umbaumaßnahmen kommt noch der Umbaukostenzuschlag hinzu, wenn der Architekt die vorhandene Bausubstanz gestalterisch und konstruktiv mitverwendet.

TIPP

Denken Sie immer daran: Wer schreibt, der bleibt! Halten Sie alles Vereinbarte schriftlich fest.

Grundsätzlich gilt: Der Architekt hat Ihnen den Werkerfolg zu liefern, und zwar frei von Sach- und Rechtsmängeln. Nur was ist der Werkerfolg, was sind Mängel des Architektenwerks? Wie das BGB den Werkerfolg definiert, lesen Sie bitte in Kapitel 2.2 „Bürgerliches Gesetzbuch BGB" nach. Zum Begriff „vereinbarte Beschaffenheit" ist schon einiges Grundsätzliches ausgeführt worden (siehe hierzu Kapitel 1.3 „Warum Sie nur für Ihre Bedürfnisse planen und bauen sollten").

Ganz wichtig in dieser Phase: Benennen Sie die für Sie tragbaren Maximalkosten (Baukosten, Grundstückserwerb, Nebenkosten). Das gehört zwingend dazu, wenn Sie nicht riskieren wollen, dass Ihnen Ihr Bauvorhaben finanziell das Genick bricht oder eine entbehrungsreiche Zukunft beschert (habe ich leider schon mehrfach erlebt).

Und das alles fassen Sie schriftlich in Form eines Vertrags zusammen und unterschreiben – beide! Damit stellt das Festgehaltene die vereinbarte Beschaffenheit dar. Hinzu kommen noch die gewählten Baustoffe, die optische Ausführung, die Größen der Räume, die Oberflächenbeschaffenheit und vieles mehr. Die Liste ist beliebig erweiterbar und dokumentiert Ihr Werkvertragsziel. Sie wird Bestandteil des Architektenvertrags. Sie werden nicht glauben, dass dieses Ziel in der Regel nicht definiert wird und es dann – logischerweise – oft zu Streitigkeiten kommt.

Stellen Sie sich vor, Sie kaufen einen neuen Pkw: Sie gehen zu einem Autohändler, geben nur die maximale Summe an Geld an, die Sie ausgeben wollen, und unterschreiben einen Kaufvertrag. Was glauben Sie, werden Sie geliefert bekommen? Sicher nicht den Pkw, den Sie sich vorgestellt haben. Meist läuft es ja eher so, dass Sie zu dem Modell Ihrer Vorstellung aus einer Liste bestimmte Sonderausstattungen aussuchen, die Kosten addieren und dann den Kaufvertrag unterschreiben. Warum tun dies viele Menschen bei wesentlich größeren Investitionen nicht?

Die gewöhnliche Verwendung

Ein Werk ist frei von Sachmängeln, wenn es sich für die gewöhnliche Verwendung eignet und eine Beschaffenheit aufweist, die bei Werken der gleichen Art üblich ist, dies kennen Sie ja schon aus Kapitel 2.2 „Bürgerliches Gesetzbuch (BGB)". Was „gewöhnliche Verwendung" bedeutet, zeigt Ihnen ein Beispiel aus meiner Praxis.

Wie Sie in Abbildung 2 sehen, öffnen sich die Fenster im Bild nach außen, hier das Beispiel einer Fenstertür. Das Fensterputzen an einem Fenster in den oberen Geschossen konnte aufgrund der Absturzgefahr nicht demonstriert werden. Die Auftraggeber wurden mit den nach außen öffnenden Fenstern und den Folgen daraus erst nach Ingebrauchnahme des Objekts konfrontiert. Heißt: Hier muss jedes Mal eine Gebäudereinigungsfirma mit dem Putzen der Fenster beauftragt werden, was natürlich mit Kosten verbunden ist, die im Lauf der Zeit ganz erheblich zu Buche schlagen.

Es liegt also ein Verstoß gegen den gewöhnlichen Gebrauch vor! Obwohl in keinem Regelwerk festgeschrieben ist, dass Fenster nicht nach außen öffnen dürfen. Oder dass man Fenster auch ohne Einschaltung von Gebäudereinigungsfirmen putzen können muss. Einer „gewöhnlichen Verwendung" liegt daher die Beschaffenheit zugrunde, die man als Nutzer erwarten kann, ohne dass sie in Regelwerken oder dergleichen zuvor beschrieben und definiert wurde.

Abb. 2: Fenster, nach außen öffnend

Kommen wir zu den stillschweigend vereinbarten anerkannten Regeln der Technik (a. R. d. T.) Sie stellen die Sicherungsebene dar, die Sie kraft Gesetzes vor zu viel Gestaltungssucht eines Architekten oder vor einer vorsichtig ausgedrückt windigen Baufirma schützt. Es ist nämlich der von Ihnen definierte Werkvertragserfolg, also Ihre Vorstellung von Wohnhaus, den der Architekt ins Dreidimensionale umsetzt – und zwar auf Basis bewährter und richtiger Bauweisen. Ich bin ausdrücklich kein Feind von innovativem Bauen, nur darf es nicht zu Ihren Lasten gehen. Wenn experimentiert wird, dann nur mit ausdrücklicher Zustimmung des Auftraggebers, also von Ihnen. Und Ihre Zustimmung muss auf einer vollumfänglichen Aufklärung über eventuell vorhandene Risiken und Folgen basieren.

2.7.3 Auf zur Tat: Handlungsempfehlung

Wählen Sie unbedingt einen Architekten aus, dem Sie vertrauen. Führen Sie ein langes Gespräch, in dem Sie Ihre Vorstellungen offen darlegen, und hören Sie dann den Ausführungen des Architekten zu. Ein solches erstes Gespräch läuft unter Akquise und kostet in aller Regel nichts. Auf Empfehlungen aus dem Freundes- und Bekanntenkreis zurückzugreifen ist in dieser Situation oft nicht der beste Weg. Welcher bautechnische Laie kann schon genau sagen, ob der eigene Architekt ein Werk geschaffen hat, das auch den baukonstruktiven Erfordernissen genügt?

BEISPIEL

Ich erinnere mich gut an einen Besuch bei Freunden in ihrem neu gebauten Haus. Auf meine Frage, ob ich ihnen denn etwas zu Baufehlern am Gebäude sagen solle, sahen sie mich verblüfft an. Sie waren bis zu diesem Zeitpunkt davon ausgegangen, dass sie einen guten Architekten und ebensolche Baufirmen erwischt hatten (die sie auch bedingungslos weiterempfohlen hätten). Ich mach es kurz: Es waren Fehler in der Luftdichtheitsschicht des Dachgeschosses zu erkennen, die bereits zu erheblichen Verfärbungen in den Wanddurchgängen der Sparren außen geführt hatten. Zudem lag eine fehlerhafte Abdichtung des Untergeschosses vor. Am Ende des leider durchzuführenden Prozesses wurden unseren Freunden 65.000 € als Schadensersatz zugesprochen.

Hören Sie bitte auch auf Ihr Gefühl zu Ihrem Gegenüber. Ich habe schon oft von Auftraggebern, die Pech mit ihrem Architekten hatten, gehört: „Ich habe von Anfang an gespürt, dass da etwas nicht passt. Und ich ärgere mich dermaßen, dass ich nicht auf mein Gefühl und die Zeichen gehört habe!"

Schließen Sie mit dem Architekten nach einigen Vorgesprächen, bei denen er Ihnen Ihre Vorstellungen in einem Vorentwurf präsentiert, einen Architektenvertrag. Dafür können Sie ein Vertragsmuster der zuständigen Architektenkammer verwenden. Unterteilen Sie die Vereinbarung in zwei Teile, wobei die erste Stufe die Lph 1 bis 4 umfasst, die zweite Stufe die Lph 5 bis 8.

Folgende Inhalte gehören in den Vertrag:

- ➔ Vereinbaren Sie die Leistungserbringung in Anlehnung an § 34 HOAI.
- ➔ Formulieren Sie das umfassend dargelegte Werkvertragsziel.
- ➔ Benennen Sie im Vertrag auch die von Ihnen maximal tragbare Finanzierungssumme.
- ➔ Vereinbaren Sie mit dem Architekten, dass er zur Auftragserteilung für notwendige Arbeiten, die in den Ausschreibungen vergessen wurden, bis zu einer bestimmten Kostenhöhe berechtigt ist, zum Beispiel bis 1.000 €.
- ➔ Schließen Sie darüber hinausgehende Vollmachten ausdrücklich aus, vor allem für die Erklärung der Abnahmen.
- ➔ Bestehen Sie auf die jeweiligen Kostenermittlungsarten (Kostenschätzung, Kostenberechnung, Kostenkontrolle, Kostenfeststellung).
- ➔ Beginnen Sie mit dem Bauen nicht, bevor nicht mindestens 85 % der erforderlichen Arbeiten ausgeschrieben und in der Kostenkontrolle erfasst wurden.
- ➔ Vereinbaren Sie zur Kostensicherheit eine Baukostenobergrenze.
- ➔ Bestehen Sie auf förmliche Abnahmen der einzelnen Leistungen in Ihrem Beisein.
- ➔ Wenn Ihnen an Terminsicherheit gelegen ist, vereinbaren Sie Zwischenfristen, beispielsweise für die Einreichung des Baugenehmigungsantrags.

2.8 Realisierung mit einem Bauträger

Leider hat es sich die Architektenschaft mit vielen Kunden durch erheblich überzogene Baukosten und hoffnungslose Überschreitungen der Bauzeiten verdorben. Hinzu kommt, dass viele potenzielle Kunden diesem Berufsstand keine Fachkenntnis mehr unterstellen. Das gipfelt in Sätzen wie „Die können doch nur noch Bildchen malen, hören Sie mir mit Architekten auf". Ähnlich äußern sich Baufirmen. Dass sich das herumspricht, ist kein Wunder. So wandern viele Auftraggeber zu Bauträgern ab, die ihnen sowohl einen Festpreis als auch einen Fertigstellungszeitpunkt garantieren.

Aber ist denn bei Bauträgern alles Gold, was glänzt, oder lauern dort andere Gefahren? Folgen Sie mir bitte in dieses Metier, in dem sich viele, na sagen wir mal mindestens graue Schafe tummeln. Aus meiner Erfahrung bringt die Beauftragung eines Bauträgers (oder GU) Vor- und Nachteile mit sich. Zunächst seien die Vorteile genannt: Auf der Grundlage Ihrer eigenen oder der vom Bauträger gelieferten Planung sowie einer eindeutigen und erschöpfenden Leistungsbeschreibung bekommen Sie einen Festpreis und einen Fertigstellungszeitpunkt genannt. Im Vertrag sollte dazu natürlich eine Vertragsstrafenregelung enthalten sein. Lassen Sie den Vertrag und seine Bestandteile am besten von Fachleuten, also von einem Architekten und einem Rechtsanwalt, erstellen oder genau prüfen, damit Sie vor großen Überraschungen halbwegs sicher sind.

Da nichts auf dieser Welt ohne Konsequenzen bleibt, und alles seinen Preis hat, stehen diesen Vorteilen natürlich Nachteile gegenüber. Grundsätzlich müssen Sie wissen, dass ein Bauträger im Zeitpunkt der Planung ein Geschäft – Sie könnten auch Wette sagen – auf die Zukunft abschließt. Hier gibt es Unwägbarkeiten wie Preiserhöhungen, Ausfall von Firmen, Risiken im Baugrund usw. Und da jedes Gebäude ein individuelles Werk ist, sind die Risiken nicht vollends kalkulierbar. Für den Bauträger ergibt sich auch daraus der Zwang, einen Risikozuschlag einzurechnen. Damit liegt das Angebot des Bauträgers erfahrungsgemäß 15 bis 20 % über den Kosten, die Ihnen bei einer Einzelgewerkevergabe – Ihr Architekt schreibt die einzelnen Gewerke aus und vergibt sie dann an einzelne Auftragnehmer – entstehen würden.

Oft heißt es, dass ein Bauträger (oder GU) über einen Stamm von Handwerkern verfügt, die ihm aufgrund langjähriger Zusammenarbeit sehr gute Preise bieten. Meiner Erfahrung nach kommt dies aber äußerst selten vor.

Sollten Sie sich mit dem Gedanken tragen, eine bereits im Bau befindliche Eigentumswohnung von einem Bauträger zu erwerben, machen Sie Folgendes: Bitten Sie den Bauträger um Übersendung einer Baubeschreibung und kündigen Sie ihm an, dass Sie das Objekt mit einem Sachverständigen besichtigen wollen. Ich habe mehrfach erlebt, dass es gar nicht zu einer Besichtigung kommt. Einmal hat der Bauträger sofort ausgerufen: „An Sie verkaufen wir nicht!“ Wenn das passiert, können Sie feiern. Sie haben sich gerade viel Geld und Ärger erspart. Denn wenn einer so reagiert, hat er etwas zu verbergen.

Verläuft hingegen alles nach Ihren Vorstellungen, dann lassen Sie die Baubeschreibung von einem Sachverständigen prüfen. Dieser erkennt sofort, wie die Qualität letztendlich aussieht.

Haben Sie die Absicht, Ihr Ein- oder Mehrfamilienwohnhaus mit einem Bauträger zu realisieren, sollten Sie darüber hinaus den Kaufvertrag von einem Fachanwalt für Bau- und Architektenrecht überprüfen lassen. Hier lauern vielfältige Gefahren.

Ist der Vertrag geschlossen, passiert Folgendes: Da Ihr Vertragspartner nun die Richtschnur in Form der ihm zustehenden Zahlung kennt, wird er alles daran setzen, möglichst weit darunter zu bleiben. Wir nennen dies gewinnmaximierendes Bauen. Viele Möglichkeiten dazu hat er nicht. Da wäre zum einen die Beauftragung möglichst billiger Firmen (mit entsprechenden Leistungen) und zum anderen Einsparungen beim Leistungsumfang, und zwar meist dort, wo Sie das nicht gleich sehen.

Aus meiner Tätigkeit kann ich hierzu einen von vielen Fällen beitragen: Vereinbart war die Erstellung einer Weißen Wanne. Als ich bei der Begehung zur Abnahme gewisse Nachweise vom Bauträger über die Ausführung dieses Bauteils verlangte, wurde er frech und verweigerte weitere Angaben. Wie sich später herausstellte, hatte er die Weiße Wanne aus einer risikobehafteten Elementwandkonstruktion in noch nicht einmal der Mindestwanddicke erstellt. Ja, er hätte den Nachweis einer regelgerechten Ausführung erbringen müssen, aber was machen Sie als Auftraggeber, wenn er Ihnen den Einzug verweigert, falls Sie die nächste Rate nicht zahlen? Zumal Sie sich schon während der Bauphase immer wieder wegen diverser Fehler oder Ihrer Sonderwünsche mit ihm herumgeschlagen haben. Meine Auftraggeber haben resigniert und es dabei belassen, in der Hoffnung, dass alles gut geht.

Ein weiteres Mittel, den Auftraggeber zu ärgern, ist das in der Praxis tatsächlich oft ausgesprochene Verbot zur Besichtigung der Baustelle, besonders beliebt bei Wohnungseigentum. Wenn der Bauträger Ihnen eine mängelfreie Herstellung schuldet, wie kann er Ihnen dann verwehren, diesen Umstand vor Ort bei Ausführung der Gewerke zu überprüfen? Das wäre unlogisch und nicht im Sinne der MaBV beziehungsweise des Werkvertragsrechts nach BGB. Man muss Ihnen das Recht einräumen, sich über die vertraglich vereinbarte regelgerechte Umsetzung der Leistungen und vor allem der Vollständigkeit – dies bezieht sich auf die Fälligkeitsvoraussetzungen für die jeweiligen Zahlungen nach MaBV – ein eigenes Bild zu machen. Selbstverständlich bewegen Sie sich auf der Baustelle auf eigenes Risiko! Aber erst einmal bedeutet dies eine weitere Auseinandersetzung mit dem Bauträger.

Leider ist das kein Einzelfall. Viele Bauträger, die ihre Kunden vor Vertragsabschluss mit allen möglichen Versprechungen trunken reden, zeigen ihr wahres Gesicht erst während der Ausführung. Und glauben Sie mir, die sitzen meist am längeren Hebel.

TIPP

Erkundigen Sie sich bei den Käufern von Referenzobjekten nach dem Verhalten des Bauträgers, besonders im Fall von Reklamationen. Fragen Sie außerdem nach, wie sich der Bauträger verhält, wenn es um Sonderwünsche geht, und wie exakt seine Abrechnungen erstellt werden. Eine gute Quelle sind auch Firmen, die für den Bauträger arbeiten. Ein langjähriges Vertragsverhältnis ist eine gute Empfehlung. Falls Sie das Ergebnis Ihrer Recherchen nicht überzeugt, nehmen Sie lieber Abstand von der Vertragsunterzeichnung.

Wenn Sie Lust haben, lesen Sie auch die Geschichte eines – ich würde fast sagen – Geschädigten am Anfang von Kapitel 8 „Besonderheiten bei Wohneigentum“.

2.8.1 Fälligkeitsvoraussetzungen für die Raten

Die grundsätzlichen Fälligkeitsvoraussetzungen stehen in der Makler- und Bauträgerverordnung. In Kapitel 2.3 finden Sie die wichtigsten Regelungen.

Eine weitere Sicherheit beim Bauen mit einem Bauträger besteht darin, dass die Raten, die in der Verordnung geregelt sind, nur nach Erbringung des jeweiligen Baufortschritts fällig werden, beispielsweise die neunte Rate bei Fertigstellung der Fliesenarbeiten einschließlich der Fugenausbildung im Sanitärbereich. Eine über die Fälligkeit der jeweiligen Rate hinausgehende Geldforderung ist nicht rechtens und daher abzulehnen.

Wenn der Bauablauf zügig und ohne große Reklamationen vonstatten geht, kommt es irgendwann zur Abnahme. Hier kann ich Ihnen nur empfehlen, einen ö. b. u. v. Sachverständigen mitzunehmen. Denn das, worauf es wirklich bei einer dauerhaft funktionstauglichen Ausführung ankommt, sieht ein technischer Laie in der Regel nicht.

2.8.2 Abnahme/Gewährleistung

Die Abnahme richtet sich nach den Statuten des Werkvertragsrechts, da es sich hier um einen BGB-Vertrag handelt. Auf jeden Fall sollten Sie einen ö. b. u. v. Sachverständigen zu der Begehung mitnehmen und die Ausführung auf die bautechnische Richtigkeit hin überprüfen lassen.

2.8.3 Rechte und Pflichten der Vertragsparteien

Wie schon erwähnt, schuldet Ihnen der Bauträger ein regelgerechtes Werk mit der vereinbarten Beschaffenheit oder je nach Vertragsziel regelgerechte Teilleistungen. Sie sind wiederum verpflichtet, die in der MaBV aufgelisteten Zahlungen zu leisten. Natürlich können auch bei der Realisierung Ihres Auftrags Mängel entstehen.

BEISPIEL

Beim Anbringen des Wärmedämmverbundsystems (WDV-System) erkennen Sie oder einer Ihrer fachtechnischen Begleiter, dass die Dämmplatten falsch aufgebracht wurden und der Anschluss an die Fenster (äußerst schadensträchtiges Detail) fehlerhaft ist.

In diesem Fall steht Ihnen ein Nacherfüllungsanspruch zu, den Sie so ausüben: Fordern Sie den Bauträger oder den GU schriftlich mit angemessener Frist zur Mängelbeseitigung auf. Beseitigt dieser den Mangel nicht, können Sie – je nachdem, ob eine Abnahme vorliegt oder nicht – so vorgehen, wie in Kapitel 2.2.2 „Mängelrechte“ dargestellt.

Sie können beispielsweise nach der Abnahme die Mängel zunächst auf eigene Kosten beseitigen lassen und diese dann vom Bauträger oder GU ersetzt verlangen oder die Kosten vorher als Vorschussanspruch einfordern. Zudem sind Rücktritt, Minderung und Schadenersatz (hier sind die Sowiesokosten, die Ihnen also sowieso entstanden wären, zu berücksichtigen) möglich.

Ich habe Ihnen viel über die Schatten beim Bauen mit einem Bauträger erzählt. Aber: Wo viel Schatten ist, ist logischerweise auch viel Licht. Natürlich finden sich genauso honorige Bauträger am Markt, oft in Form von Familienunternehmen, die schon lange mit einer eigenen Baufirma tätig sind.

Kapitel 3

Naturwissenschaftliche Grundlagen und Begriffserklärungen

In diesem Kapitel mache ich Sie mit Grundlagen vertraut, die Sie möglicherweise noch vage aus der Schulzeit kennen. Nur eben reduziert darauf, was Sie mindestens brauchen, um die komplexen Zusammenhänge am Bau grundlegend zu verstehen.

Das Verständnis der physikalischen Grundlagen in Hinblick auf Immobilien ist wichtig, um die Zusammenhänge zwischen den Nutzern (Mensch und Tier) und der Gebäudehülle sowie die Einflüsse der Umwelt auf das Gebäude zu verstehen. Keine Angst, ich möchte Sie nicht mit zu viel Physik überfahren, sondern Ihnen ein besseres Verständnis dafür vermitteln, warum am Bau gewisse Dinge auf bestimmte Weise ausgeführt werden. Lassen Sie sich positiv überraschen und mitnehmen in die (kleine) Welt der für unser Baugeschehen relevanten physikalischen Grundlagen.

3.1 Wasser

Haben Sie schon mal etwas von Dampfdiffusion, konvektiv eintreibendem Wassergas, Kapillarität, Partialdampfdruck, relativer und absoluter Luftfeuchte, Taupunkt, Eislinsen (gefrorene Pfützen auf dem Flachdach) hydrostatischem Druck oder Korrosion und Chloridkorrosion gehört? Diese fürs Bauen relevanten physikalischen Phänomene begleiten uns auf unserer Reise in das Gebiet Bauen. Denn sie haben mit dem schwierigsten und sehr wichtigen Thema beim Bauen, dem Umgang mit Wasser, zu tun.

3.1.1 Die drei Aggregatzustände von Wasser

Wasser kann in drei Aggregatzuständen auftreten.

Fest

Mit Eis geht aufgrund der Eigenschaft des Wassers, die größte Dichte bei +4 °C zu erreichen, eine unangenehme Nebenerscheinung einher. Das Eis verändert sein Volumen, das heißt, bei Temperaturänderungen schiebt und zieht es.

BEISPIELE

Stellen Sie sich eine Pfütze auf dem Flachdach vor, die gefriert: Die Ränder sind messerscharf, dazu kommen die Ablagerungen aus der Luft (Aerosole), die mit der Zeit richtig fest werden. Durch das Schieben und Ziehen des Eises kann die Dachabdichtung verletzt werden. Zumindest aber verkürzt sich die technische Lebensdauer.

Oder denken Sie an Steine oder Putz, besonders den Sockelputz. Werden diese Baumaterialien durchfeuchtet, wird der Frost sie durch Sprengdruck mittel- und langfristig zerstören: Der Sockelputz fällt von der Wand ab.

Flüssig

Hierzu gibt es eine guten und einprägsamen Spruch: Wasser hat einen spitzen Kopf und einen breiten Hintern. Wasser, besonders wenn es unter hydrostatischem Druck steht (aufstauendes Wasser, auch schon in Form einer Pfütze), dringt in feinste Risse ein. Und dann setzt es sich mit seinem breiten Hintern fest, das heißt, es verteilt sich irgendwohin. Deshalb ist es oft schwierig, die Ursache für eingedrungenes Wasser zu lokalisieren. Ein Beispiel, das fast jeder kennt: Wasser dringt in ein Flachdach ein und verteilt sich innerhalb der Schichten, bis es irgendwo sichtbar wird. Oder: Plötzlich zeigen sich in den Sockelbereichen in einem Keller Wasserhorizonte. Woher das Wasser kommt, ist oft nur mit hohem Untersuchungsaufwand zu ermitteln.

Gasförmig

Gasförmiges Wasser kann zum einen sichtbar sein. Das ist kondensiertes Wassergas, zum Beispiel über dem sprudelnden Wassertopf oder Wolken, das entsteht, weil der Taupunkt erreicht wurde. Zum anderen gibt es nicht sichtbares gasförmiges Wasser. Nicht sichtbar heißt für viele Menschen, dass es nicht existiert. Doch das ist ein Kardinalfehler, nicht sichtbares Wassergas verursacht eine Menge Ärger, wenn es denn gelassen wird.

BEISPIELE

Das Schlafzimmer ist der Raum mit der höchsten Feuchtebelastung. Zwei schlafende Menschen atmen in einer Nacht bis zu zwei Liter (l) Wasser aus. Stellen Sie sich nun ein Schlafzimmer in einem ausgebauten Dachgeschoss vor: Das Wassergas übt hier einen Partialdampfdruck auf die Raumhülle aus. Je nach Baukonstruktion und vorhandenen Fehlern bei der Ausführung kann es im Dachaufbau zum Ausfall des Wassers im Taupunkt kommen. Schäden bis hin zum Totalschaden der tragenden Holzkonstruktion können die Folge sein.

3.1.2 Auswirkungen des gasförmigen Wassers

Diese Prinzipien äußern sich beim Thema Bauen in folgenden Phänomenen, die jeder Bauherr kennen sollte:

Dampfdiffusion

Dieses Wort hat mit dem lateinischen „diffundere" zu tun, das „zerstreuen", „verbreiten", „ausbreiten" bedeutet. Was es beschreibt, zeigt ein einfaches Beispiel: Stellen Sie sich zwei unterschiedlich besetzte Straßenbahnwagen vor, die durch eine Schleuse getrennt sind. Aus dem übervollen einen Wagen werden die Reisenden in den weniger besetzten Wagen wollen. Zum Schluss werden in beiden Wagen etwa gleich viele Reisende sein.

Ersetzen Sie nun die Reisenden durch Wassermoleküle, allerdings schwirren diese im Gegensatz zu den Reisenden völlig ungerichtet durch die Gegend. Physiker nennen dies „Brown'sche Molekularbewegung". Also werden, um beim Beispiel der Wagen zu bleiben, alleine aufgrund der Statistik – wenn viele unterwegs sind, passiert mehr, als wenn wenige unterwegs sind – mehr Moleküle aus dem volleren Wagen in den anderen Wagen strömen als umgekehrt. Irgendwann wird sich diese unterschiedliche Konzentration (indifferenter Energiezustand) ausgeglichen haben. Das Verständnis von Diffusionsvorgängen ist bei der Ausführung beispielsweise der Luftdichtheitsschicht und der Dampfsperre von Bedeutung (mehr zur Funktion der Luftdichtheitsschicht finden Sie in Kapitel 5.9 „Die Luftdichtheit der Gebäudehülle", Anmerkung zur Dampfsperre: Im Gegensatz zu einer Dampfbremse lässt sie keinerlei Wassermoleküle mehr durch, sie sperrt diese aus). Ebenso spielt die Diffusion eine Rolle bei der Funktion der Außenwände, über die von innen (viele Moleküle) nach außen (wenige Moleküle) Wassergas abgegeben wird.

Dampfkonvektion

Bei der Dampfkonvektion (hat mit dem lateinischen „convectum" zu tun, das „mitgetragen" bedeutet) ist anders als bei der Diffusion eine Luftströmung erforderlich. Es wird also ein Luftvolumen bewegt, in dem sich Wassermoleküle befinden. Aufgrund dessen ist die Anzahl der bewegten Wassermoleküle erheblich größer. Nur damit Sie in etwa eine Vorstellung von diesem Verhältnis haben: Durch Konvektion werden etwa 3.000- bis 10.000-mal mehr Wassermoleküle transportiert als durch Diffusion. Das ist zum Beispiel für die Ausführung der luftdichten Gebäudehülle wichtig. Um Schäden an der verdeckten Konstruktion zu verhindern, beispielsweise an den Holzbalken, ist auf die Leckagefreiheit (siehe hierzu Kapitel 5.9 „Die Luftdichtheit der Gebäudehülle") zu achten.

Kapillarität

Bei Kapillarität handelt es sich um einen elektrostatischen Vorgang, der – einfach ausgedrückt – dazu führt, dass Wasser in feinste Risse praktisch eingesogen wird. Deshalb gibt es in wasserbeanspruchten Bereichen keinen unschädlichen, weil ja nur schmalen Riss, selbst wenn er zum Beispiel 0,2 mm breit ist. Eine solche Fehleinschätzung kommt leider immer wieder vor.

Zur Erklärung: Durch Hydrophobierung (kommt aus dem Altgriechischen und ist eine Zusammensetzung der Wörter „hýdor" für „Wasser" und „phóbos" für „Furcht" und bedeutet „wassermeidend") werden verputzte oder Steinfassaden gegen das Eindringen von Niederschlagswasser „imprägniert". Doch in Fassaden gibt es immer Risse. Denken Sie nur an den Anschluss des Außenputzes an die Fensterbänke, die Fensterstöcke und dergleichen. Durch diese feinen Risse dringt kapillar Niederschlagswasser in die Mauern ein, das auf nicht besonnten Flächen nicht mehr nach außen abtransportiert wird. Es kommt zu Schäden an der Fassade.

Partial- oder Teildampfdruck

Viele Wassermoleküle in der Luft führen im Vergleich zu einem Luftvolumen mit weniger Wassermolekülen zu einem höheren Partial- oder Teildampfdruck. Dieser Unterschied möchte sich gemäß dem physikalischen Grundsatz „von viel zu wenig" ausgleichen (dies gilt übrigens auch für Energie oder Wärme, mehr dazu später).

Ich komme jetzt wieder auf das Beispiel mit dem Schlafzimmer im Dachgeschoss zurück, verbunden mit dem Thema Dampfkonvektion: Der in der Raumluft gelöste Wasserdampf und höhere Partialdampfdruck möchte sich in der kalten Jahreszeit – innen warm/feucht, außen kalt/trocken – mit dem außen vorhandenen geringeren Partialdampfdruck ausgleichen. Wird ihm dafür eine Lücke, also eine Leckage, in der „luftdichten“ Gebäudehülle angeboten, wird er diese nutzen und hinausströmen, bis die Druckverhältnisse ausgeglichen sind. Dies wird als Partialdampfdruckausgleich bezeichnet. Ein solcher Vorgang ist innerhalb der Konstruktion aus feuchteempfindlichen Materialien nicht sinnvoll, weil es dadurch zum Ausfall von tropfbar-flüssigem Wasser kommt.

Taupunkt

Stellen Sie sich einen Topf mit sprudelndem Wasser vor: Direkt über dem kochenden Wasser sehen Sie nichts. Hier ist das Wasser noch in der Luft gelöst, weil die Luft direkt über dem Topf so heiß ist, dass sie das verdampfende Wasser aufnehmen kann. Je weiter das Gaswasser steigt, desto kühler wird es durch die Abgabe von Energie und wird plötzlich sichtbar. Warum? Weil die kühlere Luft das Wasser nicht mehr aufnehmen kann. Es fällt aus oder kondensiert (Wolken, auch Nebel sind nichts anderes als kondensiertes Wasser). Dieser Kondensationspunkt wird Taupunkt genannt. Er ist abhängig von der Lufttemperatur und dem Feuchtegehalt des Luftvolumens.

Relative Feuchte (r. F.)

Durch die Erklärung des Begriffs „Taupunkt“ wird der Begriff „relative Feuchte“ leichter verständlich: Wenn sich mit Wasser gesättigte Luft abkühlt, wird das darin gelöste Wasser plötzlich als Wasserdampf sichtbar. Wolken oder Nebel sind nichts anderes. Das Verhältnis zwischen Wassergehalt und Lufttemperatur wird als relative Feuchte bezeichnet und in Prozent angegeben. Nehmen wir eine r. F. von 60 % bei 20 °C an, heißt dies, dass eine 20 °C warme Luft erst zu 60 % gesättigt ist, bevor es zu Kondensationserscheinungen kommt. Kurz: Je wärmer die Luft ist, desto mehr Wasser kann sie aufnehmen.

Absolute Feuchte

Im Gegensatz zur r. F. wird hier der absolute Wassergehalt der Luft in g/m^3 Luftvolumen angegeben. Abbildung 3 zeigt die Zusammenhänge.

Nehmen Sie eine Lufttemperatur in Ihrem Wohnzimmer – der Ofen brennt vor sich hin, es ist wohlig warm – von 25 °C bei 50 % r. F. an. Dann

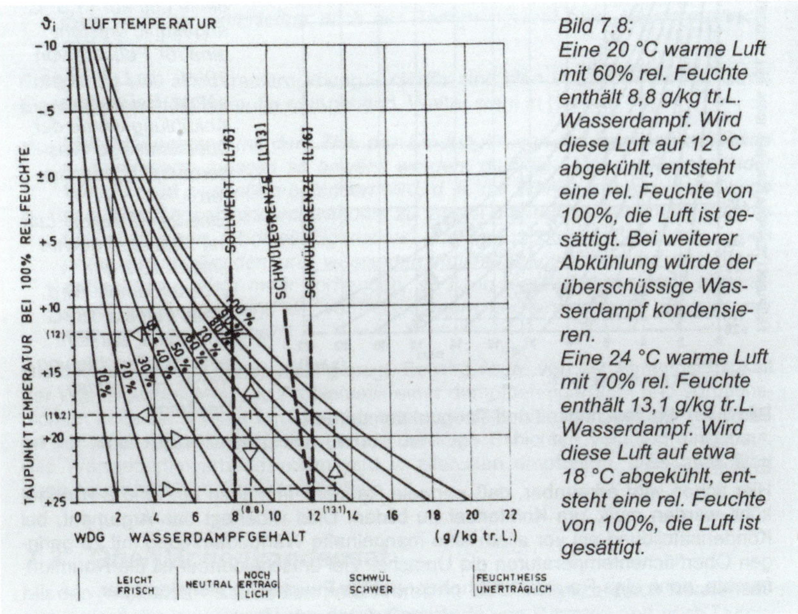

Abb. 3: Diagramm „Wasserdampfgehalt der Luft“ (Quelle: Prof. Dr.-Ing. habil. Claus Meier: Richtig bauen, Seite 264).

enthält die Luft absolut etwa 10 g Wasser pro m^3. Außen hingegen hat es 0 °C bei 100 % r. F. Die Luft beinhaltet hier nur etwa 4 g Wasser pro m^3.

Gleichgewichtsfeuchte

So wird derjenige Wassergehalt bezeichnet, der sich in einem Baustoff nach längerer Lagerung in einem Raum mit konstanten Klimadaten einstellt, also bei gleichbleibender r. F. und Temperatur.

Dampfsperre

Eine Dampfsperre soll verhindern, dass Wasser molekular aufgrund eines Partialdampfdruckunterschieds (von viel zu wenig) weitertransportiert wird. Sie besteht im physikalisch-klassischen Sinne entweder aus einer Aluminiumfolie mit einer Dicke von mindestens 0,1 mm oder aus Glas.

Dampfbremse
Alle anderen Materialien, die den Dampf nicht vollständig absperren, werden als Dampfbremsen bezeichnet. Sie reduzieren den Weitertransport von molekularem Wasser je nach Material mal mehr, mal weniger deutlich. Wie die Dampfbremse beschaffen sein sollte, hängt von dem weiteren diffusionsoffenen Wand- oder Dachaufbau ab. Gängige Materialien sind PE-Folien, Spezialpapiere und dergleichen.

SD-Wert
Mit diesem Wert wird die Wirksamkeit einer Dampfbremse angegeben, ausgeschrieben heißt er diffusionsäquivalente Luftschichtdicke. Der Vergleich mit der Luft beruht darauf, dass eine ruhende Luftschicht im stationären Zustand (also unter gleichbleibenden klimatischen Bedingungen) einem Diffusionsstrom einen Widerstand entgegensetzt. Der SD-Wert wird in der Einheit Meter (m) angegeben. Einfach ausgedrückt: Er ist das Maß für den Widerstand einer Bauteilschicht gegen die Wasserdampfdiffusion. Auch hier muss ich Kritik anbringen: Laut Definition stellt ein SD-Wert von 1.500 m eine Dampfsperre dar. Wenn dem so wäre, frage ich mich, wie Wolken über 1.500 m Höhe entstehen können?

3.2 Energie

Viele denken als Erstes an Heizöl, Gas, Elektrizität. Doch für uns und unsere Gebäudehülle spielen andere Formen von Energietransport und besonders deren Auswirkungen eine wichtige Rolle.

Wärmestrahlung
Vielen ist das Phänomen bekannt, ohne dass sie sich jemals Gedanken darüber gemacht haben: Trotz 5 °C Lufttemperatur in wolkenlosen Nächten hat sich auf der Windschutzscheibe bereits (Kondens-)Wasser gebildet, das gefriert. Dies ist die Folge von Abstrahlungsverlusten. Die Oberflächentemperatur der Windschutzscheibe sinkt, das Wasser in der umgebenden Luft kann nicht mehr gehalten werden und fällt aus. Im Winter ist dies besonders

tückisch, kann doch bereits Bodenfrost herrschen, obwohl die Temperaturen noch weit im Plus sind; dieses Phänomen tritt bei bis zu +7 °C in wolkenlosen Nächten auf.

Wärmestrom

Der Wärmedurchgangskoeffizient (U-Wert, frühere Bezeichnung k-Wert) ist ein Maß für den Wärmestrom von einem Energieträger (Fluid, Gas, Flüssigkeit) durch einen festen Körper hindurch in einen anderen Energieträger aufgrund der unterschiedlichen Temperaturen der beiden. Die Einheit ist wie schon erwähnt Watt, pro m^2 mal Kelvin ($W/m^2 \times K$).

Auf eine Außenwand übertragen heißt das: Herrschen außen niedrigere Temperaturen als innen, fließt Wärme (Energie) von innen nach außen, sie bewegt sich also immer von der höheren zur niedrigeren Temperatur. Deswegen gibt es auch keine Kälte-, sondern nur Wärmebrücken (Brücken für den Abfluss von Wärme = Energie).

Absorption

Absorption (vom lateinischen „absorptio“ für „Aufsaugung“) bedeutet die Aufnahme von Energie, zum Beispiel aus der Sonneneinstrahlung oder jedem anderen Körper, der Energie aussendet, oder Material in einen Körper. Dabei absorbieren dunkle Oberflächen sehr viel mehr eingestrahlte Energie als helle Oberflächen, die die Energie vermehrt reflektieren.

Dies ist zum Beispiel wichtig bei der Auswahl der Oberflächen von Außenputzen. Bei dunklen Außenputzen werden sich die Temperaturerhöhung und die damit einhergehende Volumenvergrößerung eventuell negativ auf die Dauerhaftigkeit auswirken. Ähnlich ist es bei dunkel beschichteten im Vergleich zu naturlasierten Holzfensterrahmen: Sie können damit rechnen, dass die Fenster mit dunklem Rahmen wegen der Erwärmung und dem fehlenden UV-Schutz eine wesentlich kürzere technische Lebensdauer haben werden.

Adsorption

Adsorption (vom lateinischen „adsorptio“ für „(an)saugen“) bedeutet die Anreicherung von Stoffen aus Gasen oder Flüssigkeiten an der Oberfläche eines Festkörpers.

Ultraviolette-Strahlung (UV-Strahlung)
Als UV-Strahlung wird die elektromagnetische Strahlung mit einer Wellenlänge, die kürzer ist als die des für den Menschen sichtbaren Lichts, bezeichnet. Neben der gesundheitsfördernden Wirkung für den Menschen – wenn sie in Maßen einwirkt – übt die UV-Strahlung auf alle Baumaterialien einen schädigenden Einfluss aus. Durch sie verspröden und verfärben sich zum Beispiel Kunststoffe, werden bituminöse Abdichtungen rissig und Autolacke stumpf.

3.3 Luftströmungen oder der Bernoulli-Effekt

Der Physiker Daniel Bernoulli entdeckte im 18. Jahrhundert, dass ein strömendes Luftvolumen gegenüber einem ruhenden Luftvolumen einen geringeren Luftdruck aufweist. Damit hat er entdeckt, warum ein Flugzeug fliegt.

Wegen der Wölbung der Tragfläche ist der Weg für die Luft oben herum länger als der Weg unten herum. Das heißt, wenn sich das an der Flügelvorderkante getrennte Luftpaket teilt, müssen die Luftteilchen oben schneller vorbeiströmen als unten, damit sie sich am Ende wieder vereinen. Durch diese schnellere Luftbewegung entsteht oben ein Unterdruck, ein Sog. Und dieser trägt den weitaus größeren Anteil daran, dass das Flugzeug fliegt.

Haben Sie sich schon einmal darüber gewundert, dass bei Regen und stärkerem Wind der Regenschirm nach oben und nicht wie erwartet nach unten klappt? Oder dass im Zug bei geöffnetem Fenster der Vorhang nach draußen weht? Oder dass eine Möwe bei Starkwind seelenruhig auf einem Dalben (in das Wasser gerammtes Rundholz) sitzenbleiben kann? All das hat mit dem Bernoulli-Effekt zu tun.

Man kann in Abbildung 4 deutlich erkennen, dass der Bauch der Möwe die Luft dazu zwingt, unten herum einen längeren Weg zurückzulegen und damit schneller zu strömen als oben herum. Dadurch wird die Möwe auf den Dalben gesaugt. Dieser Wechsel von Unterdruck und Überdruck – der Pumpeffekt – hat natürlich Auswirkungen auf unser Baugeschehen, speziell auf die Haltbarkeit der Klebebänder, mit der die Stöße der Luftdichtheitsschicht verklebt und mit denen diese an die Wände angeklebt werden.

Abb. 4: Möwe, die den Bernoulli-Effekt demonstriert

Luftdichtheitsschicht

Im Gegensatz zu einer Dampfbremse, bei der auch überlappende Folien grundsätzlich nicht unbedingt fehlerhaft sind – aufgrund der Brown'schen Molekularbewegung dringen so gut wie keine Moleküle durch –, geht es bei der Luftdichtheitsschicht um eine hundertprozentige und dauerhafte Funktionstauglichkeit. Bei einer fehlerhaften Luftdichtheitsschicht würde ansonsten bei Partialdampfdruckunterschieden zwischen innen und außen feuchtwarme Luft aus dem Rauminneren beispielsweise bei Holzrahmenbauten in den Wand- bzw. Dachaufbau gelangen und dort im Taupunkt kondensieren. So können bei Holzbauteilen und feuchteempfindlichen Dämmungen erhebliche Schäden entstehen.

3.4 Weitere Begriffe, die Sie kennen sollten

Die folgenden Erläuterungen zu einigen Begriffen, die immer wieder vorkommen, wenn es um Baustoffe und Bauausführungen geht, dienen dem besseren Verständnis.

Kapillaraktiv

Ein Baustoff muss über freie Kapillare verfügen, wie zum Beispiel der gebrannte Mauerziegel, um Feuchtigkeit kapillar aufnehmen und wieder abgeben zu können. Dies ist von erheblicher Bedeutung für die Funktionsfähigkeit einer Gebäudehülle.

Sollriss

Der Sollriss stellt keine klassische Fuge dar, sondern einen geplanten Riss beispielsweise aufgrund von Schwindvorgängen. So wird bei Zementestrichen ein Kellenschnitt in Türlaibungen oder beim Überschreiten gewisser Flächengrößen vorgenommen, damit der Estrich an einer bestimmten Stelle und nicht unkontrolliert irgendwo reißt. In Elementwänden werden zum Beispiel in Stöße von Halbfertigteilen spezielle Fugensicherungssysteme eingebracht, damit auch dort kontrolliert ein Riss entsteht.

Carbonatisierung

Durch das CO_2 in der Luft und durch Feuchtigkeit sinkt der ph-Wert des ansonsten basischen Betons (ph-Wert liegt bei circa 12,4) langsam, aber sicher, es bildet sich Kalkstein. Der Beton verliert dadurch seine korrosionsschützende Wirkung für den eingebetteten Stahl. Dem Beton selbst passiert dadurch nicht direkt etwas, er wird sogar härter. Bei Kalkputzen passiert Ähnliches.

Hirnholz

Als Hirnholz wird die Querschnittsfläche eines Holzstamms bezeichnet. Zu sehen sind die Jahresringe als Kreise. Da dadurch die Kapillaren des Holzes durchschnitten wurden, kann Wasser leichter eindringen als bei Längsholz. Es wird praktisch eingesogen. Wichtig ist dies bei der Tragkonstruktion von Dächern. Oft werden die Pfetten der Bewitterung ausgesetzt, was sehr schnell zu optischen Beeinträchtigungen und mittel- und langfristig zur Zerstörung des Holzes führt. Die dann notwendigen Instandsetzungskosten gehen in die Tausende und könnten einfach dadurch eingespart werden, dass wieder, wie bei älteren Häusern, vor die Pfetten ein einfaches Brettchen geschraubt wird.

Abb. 5: Hirnholz mit und ohne Schaden

Kapitel 4

Die gängigsten Baustoffe

Meiner Erfahrung nach ist über viele Baustoffe, ihre sinnvollen Einsatzgebiete und spezifischen Eigenschaften oft nur wenig bekannt. In diesem Kapitel stelle ich daher die gängigsten und gebräuchlichsten Baumaterialien vor.

4.1 Vom Zement zum Beton

Zement (vom lateinischen „caementum“ für „Bruchstein“, „Baustein“) wird in Zementwerken produziert, zu seiner Herstellung werden die natürlichen Rohstoffe Kalkstein und Ton (oder Mergel) verwendet. Beigemischt werden bei Bedarf Quarzsand und eisenoxidhaltige Stoffe. Die Bestandteile werden zu Rohmehl gemahlen und anschließend bei etwa 1.450 °C gebrannt. Es entsteht Klinker.

Nach dem Abkühlen wird das nun kugelförmige Material mit Hüttensand, Flugasche, Kalkstein und Gips zum Endprodukt Zement gemahlen. Die verschiedenen Zementsorten unterscheiden sich in den verwendeten Bestandteilen, deren Dosierung und der Mahlfeinheit. Je nach den Anforderungen, zum Beispiel Ausprägung der Schwindarmut, bestimmtes Erstarrungsverhalten oder Grad der Widerstandsfähigkeit, wird Zement aus verschiedenen Stoffen hergestellt.

Zement ist ein hydraulisches Bindemittel. Hydraulische Stoffe erhärten sowohl an der Luft als auch unter Wasser und bleiben beständig.

Wenn also der technische Laie davon spricht, dass der Keller aus Zement besteht, so meint er damit nur das Bindemittel, aus dem erst Beton werden wird.

Beton besteht aus Zement, Wasser und Gesteinskörnungen (Kies mit unterschiedlichen Korngrößen vom Feinstkornanteil kleiner als 0,125 mm bis mehrere Zentimeter Durchmesser) die etwa 70 % des Betonvolumens ausmachen. Je nach Anforderung werden noch Betonzusatzmittel zugesetzt.

Zement ist ein hydraulisches Bindemittel, das aus fein gemahlenen, anorganischen, nicht metallischen Stoffen besteht. Wird Beton mit Wasser vermischt, entsteht Zementleim. Durch einen chemischen Prozess, der Hydratationsreaktion genannt wird, erstarrt er (Ansteifungsprozess) und erhärtet (Verfestigung). Dabei bilden sich feine nadelförmige Kristalle aus, die sich untereinander verzahnen und so zur hohen Festigkeit und Dauerhaftigkeit eines Zementmörtels oder Betons führen. Das Wasser-Zement-Gemisch sorgt beim frisch angelieferten Beton für die Verarbeitbarkeit, bei dem aushärtenden Beton sichert es die Verkittung der Gesteinskörner und damit die Festigkeit und Dichtheit.

Die Hydratation geht einher mit einer erheblichen Erwärmung. Diese darf den Wert von 270 Joule pro Gramm Zement nicht überschreiten (Joule ist eine Einheit für Arbeit, Energie und Wärmemenge). 1 Joule entspricht der Wärmemenge, die notwendig ist, um 1 g Wasser um 0,239 K zu erwärmen. Wird die Entwicklung der notwendigen Hydratationswärme jedoch dadurch be- oder verhindert, dass der Beton zum Beispiel bei niedrigen Temperaturen nicht abgedeckt (gedämmt) wird, kann es zu Störungen im Gefüge und – beispielsweise bei Weißen Wannen – zur Funktionsstörung kommen.

Den größten Teil des Wassers benötigt der Beton für die chemisch-physikalische Reaktion. Der Rest muss im Lauf der Zeit abtrocknen. Die Folgen davon sind unter anderem Volumenreduktionen. So „schrumpft" Beton in einer Größenordnung von 0,2 bis 0,6 mm/m. Dieser Umstand wird oft vergessen.

Die drei wichtigsten Einflussgrößen in Bezug auf die Betoneigenschaften sind

- der Verbund zwischen Zementstein und Gesteinskörnung,
- die Eigenschaften des Zementsteins und
- die Eigenschaften der Gesteinskörnung.

4.1.1 Betonarten

Die Betonarten unterscheiden sich unter anderem

- in der Rohdichte: Die Palette reicht vom Leichtbeton mit 2,0 Kilogramm je Kubikdezimeter (kg/dm^3) bis zum Schwerbeton mit 2,6 kg/dm^3.
- in den Eigenschaften, zum Beispiel hochfester Beton, Beton mit hohem Wassereindringwiderstand (wasserundurchlässiger Beton), Beton mit hohem Widerstand gegen chemische Angriffe usw.
- in der Zusammensetzung der Bestandteile.
- in ihrem Gefüge, zum Beispiel Beton mit geschlossenem Gefüge, Porenbeton, Luftporenbeton usw.

4.1.2 Betonklassen

Beton wird nach folgenden Kriterien eingeteilt:

- In Expositionsklassen nach den Einwirkungen aus Umgebungsbedingungen wie Nass-Trocken-Wechsel, Frost, chemische Angriffe, zum Beispiel durch Chloride aus Tausalzeinsatz oder Meerwasser, sowie sonstige schädigende Einwirkungen

- In Konsistenzklassen je nach Einbaubedingungen, also plastisch bis steif
- In Druckfestigkeitsklassen von C8/10 bis C100/115 N/mm^2 (C steht für das englische Wort „concrete", also „Beton"); der erste Wert wird an einem Zylinder, der zweite Wert an einem Würfel ermittelt (Alter 28 Tagen, Wasserlagerung)
- In Rohdichteklassen bei Leichtbeton von 800 kg/m^3 bis 2.000 kg/m^3
- In Klassen nach dem Größtkorn der Gesteinskörnung
- In Normal- und Schwerbeton

Beton ist, je nach Druckfestigkeitsklasse, äußerst druckstabil. Der Bezeichnung C25/30 N/mm^2 entspricht eine Gewichtskraft von 250 kg/cm^2. Moderne Hochleistungsbetone bringen es auf 150 N/mm^2. Die Zugfestigkeit beträgt dagegen nur rund 10 % seiner Druckfestigkeit. Diese „Schwäche" des Betons führt uns zum Stahlbeton. Mitte des 19. Jahrhunderts stellte der Gärtner Joseph Monier Pflanzkübel aus Zementmörtel her, die er mit einem Eisengeflecht verstärkte, damit sie nicht wieder zerbrachen. Damit war der Stahlbeton erfunden. In Verbindung mit Stahl kann der Zement Zugkräfte aufnehmen und ist damit nach statischen Gesichtspunkten ein idealer Baustoff.

4.1.3 Der Einsatz von Beton

Legen Sie Ihre Hand erst einmal auf Beton und dann auf Holz. Sogar bei gleicher Oberflächentemperatur werden Sie das Gefühl haben, dass Beton wesentlich kälter ist. Das hängt mit dem Energiefluss zusammen. Je leitfähiger ein Baustoff ist, desto mehr Energie transportiert er vom hohen zum niedrigeren Niveau. Ihr Gefühl ist also subjektiv. Beton leitet nur die höhere Energie Ihrer Hand schneller weiter als das Holz. Es mag sein, dass sichtbar bleibende Betonoberflächen gut ausschauen, aber ich bin kein Freund dieses kalten Materials im sichtbaren Wohnbereich.

Natürlich hat Beton – gemäß der Werbung: Beton, es kommt darauf an, was man daraus macht – seine Existenzberechtigung. Er ist ein sinnvolles Material für Fundamente, Bodenplatten, Betonwände im erdberührten

Bereich (Weiße Wannen), Deckenplatten, Gebäude des ruhenden Verkehrs (Parkhäuser, Tiefgaragen) und vieles andere.

Beton gibt es in verschiedenen Erscheinungsformen.

- Ortbeton: Der fertig gemischte Frischbeton wird auf die Baustelle geliefert und dort eingebaut.
- Betonfertigteile: Die Bauteile werden im Betonwerk vorfabriziert, angeliefert und eingebaut. Das spart erheblich Zeit.
- Mauerwerk aus Betonsteinen: Der Frischbeton wird je nach Erfordernis mit speziellen Zuschlagsstoffen gemischt und in Formen gegossen.

4.2 Mauerwerk

Mauerwerk kann aus vielen Materialien hergestellt werden. Die gebräuchlichsten sind folgende:

- Gebrannte Steine, zum Beispiel Mauerziegel
- Porenbeton
- Gepresste Steine wie Kalksandstein
- Leicht- und Schwerbetonsteine

4.2.1 Gebrannte Steine

Früher gab es außer den diversen Natursteinen aus der nahen und näheren Umgebung die Steine aus Ton oder Lehm, bekannt als Ziegelsteine. Sie werden in Form gebracht, vorgetrocknet und dann gebrannt (oder auch nicht, wie in Afrika oder im Jemen). Dabei entsteht ein Baustoff, der viel Feuchtigkeit aufnehmen und auch wieder abgeben kann.

Zudem hat er ein hohes Wärmespeichervermögen, aber auch gute ausgleichende Eigenschaften, Amplitudendämpfung genannt. Das verdankt er den Kapillaren, feinsten „Ästchen" im Brenngut, die während des Brennvorgangs entstehen. Diese nehmen Wassermoleküle auf und transportieren sie vom hohen zum niedrigen Energieniveau, in der kalten Jahreszeit also von innen nach außen. In der Fachsprache heißt dies Diffusionsstrom.

Leider gehen diese Eigenschaft wegen der immer höher werdenden Anforderungen hinsichtlich des Wärmeschutzes verloren. Das liegt daran, dass dem Ton beispielsweise Styroporkügelchen beigemischt werden, die durch den Brennvorgang verbrennen und dabei kleine Hohlräume hinterlassen. Durch diese verbessert sich zwar die Dämmeigenschaft, aber alle anderen guten Eigenschaften leiden darunter. Letztendlich liegt dann zwar ein vom Material her guter und gesunder Wandbaustoff vor, aber allein die Materialdicke erscheint nicht mehr sehr vertrauenserweckend. Die Handwerker kommen ins Fluchen, wenn sie derartig „ausgelutschte" Steine verarbeiten sollen.

4.2.2 Porenbeton

Die Bezeichnung „Porenbeton" ist irreführend: Es handelt sich bei diesem Baustoff in keiner Weise um Beton im Sinne der Begriffsdefinition. Anders als Beton enthält er keine Gesteinskörnung wie Sand oder Kies. Stattdessen besteht er aus fein vermahlenem quarzhaltigem Sand (Sandmehl). Diese Komponente ist zu einem großen Teil an den chemischen Umsetzungen mit Zement und Kalk beteiligt.

Porenbeton gehört zu den sogenannten dampfgehärteten Baustoffen und ist eher weich. Das fertige Produkt besteht nach dem Dampfhärteprozess aus einer kristallinen Phase.

Langanhaltenden Feuchteeinfluss quittiert das Material mit Zersetzungserscheinungen, denn Porenbeton ist sehr feuchteempfindlich. Auch eingeschlossene Kernfeuchte als Folge von eingedrungenem Niederschlagswasser beim Herstellungsprozess trocknet nur sehr langsam ab. Lang anhaltend verminderte U-Werte mit erhöhter Energieabgabe sind das Ergebnis. Dieser Stein hat also überall dort, wo mit Feuchteeinflüssen zu rechnen ist, nichts zu suchen.

Der Vorteil dieses Materials liegt in seinen guten Wärmedämmeigenschaften und dem Umstand, dass zum Bohren von Löchern kein Schlagbohrer gebraucht wird. Auch danken es Ihnen Ihre Kinder, wenn sie in der Bauphase mit einem Brotmesser aus einem Wandbaustein lustige Figuren herstellen können.

4.2.3 Kalksandstein

Kalksandstein besteht aus Branntkalk und Sand (überwiegend Quarzsand) im Verhältnis 1 : 12. Gemischt mit Wasser entsteht in Reaktoren Kalkhydrat. Auf Pressfeuchte aufgebracht, wird das Material anschließend mittels hydraulischer Pressen zu Steinrohlingen geformt. Diese werden in speziellen Dampfdruckkesseln, den Autoklaven, bei Temperaturen von circa 200 °C mit einem Druck von etwa 16 bar für vier bis acht Stunden hydrothermal gehärtet. Dies und die basische $Ca(OH)_2$-Umgebung leiten eine Silikatreaktion an der Oberfläche der Sandkörner ein.

Die Ausgleichsfähigkeit bei Feuchtebelastung ist gegenüber dem gebrannten Stein ebenfalls deutlich reduziert, besitzt der Kalksandstein doch keine freien Kapillaren. Aufgrund dessen trocknet dieser Stein sehr schlecht aus. Bei der Verarbeitung sollte daher unbedingt darauf geachtet werden, dass er nach Arbeitsende abgedeckt wird, um ihn vor Witterungseinflüssen zu schützen (das gilt natürlich auch für die anderen Baumaterialien).

4.3 Holz und Holzbaustoffe

Der Baustoff Holz kommt in verschiedenen Formen auf die Baustelle, wobei hier nur auf die im Wohnungsbau üblichen Baustoffe eingegangen wird.

4.3.1 Vollholz (VH)

Vollholz kommt als Kantholz, zum Beispiel für den verdeckten Dachstuhl, auf Baustellen zum Einsatz.

Feuchtegehalt des Holzes

Holz kann Wasser auf zwei Arten aufnehmen und binden, kapillar oder hygroskopisch. Bei gesättigten Holzfasern liegt das freie Wasser kapillar gebunden in den Zellhohlräumen vor, das ist etwa ab einer Holzfeuchte von 30 % der Fall. Die Holzfeuchte ist das Verhältnis der Masse des im Holz enthaltenen Wassers zur Trockenmasse des Holzes. So entspricht ein Wassergehalt von 50 % einer Holzfeuchte von 100 %.

Wird Holz erst frisch geschlagen, was heute aufgrund unserer der Ökonomie geschuldeten Just-in-time-Verhaltensweisen regelmäßig der Fall ist, kommt es zwar nicht nass, aber doch sehr feucht auf die Baustelle. Das Wasser ist dann noch hygroskopisch gebunden.

Holz arbeitet

Im Bereich unterhalb des Fasersättigungspunkts kommt es durch das Austrocknen zu einer Volumenänderung des Holzes, es schwindet. Der Volksmund spricht davon, dass das Holz arbeitet.

Abbildung 6 verdeutlicht, welchen Umfang dieses Schwinden erreichen kann. Ausgangslage ist eine Holzfeuchte beim Einbau von 30 %, die Klimadaten des Raumes entsprechen Normalwerten.

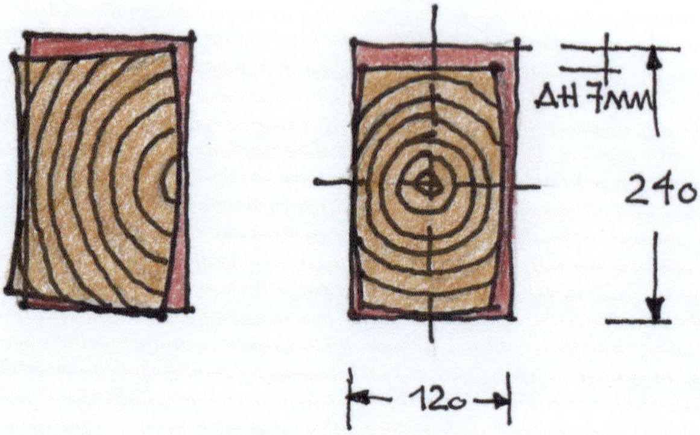

Abb. 6: Schwinden des Holzes mit Veränderung des Querschnitts

Durch das Schwinden des Holzes können Risse entstehen. Das wird häufig übersehen und führt oft zu Mängelrügen und Auseinandersetzungen. Inwieweit es sich im Einzelfall um optische oder technische Fehler handelt, sollte von einem ö. b. u. v. Sachverständigen beantwortet werden. Meist handelt es sich um rein optische Fehler.

Umgang mit Holz

Leider ist der richtige Umgang mit Holz ein wenig in Vergessenheit geraten, die folgenden Ausführungen sollen Ihnen die wichtigsten Grundlagen näherbringen. Holz ist mit einer technischen Nutzungsdauer von mehreren hundert Jahren sehr langlebig, vorausgesetzt es wird materialgerecht verwendet und behandelt. Das heißt, Holz sollte ausreichend getrocknet sein, bevor es auf die Baustelle kommt. Die Feuchte sollte maximal zwischen 20 und 30 Masseprozent liegen. Fragen Sie daher Ihren Lieferanten, wann das Holz geschlagen und wie lange es gelagert wurde.

Das eingebaute Holz sollte weiter abtrocknen können. Wird zu feuchtes Holz allseitig eingepackt und so an der Austrocknung gehindert, droht der Befall mit holzzerstörenden Pilzen. Am Ende erreicht Holz bestenfalls die sogenannte Gleichgewichtsfeuchte, die je nach Klimadaten der Wohnräume bei 9 plus/minus 3 % liegt. Holz schwindet erheblich nach, das haben Sie ja schon erfahren. Darauf ist auch die Konstruktion auszurichten. Ansonsten bilden sich unschöne Fugen.

Holz muss bei Kontakt mit Wasser aus- und rücktrocknen können. Lagert sich Wasser dauerhaft in Holz ein, wird der natürliche Zersetzungsprozess angekurbelt, Holz wird dann wieder in seine Bestandteile zerlegt und recycelt.

Konstruktiver Holzschutz

Auch aus diesem Grund ist der konstruktive Holzschutz – also der Schutz vor der direkten Bewitterung, zum Beispiel durch große Dachüberstände – so wichtig. Allerdings gilt: Sobald chemischer Holzschutz notwendig wird, sollte eine andere Ausführung überlegt werden. Denn dieser zögert die Zerstörung des Holzes nur hinaus, ohne sie verhindern zu können, was die Umwelt unnötigerweise belastet.

Viele Menschen glauben – und hier folgen sie leider der Werbung –, dass Holzverkleidungen von außen beschichtet werden müssen. Doch das ist ein Irrglaube! Wer in den Bergen unterwegs war, hat sicher die Stadeln und Almen mit den Holzbekleidungen gesehen, die nicht behandelt sind. Denn Holz, das rück- und austrocknen kann, hat eine hervorragende Eigenschaft: Durch die Verfärbung, je nach Holzart silbrig bis dunkel, schützt es sich selbst vor der UV-Einstrahlung. Wenn Sie also mit einer ungleichmäßigen Färbung von Holz zurechtkommen, lassen Sie die Beschichtung einfach weg.

Wenn Sie hingegen eine Beschichtung auftragen, werden Sie dies im Abstand weniger Jahre regelmäßig wiederholen müssen. Und falls dann doch Wasser über irgendwelche Risse (Kapillarität!) in das Holz eindringt, kann es wegen der „Schutzschicht" der Farbe nicht mehr austrocknen und der Zerstö-

Abb. 7: Fassade mit unterschiedlichen Verfärbungen

rungsprozess beginnt. Abbildung 8 zeigt einen Totalschaden an einem gerade mal sechs Jahre alten, beschichteten Holzbalkon.

Abb. 8: Totalschaden an einem Holzbalkon

Holz und UV-Einstrahlung

Haben Sie sich dunkel beschichtete oder lasierte Holzfenster schon einmal genauer angesehen? Die Oberflächen sind oft rissig, zum Teil hat sich das Holz gedreht. Solche Fenster halten trotz der eigentlich guten Eigenschaften von Holz nicht lang. Das liegt daran, dass Holz keine Überwärmung mag, wie sie aufgrund der dunklen Färbung und der intensiven Sonneneinstrahlung entsteht. Sie führt zum „Ausbluten" des Holzes, es verliert seinen „Kleber", das Lignin.

4.3.2 Konstruktionsvollholz (KVH)

Die höheren Anforderungen bei sichtbar bleibenden Konstruktionen, zum Beispiel die Pfetten eines Dachstuhls, kann das Konstruktionsvollholz erfüllen. Seine wichtigsten Merkmale sind:

- Geringe Holzfeuchte von 15 % plus/minus 3 %, was eine geringe Schwindverformung bedeutet
- Herzfrei geschnitten, was zusätzlich die Schwindverformungen reduziert
- Erhöhte Anforderungen an die Oberflächengüte, zum Beispiel keine Baumkanten
- Maßhaltigkeit

4.3.3 Brettschichtholz (BSH)

Dieses Produkt besteht aus schichtweise miteinander verleimten Brettern. Seine vorteilhaften Eigenschaften:

- Geringe Verformungen
- Trocken
- Gute statische Eigenschaften
- Große Querschnitte

Brettschichtholz kommt bei Eigenheimen weniger zum Einsatz, es wird zum Beispiel bei der Erstellung von Hallen mit großen Spannweiten verwendet.

Kapitel 5

Die Gebäudehülle - vom Keller bis zum Dach

Viele sprechen von der dritten Haut, wenn es um die Gebäudehülle geht, während unsere zweite Haut die Kleidung ist. Dabei sind Sie auch wählerisch und würden nicht das Erstbeste nehmen. Sie überlegen genau, was bei welcher Witterung gut geeignet ist. Da Sie aber die dritte Haut nicht den jeweiligen Bedürfnissen anpassen können, muss gut überlegt sein, was unter allen Umständen am besten ist. In diesem Kapitel finden Sie hierzu viele Grundlagen.

5.1 Fehlertolerante Konstruktionen

Meinen ersten Kontakt mit diesem Begriff verdanke ich meinem hochgeschätzten Lehrmeister, Architekt Raimund Probst. Der Begriff und die Forderung nach fehlertoleranten Konstruktionen ist das Resultat der Erfahrungen auf zahlreichen Baustellen und der Umsetzung von Konstruktionen durch Handwerker. Seien Sie gespannt, was sich dahinter verbirgt.

Auch wenn im Arbeitsalltag von niemandem eine immer gleich gute Leistung erwartet werden kann, schafft die Bauindustrie Bauarten und Bauprodukte, die stets hundertprozentige Aufmerksamkeit und eine gleichbleibende Ausführungsqualität von allen Beteiligten fordern.

Beispiel: das WDV-System. Dabei sollen dicke Dämmplatten auf einen möglichst ebenflächigen Untergrund der Außenwände aufgeklebt und an diverse andere Bauteile wie Fenster, Balkonplatten oder Traufen angearbeitet werden. In der Fläche stellt die Ausführung sicher kein großes Problem dar, wenn die Oberflächen die entsprechende Ebenmäßigkeit aufweisen. Problematisch wird es jedoch schon im Stoßbereich der einzelnen Dämmplatten. Liegen diese nicht fugenlos aneinander, kommt es mit hoher Wahrscheinlichkeit zu Rissen. Dies ist, in Kombination mit dem Baukörper rein aus Beton, die moderne Bauweise, die ich eher als Billigbauweise bezeichnen würde.

Abbildung 9 zeigt eine Bauteilöffnung im Bereich eines Risses.

Abb. 9: Riss als Folge nicht-dichtgestoßener Dämmplatten

Risse entstehen, wenn der Putz nicht mehr auf der Dämmung „schwimmt“, sondern sich in den Stößen der Dämmplatten verhakt. Allein dieses Ausführungsdetail kann Grund genug für umfangreiche Schäden sein.

Der Teufel steckt aber auch hier wieder im Detail, zum Beispiel bei den Anschlüssen an die Fensterbleche, die Fensterstöcke, die Rollladenkästen und die Einzelwohnraumlüfter. An diesen Stellen ist Uhrmacherarbeit gefragt. Es müssen vorkomprimierte Dichtbänder im Anschluss an die Fensterbleche zwischen dem möglichst exakt zugeschnittenen Dämmstoff und den Endkappen (seitliche Aufkantungen) eingelegt werden. Und das sehr genau in der Breite und der Höhe, da die vorkomprimierten Dichtbänder nur einen geringen Spielraum haben. Ansonsten reicht der sich entwickelnde Anpressdruck nicht mehr aus.

Über die gesamte Dämmung wird dann eine wenige Millimeter dicke Beschichtung, manche sagen Putz dazu, gezogen, und zwar in drei Arbeitsgängen unter Einlage eines Gewebes. Das ist Millimeterarbeit, wenn hier etwas schiefläuft, kommt es mittel- und langfristig zu Schäden, die lange unbemerkt bleiben: Wasser läuft hinter das WDV-System und schädigt die mineralischen Kleber. Dies kann letztendlich bis zum Totalschaden führen.

Meine Empfehlung: Wählen Sie eine fehlertolerante Ausführung. Um bei diesem Beispiel zu bleiben wäre dies ein entsprechend dickes Mauerwerk mit Lager- und Stoßfugenvermörtelung und einem Außenputz auf Kalkbasis. Fehlertolerante Bauweisen verzeihen Verarbeitungs- und Materialfehler und führen nicht gleich zu Schäden. Dies ist noch wichtiger, wenn es um die Ausführung von Dächern (Ausführung der Luftdichtheitsschicht, siehe Kapitel 5.9 „Die Luftdichtheit der Gebäudehülle“) oder von Weißen Wannen (siehe Kapitel 5.3 „Keller“) geht.

Auch die Ausführenden auf der Baustelle fühlen sich damit oft wohler, einfach weil sie nicht so schnell an die Grenzen des Machbaren stoßen. Viele wissen um die Problematik bei fehleranfälligen Bauweisen und fragen mich dann, wie sie ein bestimmtes Anschlussdetail ausführen sollen, obwohl das wegen der geringen Toleranzen eigentlich unmöglich ist. Die Bauausführungen müssen deshalb anders geplant und umgesetzt werden, eben fehlertolerant. Wie sich das machen lässt, erfahren Sie im weiteren Verlauf dieses Kapitels und im Kapitel zum Innenausbau, denn auch hier ist fehlertolerantes Bauen zu empfehlen.

5.2 Einflüsse auf die Gebäudehülle

Eine Gebäudehülle hat vielfältige Funktionen, sie ist nicht allein Schutz gegen die Witterung. Wer verstehen will, wie die Konstruktion eines Gebäudes auf die vielfältigen Einflüsse, die nicht nur von außen, sondern auch von innen kommen, reagieren muss, sollte sich diese vergegenwärtigen. Abbildung 10 zeigt die gesamten Einflüsse auf ein Bauwerk in unseren Breitengraden.

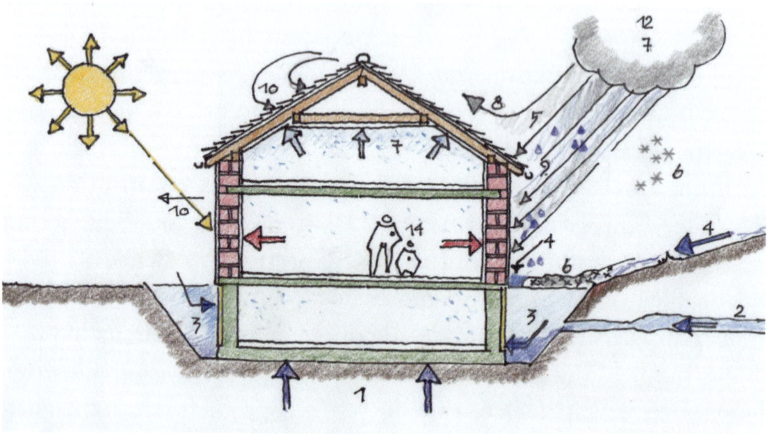

Abb. 10: Schaubild Gebäudehülle

Fangen wir mal von unten an:

1. Das künftige Gebäude steht auf dem Baugrund oder bindet bei einer angedachten Unterkellerung tief in diesen ein. Im Baugrund lauern für einen bautechnischen Laien – und leider auch für viele Planer (ich schreibe hier bewusst Planer, weil auch Baufirmen, Ingenieure und sonstige Bauvorlagenberechtigte diese Leistung erbringen können) – unsichtbare, aber durchaus bekannte Gefahren. Es ist dies die mögliche Wasserbelastung und die Setzungsempfindlichkeit des Baugrunds, um nur die Wichtigsten zu nennen. Wird diesen Anforderungen vom Planer nicht die notwendige Aufmerksamkeit geschenkt, kann es zu großen Schwierigkeiten mit einem erheblichen Kostenaufwand für die Nachbesserung kommen (mehr hierzu in Kapitel 5.3 „Keller“).

2. Schichten und Grundwasser, Schiebeschichten, setzungs- und frostempfindliche Bodenschichten, betonaggressives Wasser, um nur die wichtigsten Einflüsse zu nennen. (Setzungsempfindlich bedeutet, dass der Baugrund gegenüber zum Beispiel wechselnden Grundwasserständen bei Belastung durch das Bauwerk sehr unterschiedlich reagiert; wenig setzungsempfindlich ist etwa Fels).
3. Niederschlagswasser, das in die Verfüllung der Baugrube eindringt, führt zu aufstauendem Sickerwasser (siehe Kapitel 5.3 „Keller").
4. Oberflächenwasser, was besonders bei Hanglagen besondere Maßnahmen erfordert.
5. Niederschlagswasser, das auch mal unter Windbelastung horizontal auftreffen kann.
6. Gefrorenes Niederschlagswasser als Schnee oder Eis(regen).
7. Kondenswasser außen (Nebel) und Gaswasser innen (hohe Luftfeuchtigkeit) beziehungsweise Luftfeuchten unterschiedlicher Konzentrationen.
8. Luftströmungen mit dem Bernoulli-Effekt (ein bewegtes Luftvolumen verringert den Luftdruck) bis hin zum Orkan.
9. Auf der dem Wind zugewandten Seite (Luv) entsteht Überdruck.
10. Auf der dem Wind abgewandten Seite (Lee) entsteht Unterdruck.
11. Aerosole, das sind in die Luft hinein entsorgte Schadstoffe, zum Beispiel aus Müllverbrennungsanlagen, und sonstige aus der Umwelt stammende Bestandteile. Zusammen mit Niederschlagswasser können Säuren entstehen.
12. Sonne und Wolken: Stellen Sie sich einen kalten Wintertag vor, an dem sich die Wolken vor die Sonne schieben und die Oberflächentemperaturen von gerade angenehmen +15 °C auf –10 °C und weniger fallen. Dann zeigen sich schnell die Grenzen frostbeständiger Bodenbeläge. Denn die 50 Frier- beziehungsweise Tauwechsel, die das Prüfkriterium für die Einstufung als frostfrei sind, können dann schon an einem einzigen Wintertag erreicht werden.
13. Frost: Gefrierendes Wasser erfährt eine Volumenvergrößerung von circa 10 %. Auch Eis ändert mit wechselnden Temperaturen sein Volumen.
14. Mensch und Tier: Beide atmen Wasser aus, das sich in der Raumluft löst.

Interessant ist nun die Frage, welche Auswirkungen diese Einflüsse haben. Und: Wie ist bei der Konstruktion eines Bauwerks darauf zu reagieren? Das sollen die folgenden Ausführungen klären.

5.3 Keller

Oh pardon, es geht um das Untergeschoss. Denn den klassischen Keller, in dem es ruhig mal feucht werden durfte, was gut für das eingelagerte Gemüse war, den gibt es in der Form nicht mehr. Die Ansprüche sind gestiegen, Feuchtigkeit im Keller wird nicht mehr akzeptiert. Letztendlich soll der Keller als Erweiterung des Wohnraums dienen und wird damit zum Untergeschoss.

Bevor Sie sich in dieses Thema einarbeiten, beschäftigen Sie sich vielleicht noch einmal intensiv und abschließend mit der Frage, ob ein Untergeschoss für Ihr Bauvorhaben wirklich zwingend notwendig ist. Womöglich wird auch nach dem Lesen aus Ihrem entschiedenen Ja ein wohlüberlegtes Nein. Was sagte mein Lehrer Raimund Probst über dieses Bauteil? Das Untergeschoss ist der teuerste umbaute Raum. Ich füge hinzu: Und das alles meist nur für Abstellflächen unnützer Dinge, über die man sich beim Umzug ärgert.

Teuer ist das Ganze auch, denn Sie müssen tief in den Baugrund graben. Dabei erleben Sie möglicherweise Überraschungen, müssen sich gegen den Erddruck wappnen, die erdberührten Bauteile (also alle Außenwände und die Bodenplatte, die später mit dem Erdreich in Berührung kommen) abdichten, möglicherweise eine Dränung einbauen. Und das alles für ein meist dennoch schlechtes Innenraumklima.

Sowohl im Hinblick auf die Schadenshäufigkeit als auch auf die Schadenssummen (prozentual zu den Herstellungskosten) rangieren die erdberührten Bauteile ganz oben. Aus diesem Grund nehmen die Ausführungen hierzu auch den größten Raum ein.

Bevor Sie also an den Kauf eines Grundstücks denken, sollten Sie in Absprache mit dem Eigentümer die Baugrundverhältnisse klären lassen. Ansonsten könnte Ihnen ein blaues Wunder drohen:

- Felsiger Baugrund, der zwar technisch beherrschbar ist, aber den Geldbeutel erheblich belastet.

- Grundwasser: Auch das ist beherrschbar, kostet aber bei Ausführung des Kellergeschosses aus einer Schwarzen oder Weißen Wanne ebenfalls viel Geld.
- Ungeeigneter oder setzungsempfindlicher Baugrund. Folge: für die Gründung sind Bohrpfähle (Gründung auf tiefere, tragfähige Bodenschichten) einzubringen, was logischerweise das Budget sprengen kann.
- Altlasten, zum Beispiel Verunreinigungen durch Öl oder Chemikalien, oder Bau- und sonstige Schuttablagerungen

Alles handhabbar, nur eine Frage des Geldes. Doch bei knappem Budget sind die Grenzen schnell erreicht, der Spielraum für Unvorhergesehenes geht gegen null.

5.3.1 Grundbegriffe zum Thema Keller

Wenn Sie nicht auf das Untergeschoss verzichten wollen oder können, sollten Sie verschiedene Ausführungsmöglichkeiten sorgfältig gegeneinander abwägen. Zum besseren Verständnis der Ausführungen hierzu folgen nun einige Begriffserklärungen.

Höchster anzunehmender Grundwasserstand (HGW)

Diese Marke, die aus Beobachtungen des Grundwasserstands über viele Jahre oder Jahrzehnte resultiert, sollte schon aus Haftungsgründen nur vom Baugrundgutachter ermittelt und festgelegt werden. Auf diesen HGW kommt ein Sicherheitszuschlag von 30 cm bis Unterkante Bodenplatte. Ab dieser Marke können die weiteren Maßnahmen wie die Ausführung der Wände oder Abdichtung abhängig von der sonstigen Wasserbeanspruchung gewählt werden.

Dränung

Sinn und Zweck einer Dränung ist es, das ankommende Wasser schadlos vor dem Baukörper abzuleiten und ein Aufstauen von Wasser weitestgehend zu verhindern. Sie besteht aus einem im Gefälle verlegten horizontalen Dränrohr und einer vertikalen Drän- oder Sickerschicht. Letztere wird direkt vor der erdberührten Außenwand erstellt.

Filtervlies

Dies ist ein Geotextil, das das Einschwemmen von Erdsedimenten aus dem anstehenden Erdreich in die Dränung verhindern soll. Es wird vor der vertikalen Sickerschicht eingebracht und fast um das ganze Dränrohr gelegt. Nur eine dauerhaft funktionstaugliche Dränung verhindert den Anstau von Wasser an der erdberührten Außenwand.

Vorflut

Was würde eine Dränung nutzen, wenn das anfallende Wasser nicht rückstausicher abgeleitet werden kann? Die Vorflut ist entweder ein rückstaufreies Gewässer, ein Sickerschacht oder der freie Auslauf der Dränleitung auf das eigene Hanggrundstück. Der öffentliche Kanal, und dabei ist es egal, ob ein Trennsystem (Sammlung von Schmutz- und Regenwasser in getrennten Kanälen) oder Mischsystem (beide Wasserarten werden in einem gemeinsamen Kanal entsorgt) vorliegt, eignet sich nicht für einen Anschluss. Ein solcher Anschluss ist meist sogar unzulässig.

WU-Richtlinie

Die vom Deutschen Ausschuss für Stahlbeton herausgegebene Richtlinie „Wasserundurchlässige Bauwerke aus Beton" enthält diverse Ausführungsgrundlagen. Diese hängen von den Beanspruchungsklassen (Lastfall) und Nutzungsklassen (entweder darf Wasser in flüssiger Form überhaupt nicht durchtreten oder es sind Feuchtstellen zulässig) ab. Die aktuell gültige Ausgabe stammt aus dem Jahr 2003 mit Berichtigung aus dem Jahr 2006.

Wasserundurchlässig

Wasserundurchlässig bei Betonbauwerken heißt, dass innen kein Wasser tropfbar-flüssig ausfällt. Durch Diffusion und in geringen Mengen Kapillartransport kommt weniger Wasser gasförmig an der Innenseite an, als verdunsten kann.

Wasserdicht

Beton ist nicht wasserdicht, sondern nur wasserundurchlässig. Das bringt gewisse Bedingungen mit sich, die ungünstig sind: Denken Sie an die Lüftung von Untergeschossen oder an den Abtransport der Feuchtigkeit, die sich aus deren Nutzung ergibt.

Allgemeines bauaufsichtliches Prüfzeugnis (abP)

Dies ist ein Verwendbarkeitsnachweis, der für ein Bauprodukt erteilt werden kann, dessen Verwendung nicht der Erfüllung erheblicher Anforderungen an die Sicherheit baulicher Anlagen dient, zum Beispiel ein neues Dichtband für die Abdichtung von Betonfertigteilen. Für die Erteilung sind ausschließlich die dafür vom Deutschen Institut für Bautechnik in Berlin (DIBt) oder einer obersten Bauaufsichtsbehörde anerkannten (beliehenen) Prüfstellen zuständig. Vorsicht, hiermit wird keine Langzeitbewährung attestiert!

Allgemeine bauaufsichtliche Zulassung (abZ)

Dies ist der Nachweis der Verwendbarkeit eines nicht geregelten Bauprodukts oder einer nicht geregelten Bauart nach den Landesbauordnungen. Bauprodukte und Bauarten sind verwendbar, wenn sie die Anforderungen der Landesbauordnungen erfüllen und gebrauchstauglich sind. Eine abZ wird erteilt, wenn noch keine a. R. d. T. besteht. Das heißt ebenfalls: Achtung, das Produkt oder die Bauart hat sich noch nicht bewährt! Erteilt wird die abZ auf Antrag vom DIBT.

Lastfall

Die Wasserbelastung im und aus dem Baugrund wird in mehrere Gruppen unterteilt.

- Lastfall 1 Bodenfeuchtigkeit: Wie der Name schon sagt, ist hier nur mit Wasser zu rechnen, das nicht drückend auf den Baukörper einwirkt. Entweder ist es im Baugrund gebunden oder es handelt sich um Sickerwasser aus Niederschlägen, es kann nicht aufgestaut werden. Trotzdem ist eine Art Abdichtung notwendig, da sonst feuchteempfindliche Außenwände geschädigt werden können.
- Lastfall 2 aufstauendes Sickerwasser: Niederschlagswasser sickert in die verfüllten Arbeitsräume. Bei gering durchlässigen Bodenverhältnissen wirkt es dadurch kurzzeitig drückend auf die Abdichtung.
- Lastfall 3 drückendes Wasser: Entweder steht hier Grundwasser an,

fließt Wasser auf wasserundurchlässigen Schichten oder dringt Wasser in Schichten in die Baugrube ein, wo es einen hydrostatischen Druck auf die erdberührten Wände ausübt.

Die Grundlagen für den jeweiligen Lastfall ermittelt der von Ihnen beauftragte Baugrundsachverständige zum Beispiel durch Bohrungen und Schürfe (Herstellung eines „Grabens“) auf Ihrem Grundstück. Dabei sind die folgenden Fragen von Bedeutung:

- Gibt es eine Wasserbelastung aus dem Baugrund (Grundwasser, Schichtenwasser, aufstauendes Sickerwasser)?
- Fließt Niederschlagswasser vom Hang ab, das in die Baugrubenverfüllung eindringt und dort möglicherweise zu Stauwasser führt, zumindest aber am Sockel des Hauses ansteht?
- Zusammen mit der Wasserbelastung nennt er Ihnen die zulässige Bodenpressung (das Gewicht Ihres Gebäudes wirkt von den Fundamenten auf den Baugrund und wird in Newton pro Quadratzentimeter (N/cm^2) angegeben). Zudem gibt er eine Gründungsempfehlung (Einzel- oder Streifenfundament, verwindungssteifer Torsionskasten in Form einer Betonwanne usw.).

Neben den genannten Belastungen müssen weitere Einflüsse des Niederschlagswassers bei der Planung des Untergeschosses berücksichtigt werden. Das gilt zum Beispiel für die nicht überdachte Kellertreppe (große Auffangfläche für Wasser), die Lichtschächte, den Lichthof (zur Belichtung der Einliegerwohnung) oder die Einfüllstutzen für die Pellets. Diese Details werden häufig übersehen, was weitreichende Folgen haben kann.

In Abbildung 11 ist ein Querschnitt durch eine Kelleraußenwand mit den einzelnen Lastfällen zu sehen.

Von Lastfall 1 zu Lastfall 3 steigen die Anforderungen an die Abdichtung und Ausführung des Untergeschosses. Als einschlägige technische Regel gilt hierfür die DIN 18195 „Bauwerksabdichtungen“ mit ihren zehn Teilen. Ich beschränke mich auf Teil 4 „Abdichtungen gegen Bodenfeuchtigkeit und nichtstauendes Sickerwasser an Bodenplatten und Wänden, Bemessung und Ausführung“ sowie Teil 6 „Abdichtungen gegen von außen drückendes Wasser und aufstauendes Sickerwasser, Bemessung und Ausführung“.

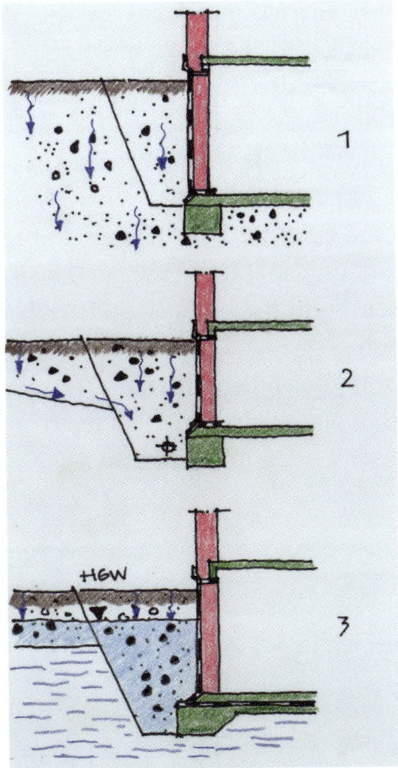

Abb. 11: Darstellung der Lastfälle

5.3.2 Untergeschoss ohne Wasserbelastung

Wenn Sie Glück haben, liegt Lastfall 1 vor, also nur Bodenfeuchtigkeit, wie sie eigentlich nur bei rein kiesigen oder sandigen Böden vorkommt. Dann ist der Weg frei für ein gemauertes und außenseitig abgedichtetes Untergeschoss. In diesem, aber wirklich ausschließlich in diesem Fall, können Sie außenseitig sogar eine spachtelbare Abdichtung aufbringen oder aufbringen lassen.

Bitte denken Sie dabei auch an die Kelleraußentreppe, die Lichtschächte oder den Lichthof. Wird die Entwässerung dieser Bauteile nicht richtig geplant, kann sich das Wasser seinen Weg ins Gebäudeinnere suchen. In diese

Falle sind schon viele Bauherren gegangen, was die Abbildungen 12 und 13 verdeutlichen sollen.

Aber was passiert, wenn der Bodenablauf versagt, sich mit Schnee oder Blättern zusetzt und der (meist vorhandene) Geruchverschluss zufriert? Die Auffangfläche einer offenen Kellertreppe beträgt circa 6 m^2. Bei einem Normalregenereignis mit 300 l/s × ha sind dies in der Minute etwa 11 l. Bei einem Extremregenereignis von circa 650 l/s × ha über fünf Minuten kommen circa 19,5 l Wasser pro m^2 zusammen. Liegt dann vor dem Kellerzugang ein Podest mit der Größe von 1 m^2 und hat sich der Bodenablauf zugesetzt, steigt das Wasser etwa 2 cm hoch.

Wohin das Wasser in diesem Fall dann fließt, zeigt Ihnen Abbildung 12. In diesem Fall hat das Wasser den Fußbodenaufbau des gesamten Untergeschosses unter Wasser gesetzt und hässliche Wasserränder am Innenputz hinterlassen.

Abb. 12: Massive Schäden durch Wasser im Untergeschoss

Und da wären noch die Lichtgräben.
Die Auffangfläche für Niederschlagswasser beträgt hier leicht 10 m^2. Wenn dann nach einer Frostperiode eine Warmfront mit heftigen Regenfällen durchzieht, kann das Wasser nicht versickern und staut sich an den Keller-

Abb. 13: Fehlerquelle falsch entwässerter Lichtgraben

fenstern auf. Leider waren keine druckwasserdichten Fenster eingebaut, was der Regelfall ist. Also hieß es: Wasser marsch.

Denken Sie also bitte immer wieder an die beiden Grundsätze „Eine Kette ist so stark wie ihr schwächstes Glied“ und „Wasser weg vom Bau“.

5.3.3 Untergeschoss mit reduzierter Wasserbelastung durch Einbau einer Dränung

Bei aufstauendem Sickerwasser wird die Sache schon etwas komplizierter. Die Grundkonstruktion mit einem gemauerten Untergeschoss kann meiner Meinung nach dieselbe bleiben wie zuvor, nur erhöht sich die Anforderung an die Qualität der Abdichtung. Hier kommt es besonders auf den dauerhaft dichten Übergang der horizontalen Abdichtung (auf der Bodenplatte und unter den Wänden) zur vertikalen Abdichtung (auf den Außenwänden) an. Ein leider häufig übersehenes Detail, das zu viel Ärger und hohen Instandsetzungskosten führen kann. Abdichten heißt hier, dass die beiden Bitumenbahnen thermisch miteinander zu verschweißen sind. Alles andere, zum Beispiel das Aufbringen einer spachtelbaren Abdichtung auf die unter den Wänden liegende Bitumenbahn, ist risikobehaftet!

Bei einem vorhandenen und rückstaufreien Vorfluter, zum Beispiel dem Auslauf am Hang auf das eigene Grundstück, gäbe es noch die Möglichkeit, eine Dränung auszuführen. Damit sinkt der Anspruch an die Abdichtung auf das Niveau Bodenfeuchtigkeit. Bitte verwenden Sie für die Dränung keine gelben Dränschläuche, die sind nur für landwirtschaftliche Zwecke vorgesehen und in anderen Fällen falsch und regelwidrig.

Diese Ausführung mit Dränung ist deutlich auf dem Rückzug, da in der Regel kein geeigneter Vorfluter vorhanden ist und die meisten Gemeinden in ihrer Satzung die Einleitung von Dränwasser sowohl für den Mischwasser- als auch für den Regenwasserkanal ausdrücklich untersagen. Hintergrund: Auf die Einleitung in den Mischwasserkanal (hier sammelt sich Schmutz- und Regenwasser) sind die Kläranlagen nicht ausgelegt. Im Extremfall würden sie zumindest überlastet, möglicherweise sogar überfließen, was weitreichende Folgen nach sich zieht.

5.3.4 Untergeschoss in der Qualität Schwarze Wanne

Scheidet eine Dränung aus, muss bei aufstauendem und drückendem Wasser (Lastfall 3) eine andere Ausführung gewählt werden. Dabei steigen die Anforderungen sowohl an die Planung als auch an die Ausführung.

Als Architekt einfach zu einer Weißen Wanne zu raten wäre voreilig, hat der Auftraggeber doch Anspruch auf eine Beratung, die auch seine ökonomischen und ökologischen Belange berücksichtigt. Schließlich ist eine Schwarze Wanne, die wegen der schwarzen bituminösen Abdichtung so genannt wird, von den Kosten her immer noch um einiges günstiger als eine Weiße Wanne. Vom Raumklima mal ganz abgesehen: Die gemauerten Wände sind von Hause aus wärmedämmend, sie benötigen also bei einer ausreichenden Dicke keine außenliegende Dämmung wie die Weiße Wanne. Sie sind zudem trocken, falls sie bei der Erstellung wie notwendig abgedeckt wurden. Darüber hinaus nehmen sie Feuchtigkeit auf, was im Untergeschoss eine große Rolle spielt, da hier die Feuchtigkeit nicht wie bei einer normalen Außenwand nach außen abgeben werden kann. Bei richtiger Lüftung geben diese Wände die Feuchtigkeit sogar wieder ab. Mit einem Kalkputz versehen sorgen sie für bestes Raumklima.

Ausführungsgrundsatz hierbei ist: Die je nach Qualität des Bauprodukts ein- oder mehrlagige Abdichtung der erdberührten Außenwände muss mit der auf der Betonbodenplatte liegenden horizontalen Abdichtung eine Wanne bilden und vertikal bis circa 30 cm über Oberkante Gelände geführt werden. Um Beschädigungen vorzubeugen, ist die Abdichtung mit entsprechenden Schichten zu schützen. Das Prinzip einer Schwarzen Wanne zeigt Abbildung 14.

Abb. 14: Schwarze Wanne

Diese Abdichtung ist von einer Fachfirma, heißt hier in der Regel Dachdecker- oder Abdichtungsfirma, aufzubringen. Klar stellt das einen Architekten vor Koordinationsprobleme, aber auch dafür ist er ja da. Diese Grundsätze hat ein Kollege offensichtlich nicht vollständig umgesetzt. Ausgangslage ist ein mit Kalksandsteinen gemauertes Untergeschoss, das unter anderem als Büro dienen sollte. Außenseitig wurde eine selbstklebende bituminöse Abdichtung aufgebracht.

Ein Baugrundgutachter hat festgestellt, dass mit drückendem Wasser bis auf eine Höhe von etwa 1 m über Oberkante Belag im Kellergeschoss gerechnet werden muss.

Leider zeigten sich innen nach wenigen Monaten hässliche Wasserränder auf dem Innenputz, das Wasser stand zeitweise mehrere Zentimeter über Oberkante Bodenbelag.

Mehrfach wurde von innen nachgebessert, der Estrich getrocknet. Ohne Erfolg! Die Ursache lag in der falschen, nicht dichten Verbindung zwischen der vertikalen und der horizontalen Abdichtung. Richtig sind Abdichtungen dann miteinander verbunden, wenn zum Beispiel Bitumenbahnen miteinander verschweißt wurden. Ein Aufspachteln irgendeiner Abdichtungsmasse auf eine Bitumenbahn gilt zumindest als stark risikobehaftet.

Eine Nachbesserung von außen schied aus, da an ein Reihenhaus angebaut worden war, eine konsequente Überarbeitung war deshalb nicht möglich. Stattdessen wurde innen eine Weiße Wanne eingebaut, die einzig mögliche, regelgerechte Nachbesserungsvariante. Und das mit einem riesigen Aufwand und einem erheblichen Raum- und Flächenverlust. Von Staub, Dreck und Ärger über viele Monate hinweg ganz zu schweigen. Hinzu kam der merkantile Minderwert, der Wertverlust beim Verkauf der Immobilie. Denn Kaufinteressenten verstehen keinen Spaß bei Wasserrändern und Rissen. Insgesamt gesehen ist ein Schaden im erdberührten Bereich eine sehr teure Angelegenheit.

TIPP

Wenn Sie über eine Schwarze Wanne nachdenken, behalten Sie im Hinterkopf, dass es auf die richtige Planung und Ausführung ankommt, die allerdings intensivst überwacht werden muss. Zwar stellt die Ausführung einer Schwarzen Wanne nur noch die Ausnahme dar, doch das würde mich nicht davon abhalten, sie schon allein aus raumklimatischen Gründen in Erwägung zu ziehen.

5.3.5 Untergeschoss in der Qualität Weiße Wanne

Nun denn, kommen wir zur (teureren) Alternative, der Weißen Wanne (Beton ist hellgrau, daher der Name). Die Mehrkosten im Vergleich zu einer gemauerten Lösung liegen bei einem Einfamilienwohnhaus zwischen 10.000 und 15.000 €. Die Weiße Wanne übernimmt mit einer Mindestdicke der

Betonbauteile von 24 cm sowohl die lastabtragende Funktion als auch die Abdichtung – alles in einem also, was durchaus Vorteile hat. Die gängigen technischen Regeln hierzu finden sich in der WU-Richtlinie.

Manch ein Bauherr stellt sich das dann so vor: Wir stellen einfach eine Schalung auf und füllen Beton ein. Doch damit liegt er total falsch. Beton ist zwar von sich aus ab einer gewissen Dicke wasserundurchlässig, aber es gibt noch eine Reihe anderer Faktoren zu beachten.

Sie haben doch sicher noch im Kopf, dass Beton letztendlich schwindet. Und genau diese von vielen übersehene Baustoffeigenschaft führt immer wieder zu erheblichen Schäden. Einer der Vorteile von Betonkonstruktionen ist, dass sie relativ leicht und kostengünstig nachzubessern sind. Vorausgesetzt, Sie finden die Leckage. Wenn die dann aber unter dem Bodenaufbau liegt, wird es schwierig.

Aber fangen wir doch da an, wo die weitere Ausführungsplanung beginnt: Sie haben sich auf ausführliche Information Ihres Architekten hin entschlossen, das Untergeschoss als Weiße Wanne auszubilden. Dann kommen noch weitere Entscheidungen auf Sie zu, denn Weiße Wanne ist nicht gleich Weiße Wanne, es bestehen weitere Wahlmöglichkeiten: die Weiße Wanne aus monolithischem Beton, aus Elementwänden oder aus Betonfertigteilen.

Für Sie das Wichtigste zuerst: Die drei Varianten kosten in etwa gleich viel. Doch bringen die Lösungen mit den Elementwänden und den Betonfertigteilen nicht Ihnen, sondern nur Ihrem Auftragnehmer Vorteile, denn er kann auf eine Gerüstlagerhaltung verzichten und geringere Stellzeiten einplanen. Das bedeutet mehr Umsatz.

Monolithisch aus Ortbeton

Um es kurz zu machen: Ich würde immer die Lösung aus monolithischem Beton wählen, heißt: Bodenplatte einschließlich Fugensicherung betonieren, Wandschalung aufstellen, Beton einfüllen, fertig. Jetzt werden Sie denken: Aber genau das wollte doch der Bauherr machen. Richtig, im Groben. Im Feinen sieht es so aus: Nach der Planung ist zuerst der Statiker am Zug. Er muss die als Folge der Baustoffeigenschaft entstehenden und möglicherweise wasserführenden breiten Trennrisse im Beton auf viele schmale, weil dann wasserundurchlässige Risse rechnerisch begrenzen. Je nach Wasseranstauhöhe außen bewegt er sich bei einer Rissbreite von 0,2 oder 0,1 mm. Der technische Ausdruck hierfür ist Rissbreitenbegrenzung.

Zur Erreichung dieser Rissbreitenbegrenzung muss er viel mehr Stahl in das jeweilige Bauteil einrechnen, als dies für ein normales Betonbauteil konstruktiv notwendig wäre. Nun fehlt nur noch die wasserdichte Ausbildung der Fugen zwischen der Betonbodenplatte und den Außenwänden. Dies erfolgt in Form von einzubetonierenden Stahlblechen, Fugenbändern usw. Fugenbänder sind aus Kunststoff und meist richtig labberig, das heißt, sie bleiben nicht wie Fugenbleche von sich aus stehen, was wieder einen Mehraufwand wegen des Anhängens an die Bewehrung bedeutet – theoretisch. Fehlertolerant sind meiner Meinung nach nur Fugenbleche.

Bei entsprechend großen Gebäuden kommen noch die Fugenausbildungen zwischen Arbeitsabschnitten hinzu. Bitte denken Sie auch hier an die kleinen Bauteile, die viel Ärger machen können: Alle Durchdringungen wie Rohrleitungen oder die Einführung der Medien sind wasserdicht herzustellen!

So sieht im Groben die Sollbeschaffenheit für die Ausführung aus. Fehlt nur noch die tatsächliche Ausführung, die Istbeschaffenheit. Wie war das noch mit dem Hang des Menschen, Bauabläufe zu rationalisieren? Na, dann schauen Sie sich mal die Abbildung 16 an, die den Betoniervorgang der Betonbodenplatte einer Weißen Wanne zeigt. Erkennen Sie zwei gravierende Fehler?

Erster Fehler: Die Bauarbeiter laufen im frischen Beton herum. Damit kommt es zu Gefügestörungen. Erinnern Sie sich an das Geräusch, wenn man mit Gummistiefeln im Morast steckenbleibt und einen Fuß herauszieht? Genau dieses Geschehen führt bei Beton dazu, dass nur noch Zementleim nachläuft und keine Zuschlagsstoffe, die aber für das richtige Gefüge des Betons wichtig wären. Und schon kann eine Fehlstelle entstehen. Zudem wird durch das Gewicht der Personen die Bewehrung auf der einen Seite heruntergedrückt, sodass die Bewehrungseisen auf der anderen Seite nach oben wandern. Und schon stimmt die berechnete Betondeckung nicht mehr.

Zweiter Fehler: Das rote Fugenband zwischen der Betonbodenplatte und den Außenwänden steht noch hoch, während der Arbeiter im Eck bereits den Beton mit dem Flaschenrüttler verdichtet. Das Band wird allem An-

Abb. 16: Fehler bei der Betonierung einer Weißen Wanne

schein nach erst nach dem Betoniervorgang in den Beton eingedrückt. Das ist schon grob fahrlässig. Denn durch das Eindrücken werden die Zuschlagsstoffe weggedrückt, auch fließt so wieder nur Zementleim nach. Dies löst Gefügestörungen und damit eventuell Schäden aus. Richtig ist natürlich nur das Einbetonieren vor dem Verdichtungsvorgang!

Hier hat man sich das Befestigen des Fugenbandes an der Bewehrung gespart – auf Kosten des Bauherrn. Der hat die Befestigung schließlich bezahlt, da sie in der Kalkulation enthalten sein muss. Und wie mir später zu Ohren kam, sind an den Weißen Wannen der Doppelhäuser Schäden aufgrund eindringenden Grundwassers entstanden.

Wenn wir schon bei grundlegenden Fehlern bei der Herstellung Weißer Wannen sind: Ein dritter Fehler würde bei sehr niedrigen Außentemperaturen hinzukommen. Um die chemische Umsetzung des Betons zu sichern, die durch die Entstehung der Hydratationswärme erkennbar wird, müsste die Bodenplatte abgedeckt, also gedämmt werden. Denn die übermäßige Abkühlung führt zu einer Störung des Abbindevorgangs mit weitreichenden Folgen.

Eine fehlende Abdeckung wäre auch bei sommerlichen Temperaturen ein Fehler. Der schnelle Wasserentzug auf der Oberfläche würde ebenfalls zu den vorgenannten Störungen führen. Denn dann fehlt dem Beton das Wasser für den chemischen Umsetzungsprozess, es kommt zu Rissen an der Oberfläche, im Extremfall zu Trennrissen, die das gesamte Bauteil durchziehen und damit wasserführend werden.

Sollte trotz fachgerechter Ausführung ein wasserführender Trennriss entstehen, so kann dieser kostengünstig verpresst werden. Dazu wird in einem speziellen Winkel zum Riss ein sogenannter Packer in die Bodenplatte eingebracht, in den dann mit hohem Druck ein dafür geeignetes Mittel eingespritzt wird. Dieses verschließt den Riss dauerhaft.

In diesem Zusammenhang ist noch auf Folgendes hinzuweisen: Da die Ausführung, wie gerade wunderbar zu sehen, nicht selten wegen Verarbeitungsfehlern von den Vorgaben abweicht, kann das Entstehen wasserführender Trennrisse nicht absolut ausgeschlossen werden. Anders als manch andere Fachleute halte ich deswegen den Einbau einer horizontalen Verbundabdichtung auf der Betonbodenplatte für absolut notwendig und sinnvoll. Im Verbund heißt: entsprechende Vorbehandlung der Betonbodenplatte mit Kugelstrahlen oder scharfem Wasserstrahl, dann Aufbringen einer bahnenförmigen Abdichtung mit entsprechenden Rissüberbrückungseigenschaften. Wir reden hier übrigens über 15 bis 20 €/m^2, und das bei Bausummen für Einfamilienwohnhäuser jenseits der 300.000 €.

Damit können Sie ruhig schlafen, und es lohnt sich allemal. Denn aus meiner Praxis kenne ich mehrere Fälle, in denen letztendlich der gesamte Bodenaufbau entfernt werden musste, um die wasserführenden Risse – nach langer Suche blieb nur noch diese Schadensursache übrig – zu lokalisieren und dann zu verpressen.

Und vergessen Sie auch nicht andere Details: Was nützt zum Beispiel die richtige Ausführung der Weißen Wanne, wenn die Einfüllstutzen für die Pellets nicht wasserdicht ausgeführt sind? Ganz sicher kommt keine Freude auf, wenn die Pellets aufquellen und dann mühsam entfernt werden müssen – jedenfalls bei meinen Auftraggebern nicht.

Ebenso wenig Grund zur Freude gibt es, wenn das Niederschlagswasser aus den richtigerweise wasserdicht angeschlossenen Lichtschächten nach in-

Abb. 17: Falsch „eingedichteter" Einfüllstutzen für Pellets

nen in eine Hebeanlage geführt wird – diese dann aber leider bei extremem Starkregen ausfällt, weil ausgerechnet bei Gewitter auch noch der Strom ausfällt. Wie war das mit „Wasser weg vom Bau"? Es geht nichts über eine konsequent durchdachte und ebenso umgesetzte Ausführung. Und dabei sind immer die Extreme und deren Auswirkungen zu berücksichtigen.

Ausführung mit Elementwänden

Die einschlägige technische Regel für diese Bauweise ist die WU-Richtlinie. Hinter der immer beliebter werdenden Ausführung einer Weißen Wanne mit Elementwänden steckt leider, wie so oft, der nicht immer hilfreiche Rationalisierungsgedanke. Im Betonwerk werden großformatige zweischalige Halbfertigteilplatten in Fertigwanddicke vorgefertigt, die auf der Baustelle nur noch aufgestellt und ausbetoniert werden müssen. Dabei sind die Fugen zwischen diesen Elementen abzuschalen, ebenso die Fuge zwischen der Betonbodenplatte und den Wandelementen. In der Theorie geht man davon aus, dass sich der ältere Beton und der jüngere Kernbeton zu einem homogenen Querschnitt verbinden.

Wenn dies der Verbesserung der Bauqualität und damit dem Menschen dienen würde, wäre nichts dagegen einzuwenden. Nur ist das leider nicht so, wie die kritische Betrachtung zeigen wird. Abbildung 18 und 19 machen das Problem sichtbar. Das erste Bild zeigt die aufgestellten Elementwände. Die Arbeitsfugen zwischen den Elementen und zur Betonbodenplatte wurden mit Bauschaum geschlossen (gelb). Bereits dies verstößt gegen die Vorgaben der WU-Richtlinie, müssten die Fugen doch abgeschalt (Brett davorstellen und lagesichern) werden. So dringt der Bauschaum in die Fugen ein und verringert möglicherweise den Querschnitt des Kernbetons. Und das an der kritischsten Stelle, dem Sockel. Die Folge dieser Rationalisierung kann wiederum eindringendes Wasser sein.

Abb. 18: Elementwände mit ausgeschäumten Fugen – rote Pfeile

Das zweite Bild zeigt den noch auszubetonierenden Kern zwischen den beiden Halbfertigteilplatten mit den Bewehrungseisen. Dieser hat hier eine Dicke von nur noch circa 10 cm.

Er sollte bei einer Gesamtdicke der Außenwände jedoch bei circa 14 cm liegen. Aber Maßabweichungen sind leider auch hier an der Tagesordnung.

Hört sich doch alles gut an, oder? Vordergründig betrachtet ja! Doch bei kritischer Betrachtungsweise kommen erhebliche Zweifel auf, ob aus dieser

Abb. 19: Kern zwischen Halbfertigteilplatten

Konstruktion letztendlich eine dauerhaft funktionstaugliche Weiße Wanne wird.

Hierfür vergegenwärtigen wir uns noch einmal den Werdeprozess von Beton. Er entsteht durch einen chemischen Umsetzungsprozess, bei dem sich erst Hydratationswärme bildet und anschließend Abkühlung eintritt. Also wird die Masse erst einmal größer (Erwärmung), um dann zu schwinden (chemische Umsetzung und Abkühlung). Kommen vorgefertigte Betonelemente in einem Alter von vier Tagen und mehr auf die Baustelle, haben sie schon einen gewissen Abbindeprozess (Schwindprozess) hinter sich. Der frische Beton dagegen muss diesen erst noch durchlaufen. Das heißt, er wird sich sehr wahrscheinlich von den Halbfertigteilplatten innen lösen; damit wird die Mindestwanddicke von 24 cm nicht eingehalten.

Meiner Meinung nach helfen auch die in der WU-Richtlinie genannten „Tricks“ nicht unbedingt: Die Fertigteile sollen innen eine bestimmte Rauigkeit aufweisen, zudem müssen sie vor Einbau des Kernbetons vorgenässt werden. Besonders Letzteres wird eher ein Wunschgedanke bleiben. Selbst wenn es umgesetzt wird, wie konsequent und bis zu welcher Tiefe erfolgt dies bei 2,50 m hohen Elementen?

Hinzu kommen noch größere Probleme. Während bei geschalten Wänden das kritischste Detail, die Fugensicherung durch Bleche, Bänder oder Ähnliches zwischen der Betonbodenplatte und den Wänden eingesehen und richtig einbetoniert werden kann, ist dies bei Elementwänden nicht oder nur eingeschränkt möglich.

Richtig einbetonieren heißt auch zwingend, den Beton zu verdichten. Das Verdichten ist notwendig, um eingeschlossene Luft zu entfernen und das Gefüge homogener zu machen. Dies wird mit einem Flaschenrüttler gemacht, wie er in Abbildung 16 zu sehen ist. Der Flaschenrüttler mit einem Durchmesser von 6 oder 8 cm wird dabei tief in den Beton eingetaucht. Bei einer Breite des Kernbetons von 10 cm, innenliegenden Bewehrungseisen, Maßabweichungen der Innenflächen usw. ist es schwer vorstellbar, dass die Rüttelflasche mit 6 oder 8 cm Durchmesser bis ganz nach unten geführt wird. Dies wäre aber notwendig, um das Fugenblech oder das Fugenband homogen einzubetonieren.

Oft zeigt mir der Blick von oben in den Zwischenraum zwischen den Elementwänden hinunter auf das Fugenblech, dass dieses nicht da liegt, wo es liegen sollte. Manchmal liegt es sogar knirsch an einer der Fertigteilplatten an, das heißt, es kann nicht mehr wie notwendig allseitig vom Beton umschlossen werden. Dies stellt einen potenziellen Schwachpunkt dar.

Wie war das noch mit dem Drang des Menschen zur Rationalisierung.

Abbildung 20 zeigt wieder einen Zustand, der nicht nach Erfüllung der WU-Richtlinie aussieht. Der Mensch mit seinem unauslöschlichen Drang zur Vereinfachung lässt den Beton aus zu großer Höhe in den Zwischenraum fallen. Dabei kann bereits eine Entmischung eintreten. Richtig wäre es gewesen, auf den dicken Schlauch der Betonpumpe eine Verjüngung mit dünnerer Schlauchleitung aufzubringen und so den Beton aus maximal 1 m Höhe einzufüllen.

Letztendlich ist der kritischste Bereich, die Ausführung der Sockelzone, nicht einsehbar. Sind Kiesnester (Stellen nur mit Kies und keinem homogenen Gefüge aus Zementleim und Zuschlagsstoffen) oder sonstige Fehler vorhanden, die die Dichtigkeit infrage stellen? Das kann keiner kontrollieren. Anders bei geschalten Betonwänden, nach dem Ausschalen sind Fehlstellen sichtbar und können nachgebessert werden – und das bevor eindringendes Wasser zeigt, wo die Fehler liegen.

Abb. 20: Einfüllen des Betons aus zu großer Höhe

Der Vollständigkeit halber werden hier noch drei weitere Parameter aufgelistet, die nach WU-Richtlinie zu erfüllen wären:

- Einbau einer Anschlussmischung bis circa 50 cm über Oberkante Betonbodenplatte. Sie besteht aus Kernbeton mit einem feineren Kies.
- Lagenweiser Einbau des Kernbetons mit einer maximalen Geschwindigkeit.
- Gleichmäßiger Einbau des Kernbetons auf allen Seiten des Gebäudes. Dies würde bei größeren Gebäuden den Einsatz mehrerer Betonpumpen notwendig machen. Kaum zu glauben, dass jemand das macht.

Doch häufig werden diese Vorgaben nicht beachtet. Hinzu kommt, dass der gesamte Einbau der Elementwandkonstruktion nur durch versierte Firmen erfolgen und ab Anlieferung dokumentiert werden müsste. Die Elemente

Abb. 21: Betonierfehler

dürfen übrigens nur stehend und nicht liegend transportiert werden. Ich habe noch nie diese nach WU-Richtlinie geforderte Dokumentation gesehen. Und ich musste feststellen, dass auch alle anderen Vorgaben meist nicht korrekt umgesetzt wurden!

Bei dieser Art der Ausführung kommen viele Faktoren zusammen, die zumindest als riskant zu bezeichnen sind. Und in Anbetracht meiner Forderung nach fehlertoleranten Konstruktionen lehne ich diese Form der Ausführung bei hohen Anforderungen – es darf kein tropfbar-flüssiges Wasser durchdrücken – an das Untergeschoss ab.

Und noch ein Argument gegen Elementwände: Wie sind diese bei Versagen nachbesserbar? Gerade die Möglichkeit der Nachbesserung sollte ein wichtiges Kriterium bei jeder Ausführung sein. Hier müssten im Extremfall im Raster von 30 × 30 cm Packer (das sind Röhrchen, die in eine schräg zum Riss gesetzte Bohrung gesteckt werden) gesetzt, die Risse müssten je nach Anforderung mit einem geeigneten Mittel (Epoxidharz oder Polyurethan) verpresst werden.

Zum Schluss präsentiere ich Ihnen ein Bild vom Kernbeton nach Abbruch der äußeren Halbfertigteilplatte. Zu sehen ist ein Betonierfehler (fehlerhafte Verdichtung). Dieser kann bereits Ursache für einen Wasserdurchtritt sein. Außerdem ist eindeutig erkennbar, dass der Kernbeton komplett nicht an der äußeren Platte anhaftet. Es sieht aus, als wäre eine Schalung weggenommen worden; das ist ein Zeichen dafür, dass sich der Kernbeton eben nicht mit den Halbfertigteilplatten homogen verbunden hat. Und das macht den Unterschied zwischen Theorie und Praxis aus.

Ausführung mit Fertigbetonwänden

Kommen wir nun zur noch weiter getriebenen Vorfertigung in Form ganzer Betonfertigteile in Fertigwanddicke und -höhe. Anders als bei der zuvor beschriebenen Ausführung bestehen die Außenwände hier aus großformatigen Betonbauteilen, die nur noch aneinandergesetzt werden müssen. Die Fugen zwischen diesen Fertigteilen und zur Betonbodenplatte sind wasserdicht zu schließen. Und fertig ist die Weiße Wanne aus Betonfertigteilen? Wenn es nur so einfach wäre!

Grundsätzlich könnte man von außen breite Dichtbänder über die Fugen kleben, einpressen und schützen. Diese sollten mindestens 1 m breit sein, damit sie nicht auf Dauer von anstehendem Wasser hinterwandert werden können. Denken Sie dabei bitte an Frost: Kapillar eindringendes Wasser gefriert, expandiert und sprengt langsam die Klebeverbindung auf.

Ich zeige Ihnen nun ein Beispiel aus meinem umfangreichen Fundus (siehe Abbildung 22), das dargestellte Objekt wurde letztendlich ein Fall für die Architekten-Versicherung.

Ausgangslage: Der Neubau eines Bürogebäudes sollte im Untergeschoss ein Archiv erhalten. Die Aufgabenstellung war bei sehr hohen Grundwasserständen klar und logisch: Das Untergeschoss musste wasserundurchlässig ausgebildet werden. Leider „schwamm" das Archivmaterial nach relativ kurzer Zeit, was den Anforderungen sicher zuwiderlief. Dies legte die Vermutung nahe, dass eine erhebliche Abweichung zwischen Soll- und Istzustand bestand.

Zur Ursachenfindung genügten einige Bilder aus der Bauzeit, die mir mein Auftraggeber zur Verfügung stellen konnte. Auf ihnen konnte ich er-

Abb. 22: Betonfertigteile

kennen, dass die Verarbeitung der eingelegten Dichtbänder zwischen den einzelnen Betonfertigteilen und zwischen diesen und der Betonbodenplatte noch nicht einmal den Herstellervorgaben entsprach. Zudem konnten meiner Meinung nach die eingebauten vorkomprimierten Dichtbänder alleine vom Grundsatz her nicht funktionieren. Die Basis für diese Dichtbänder bilden quellfähige Naturstoffe wie Bentonit, einem Gestein, das eine Mischung aus verschiedenen Tonmineralien ist. Wichtigster Bestandteil ist Montmorillonit (60 bis 80 %), der bei Wasserandrang quellen und einen Druck auf die Flanken der Bauteile ausüben soll. Danach trocknen sie wieder ab, was mit einem Schrumpfen einhergehen soll. Soweit die Aussagen des Herstellers.

Nach den Angaben in dessen Produktunterlagen machen die vorkomprimierten Bänder das über die nächsten Jahrtausende: Sie quellen, schrumpfen, quellen, schrumpfen … Ich kann nur sagen: Wer das glaubt, braucht eine gute Versicherung. Denn für mich stellen sich folgende Fragen bezüglich der praktischen Umsetzung:

- ➜ Was passiert in den Stößen zwischen den vertikalen und den horizontalen Dichtbändern?
- ➜ Was in den Stößen irgendwo zwischen den Wandbauteilen und der Betonbodenplatte? Endlosdichtbänder habe ich noch nicht gesehen.
- ➜ Was bei Maßabweichungen gerade bei Ortbetonbauteilen?
- ➜ Was bei Einbaufehlern?
- ➜ Welche Einbaubedingungen müssen vorliegen? Und, ganz wichtig, sind diese überhaupt unter Baustellenbedingungen und den geometrischen Vorgaben umsetzbar?

Von Fehlertoleranz des Systems kann bei derartig vielen Fragezeichen nicht die Rede sein! Ganz zu schweigen von einer bewährten Ausführung. Leider vertrauen die Planer und die ausführenden Firmen allzu leichtgläubig den Werbeversprechungen der Hersteller und fallen auf die vorgelegten abP oder abZ herein. Anders kann ich das nicht ausdrücken. Was verkäuflich ist, wird leider auch hergestellt.

TIPP

Denken Sie über die angepriesenen Baustoffe intensiv nach und stellen Sie die Funktionstauglichkeit grundsätzlich infrage. Lassen Sie sich von versierten Fachleuten beraten. Vor Gericht hilft der Hinweis auf ein abP oder eine abZ überhaupt nichts. Beides bedeutet nichts anderes als: Warnung vor noch nicht bewährter Ausführung!

Lernen Sie aus den häufigsten Fehlern bei der Ausführung erdberührter Bauteile und vermeiden Sie sie, wenn Sie an die Bauausführung gehen:

- ➜ Fehlerhafte bis überhaupt nicht erfasste Wasserbelastung des Baugrunds (Sparen um jeden Preis kann teuer werden)
- ➜ Ein auf die Wasserbelastung falsch abgestimmtes Abdichtungskonzept
- ➜ Wahl ungeeigneter Bauprodukte
- ➜ Fehlerhafte Ausführung, begünstigt durch nicht vorhandene oder ungenügende technische Überwachung

- Fehlende Bauteilschichten, zum Beispiel die horizontale Verbundabdichtung bei der Weißen Wanne bei hohen Anforderungen an die Innenräume
- Fehlende Berücksichtigung regelgerechter und dauerhaft funktionsfähiger Entwässerung von Lichthöfen und Lichtschächten
- Vernachlässigung des Erddrucks mit der Folge von Rissen in den gemauerten Kelleraußenwänden

Nur als Größenordnung: Die komplette Überarbeitung einer fehlerhaften Abdichtung kostet zwischen 700 und 1.000 € pro laufenden Meter (lfm) Außenwand. Bei Berücksichtigung aller Seiten eines normalen Einfamilienwohnhauses kommen ungefähr 50 lfm zusammen, was schnell zu Kosten zwischen 35.000 und 50.000 € führen kann. Kommen massive Anbauten hinzu, zum Beispiel ein Fahrradhäuschen, die unterfangen oder entfernt werden müssen – was bei aufwendigen Freianlagen der Fall ist –, oder liegt eine Grenzbebauung vor, können es auch schon mal bis zu 100.000 € werden.

WICHTIG

Die Planung eines Untergeschosses mit Wasserbelastung gehört in die Hände eines versierten Planers. Zusätzlich benötigen Sie ein Baugrundgutachten. Bedenken Sie darüber hinaus bitte Folgendes:

- Brauchen Sie wirklich ein Untergeschoss?
- Ist der Verzicht auf ein Untergeschoss möglicherweise später ein Verkaufshemmnis?

Beim Bau einer Dränung muss zuerst geklärt werden, wohin das Dränwasser rückstaufrei geleitet werden kann.

Beachten Sie den Erddruck auf die gemauerten Kelleraußenwände.

Achten Sie auf die dauerhaft funktionstaugliche Entwässerung von Kellertreppen, Lichtschächten und Lichthöfen.

Denken Sie bei jeder Konstruktion an die eventuell erforderlichen Nachbesserungsmöglichkeiten und deren Umsetzbarkeit.

5.4 Außenwände/Mauerwerk

Um das Thema Wandbaustoffe nicht ausufern zu lassen, werden hier nur die gängigsten Materialien vorgestellt. Mir kommt es vor allem darauf an, dass Sie verstehen, was einen guten Außenwandbaustoff ausmacht.

5.4.1 Funktion der Außenwand

Die Außenwand eines Gebäudes erfüllt folgende Funktionen:

- Trennung zwischen Innen- und Außenklima (im Winter: innen hohe Feuchten, außen niedrige Feuchten, im Sommer umgekehrt)
- Schutz vor hygrischen Einflüssen, also vor Niederschlägen in Form von Regen oder Schnee; diese Funktion können die meisten Materialien für Außenwände nur mit einem schützenden Außenputz übernehmen
- Schutz vor thermischen Einflüssen, also Kälte und Hitze
- Schutz vor Luftströmungen
- Schutz vor Lärm
- Schutz gegen Energieverlust

Darüber hinaus übernehmen die Außenwände zusammen mit den Innenwänden die Lastabtragung der Eigen-, Verkehrs- und Windlasten. Thermisch-hygrische Einflüsse einschließlich der Feuchteproduktion durch die Nutzer führen zu Volumenänderungen der einzelnen Bauteile. Diese beiden Faktoren, die Lastabtragungen und die thermisch-hygrischen Einflüsse, leiten Spannungen in das statische System des Gebäudes und damit in die Wände ein. Während das in der Vergangenheit ausgeführte Mauerwerk aus kleinformatigen Ziegeln mit den relativ dicken Mörtelpolstern der Lager- und Stoßfugen diese Spannungen meist problemlos aufnahm, gelingt dies mit den großformatigen und immer stärker am Wärmeschutz ausgerichteten Wandbaumaterialien nicht mehr im gleichen Maß. Für die modernen Ziegel wird immer weniger Material verwendet, die Materialstege werden immer dünner und leichter. Zum Teil werden die Ziegelsteine sogar mit Dämmstoff gefüllt.

Außerdem entfalten die Dünnbettkleber – inzwischen gibt es sogar Schäume aus der Kartusche – auch keine Pufferwirkung mehr. Bei all diesen Rationalisierungen geht es immer nur um Kosteneinsparung. Das geht sogar so weit, dass die Ziegelindustrie im Wettbewerb mit den Dämmstoffherstellern die Ziegel mit Dämmstoff füllt. Die Folgen davon:

- Fluchende Handwerker: Die Ziegel sind so hart und filigran geworden, dass sie schnell brechen. Das heißt mehr Ausschuss, und den muss ja irgendjemand bezahlen.
- Riesige Löcher in den Ziegeln, wenn der Elektriker mit seinen Arbeiten fertig ist. Und dann fließt bei gefüllten Ziegeln auch noch die Füllung mit dem Dämmstoff Perlit heraus.
- Im Mauerwerk entstehen schneller Risse.

Für mich geht dies in die falsche Richtung! Ich wünsche mir ein richtiges und dem Wortbegriff entsprechendes „Mauer-Werk“ aus Ziegeln mit den nachstehenden Eigenschaften und einem Mörtelbett. Diese Ausführung ist fehlertolerant und dauerhaft-funktionstauglich.

5.4.2 Wünschenswerte Baustoffeigenschaften

Ergänzend zu meinem grundsätzlichen Rat, nur fehlertolerante (in diesem Fall sind es einfache) Konstruktionen zu wählen, ergeben sich mehrere wünschenswerte Baustoffeigenschaften.

- Energiespeichernd: Warum ich darauf großen Wert lege, lesen Sie in Kapitel 6.5 „Beheizung“.
- Feuchtigkeitsausgleichend: Zu hohe Raumluftfeuchte wird gepuffert und wieder abgegeben.
- Schallschützend: Schwere Baumaterialien sorgen für einen guten Schallschutz.
- Umweltschonend: Die Herstellung von Baustoffen aus Naturmaterialien schädigt die Umwelt weniger.
- Wiederverwendbar oder -verwertbar: In jedem Baumaterial steckt viel graue Energie; so wird die Energie genannt, mit der es hergestellt wurde. Deshalb sollten die Materialien nicht irgendwann nutz- und sinnlos auf Deponien enden.
- Wertstabil: Ich bin fest davon überzeugt, dass eine wohngesunde und vor allem nutzerfreundliche Bauweise, die keinen hohen technischen Aufwand für die Nutzung voraussetzt, auf Dauer stark gefragt sein wird.

Die für mich besonders wichtige Eigenschaft feuchtigkeitsausgleichend möchte ich näher erläutern: In Wohnräumen herrscht nie die gleiche relative Feuchte (r. F). Wäschetrocken (zumindest bei allen, die ihre Wäsche energiesparend an der Luft trocknen lassen), Kochen, Schlafen (wie gesagt: in der Nacht atmet ein erwachsener Mensch bis zu einem Liter Wasser aus), Besuch von Freunden, Tierhaltung und anderes erhöhen die r. F. erheblich. Kann sie nicht gepuffert werden, kondensiert sie in der kalten Jahreszeit an den kältesten Stellen beziehungsweise Flächen. Dadurch steigt die Gefahr der Schimmelpilzbildung, besonders unbemerkt hinter Einrichtungsgegenständen vor Außenwänden.

Können Mauerwerk und Innenputz die erhöhte Luftfeuchtigkeit aufnehmen, passiert weiter nichts: die Feuchtigkeit wird zwischengepuffert und bei richtiger Lüftung wieder abgegeben. In diesem Zusammenhang ist auch das Thema Beheizung wichtig (mehr hierzu in Kapitel 6.5 „Beheizung“).

5.4.3 Wandbaustoffe

Bei allen Wandbaustoffen, die im Folgenden beschrieben werden, ist ein oft übersehener Aspekt zu beachten: der Aufwand für den Unterhalt des Außenputzes oder der Beschichtung über die gesamte technische Lebensdauer hinweg. Unterhaltskosten sind häufig erhebliche Folgekosten, an die viele Menschen in der anfänglichen Baueuphorie nicht denken – aber unbedingt denken sollten. Denn sonst kommt das (böse) Erwachen nach vielen Jahren, wenn die gesamte Fassade überarbeitet werden muss. In Eigenleistung ist dabei so gut wie nichts machbar, schon gar nicht bei Wohneigentum.

Hinweis: Was es mit dem U-Wert auf sich hat, wurde bereits in Kapitel 2.6.2 „Energieeinsparverordnung (EnEV)“ dargestellt. Deshalb wird er in diesen Ausführungen ohne weitere Erklärung verwendet.

Mauerwerk

Warum ich ein Fan monolithischer Außenwände aus Ziegeln bin, ist leicht zu erklären: Erstens verkörpert der Ziegel alle zuvor genannten wünschenswerten Baustoffeigenschaften. Zweitens werden Ziegel aus natürlichem und damit ökologischem tonhaltigem Lehm vorgefertigt und in Öfen gebrannt. Dadurch entstehen im Ziegel sogenannte freie Kapillare, die Feuchtigkeit schnell aufnehmen und schnell wieder abgeben. Und das ist, wie bereits beschrieben, ein wichtiger Faktor, um die Entstehung von Schimmelpilz zu vermeiden.

Ein Mauerwerk aus solchen Ziegeln, aus Energieeinspargründen 42 oder 49 cm dick, verbaut mit Mittelbettmörtel[4] und verputzt mit einem Kalkputz, vereint alle vorgenannten Eigenschaften. Zudem sind Ziegel und Außenputz hier genau aufeinander abgestimmt. Bei dieser Bauweise – die regelgerechte Erstellung vorausgesetzt – werden Sie von unliebsamen Überraschungen verschont bleiben. Und auch wenn Sie an einen Verkauf denken, wird diese Bauweise keine Probleme bereiten.

Zum Vergleich folgen die Berechnungen der U-Werte einer Außenwand aus dem „alten" Hochlochziegel und einer Außenwand aus modernen, porosierten Ziegeln.

Ausführung von innen nach außen: Kalkputz 15 mm, Hochlochziegel, Rohdichte 1.000 kg/m^3, Dicke 490 mm, Kalkputz 20 mm. Dieser Wandaufbau weist einen U-Wert von 0,70 W/m^2 × K auf und liegt damit weiter über den Vorgaben der EnEV, ist also zu schlecht. Wird der Hochlochziegel gegen einen porosierten Ziegel mit einer Rohdichte von 600 kg/m^3 ausgetauscht, ergibt sich ein U-Wert von 0,158 W/m^2 × K. Dieser Wandaufbau erfüllt die Vorgaben der EnEV.

TIPP

Falls Sie über verschiedene Wandaufbauten nachdenken und dafür die jeweiligen U-Werte wissen wollen, bekommen Sie hier Hilfe: www.u-wert.net.

Porenbeton (alte Bezeichnung Gasbeton)

Die Eigenschaften von Porenbeton wurden ausführlich in Kapitel 4.2.2 „Porenbeton" dargestellt. Auch für dieses Material benenne ich den U-Wert einer Außenwand. Ausführung von innen nach außen: Kalkgipsputz 15 mm, Po-

4 Anders als der Dünnbettmörtel gleicht der Mittelbettmörtel noch Toleranzen aus. Außerdem halte ich die Klebetechnik mit Dünnbettmörteln für nicht ideal.

renbeton Planblock mit einer Rohdichte 350 kg/m³, Dicke 360 mm, Silikonharzputz 10 mm; U-Wert 0,21 W/m² × K. Damit erfüllt die Außenwand die Vorgaben der EnEV.

HINWEIS

Die folgenden Wandbaumaterialien sind wegen ihrer hohen Wärmeleitung (schlechter U-Wert) nur mit weiteren Bauteilschichten für die Ausbildung von Außenwänden geeignet.

Kalksandstein

In Kapitel 4.2.3 „Kalksandsandstein" können Sie mehr über die Eigenschaften und die Herstellung von Kalksandstein nachlesen, wenn Sie das noch nicht getan haben.

Eine Außenwand aus Kalksandsteinen weist einen schlechteren U-Wert auf als solche aus den zuvor genannten Baustoffen und benötigt daher außenseitig ein WDV-System, zumindest eine Dämmung. Dieser Stein wäre nicht meine Wahl.

Die Berechnung bei einem angenommenen Wandaufbau von innen nach außen mit Gipsputz 10 mm, Kalksandstein mit einer Rohdichte 1.400 kg/m³, Dicke 240 mm, WDV-System aus Polystyrol-Hartschaum (EPS), Dicke 150 mm, Kunstharzputz 5 mm ergibt einen U-Wert von 0,207 W/m² × K. Damit erfüllt dieser Wandaufbau die Vorgaben der EnEV.

Beton

Heutzutage werden die meisten Eigentumswohnanlagen, Bürogebäude und sonstigen Nutzgebäude in der Hauptsache aus Beton errichtet, der in verschiedenen Formen auf dem Markt ist (Details zur Herstellung und zu den Eigenschaften dieses Baustoffs finden Sie Kapitel 4.1. „Vom Zement zum Beton"):

- Ortbeton
- Halbfertigteile, die nur noch vor Ort ausbetoniert werden
- Betonfertigteile, das ist schnell und billig

Da Beton Wärme gut leitet und damit ebenfalls einen schlechten U-Wert hat, müssen die daraus errichteten Außenwände mit einem WDV-System bekleidet werden. Dabei werden Dämmstoffdicken mit bis zu 40 cm (!) Dicke eingesetzt. Nur ist dies – im Sinne von Energievergeudung – eine Fehleinschätzung. Dazu mehr im nächsten Unterkapitel über WDV-Systeme.

Meiner Meinung nach ist Beton im Wohnungsbau ein eher schlechter Außenwandbaustoff, dies aus einfachen Gründen:

- Betonwände funktionieren nur mit einem WDV-System als Außenwandbaustoff.
- Beton nimmt so gut wie keine Raumluftfeuchte auf. Deshalb kondensiert die Luftfeuchtigkeit auf den kältesten Flächen der Außenwände, was die Ursache für Schimmelpilzbildung ist.
- Bei Betonwänden finden die Austrocknungsvorgänge zum überwiegenden Teil nach innen statt, da das WDV-System außen die Abtrocknung zumindest stark reduziert.
- Beton ist ein guter Wärmeleiter. Um eine behagliche Raumlufttemperatur zu erreichen, muss daher vermehrt geheizt werden.

Darüber hinaus ist Beton umweltschädlich in der Herstellung. Die Berechnungen bei dieser Außenwandkonstruktion ergeben bei nachstehender Ausführung von innen nach außen: Kalkgipsputz 10 mm, Stahlbeton, Dicke 200 mm, WDV-System aus Polystyrol-Hartschaum (EPS), Dicke 160 mm, Kunstharzputz, 5 mm, U-Wert von 0,223 W/m^2 × K. Auch er erfüllt die Vorgaben der EnEV.

Verwandt mit Beton sind Beton-, Bimssteine und ähnliche Materialien. Auf sie gehe ich hier nicht ein, ist deren Marktanteil doch eher gering. Auch halte ich von derartigen Wandbaumaterialien für den Wohnungsbau nicht viel.

5.4.4 WDV-System

Damit Sie sich eine Vorstellung von der Komplexität eines Wandaufbaus auf Mauerwerk und Beton machen können, erfahren Sie nun mehr über die grundlegenden Konstruktionsdetails eines WDV-Systems. Auf die tragende Beton-, Kalksandstein- oder Betonsteinschale wird die Wärmedämmung aufgebracht, wie in Abbildung 23 zu sehen.

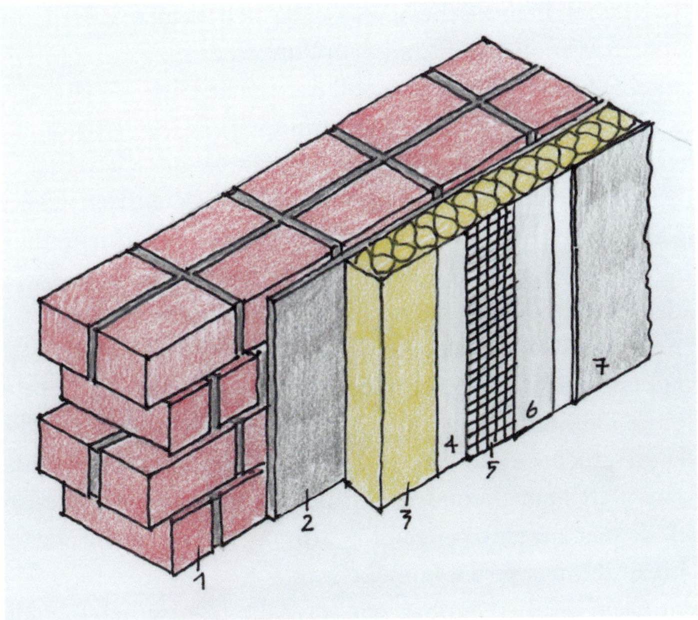

Abb. 23: Aufbau eines WDV-System

WDV-Systeme bestehen grundsätzlich aus drei Schichten:

- (1) Tragende starre Konstruktion
- (2) Kleberschicht, meist in der Punkt-Wulstmethode aufgetragen
- (3) Dämmung als weiche Zwischenschicht
- (7) Putz – eigentlich besser Beschichtung, da die wenige Millimeter dicke Schicht diese Bezeichnung nicht verdient –, der in mehreren Arbeitsschritten (4 + 6) aufgebracht und in den eine Gewebeschicht (5) eingelegt wird

Alle drei Schichten sind auf der gesamten Fläche miteinander verbunden, deshalb die Bezeichnung WDV-System. Für alle Beschichtungssysteme gilt eine grundsätzliche Konstruktionsregel: Die Festigkeit der einzelnen Schichten soll von innen (Putzgrund) nach außen (Außenputz) abnehmen. Genau genommen erfüllen sämtliche WDV-Systeme diese Vorgabe aber nicht, da hier die (weichere) Dämmschicht zwischen den beiden harten und festen Schichten, dem Wandbaustoff und dem Putz, liegt.

Damit keine Schäden entstehen, soll die weiche Lage wie eine „Entkoppelungsschicht" zwischen Putz und Putzgrund wirken. So schwimmt der Putz praktisch auf den Dämmplatten. Gefestigt durch das Gewebe als Bewehrungseinlage in der dünnen Putzschicht werden die auftretenden Zwangsspannungen durch thermische Einflüsse – wie Sonneneinstrahlung oder Abkühlung nachts oder im Winter – und hygrische Einflüsse – wie Niederschläge oder Kondenswasser – verteilt und schadensfrei abgetragen.

Beim normalen Außenputz wird die aufgestrahlte Energie über Wärmeleitung in den energieabsorbierenden Wandbaustoff eingeleitet. Wird der Putz aber auf einer Dämmung mit schlechter Wärmeleitung aufgebracht, entstehen in der Beschichtung höhere thermische Belastungen. Das führt zu erhöhter Rissanfälligkeit. Besonders gilt dies für die Süd- und Westseiten von Gebäuden, da hier zur ganztägigen Erwärmung die tieferstehende Sonne mit höheren Einstrahlungswerten hinzukommt.

Alles in allem wird erkennbar, wie stark die Beanspruchung von WDV-Systemen letztendlich ist. Zudem werden die WDV-Systeme mit mineralischen Klebern auf den Wandbaustoff aufgebracht, die wasserlöslich sind. Das bedeutet, dass zutretendes Wasser – zum Beispiel wegen nicht korrekter Fensteranschlüsse oder durch Kondenswasserbildung aufgrund diverser Ausführungsfehler – diese Kleber anlösen und so die Verbindung zwischen Dämm- und Wandbaustoff bis hin zur Ablösung stören kann.

Diese Systeme sind folglich nur dann gebrauchstauglich, wenn alle Flächen, Anschlüsse an andere Bauteile, Abschlüsse und Durchdringungen wasserundurchlässig ausgebildet sind. WDV-Systeme dürfen also an keiner Stelle hinterflossen werden; zudem müssen bauschädliche Risse, durch die Wasser eindringen könnte, vermieden werden.

Sie können ermessen, dass Aufbau und Wirkweise der WDV-Systeme zumindest riskant sind; auch deshalb, weil grundsätzliche Konstruktionsregeln dabei auf den Kopf gestellt werden. Hinzu kommen die fehleranfälligen Anschlüsse an Fensterbleche, Fenster und dergleichen. Abbildung 24 zeigt die Vorbereitung des Putzanschlusses zum Bordprofil des Fensterblechs, dabei werden bereits drei potenzielle Schwachpunkte erkennbar.

Abb. 24: Putzanschluss zur Fensterbank

Die Ausführung ist handwerkliche Filigranarbeit und muss an Dutzenden von Fenstern erfolgen – immer mit voller Aufmerksamkeit. Ich meine, dass das nicht gut gehen kann; die zahlreichen Schäden an WDV-Systemen belegen dies auf traurige Weise.

Alleine der Kleberauftrag auf der Rückseite der Dämmstoffplatten mit der sogenannten Punkt-Wulst-Methode und das Dicht-an-dicht-Verlegen der Dämmplatten ist eine filigrane Arbeit. Eventuelle Lücken im Wulst führen dazu, dass eingeleitete Kräfte im Verbundsystem nicht mehr abgebaut werden können, offene und nicht dicht gestoßene Dämmplatten führen zu Rissen im Putz, wie sie Abbildung 25 zeigt.

Und noch ein ganz anderes Problem mit derartigen Fassaden kommt hinzu, das möglicherweise den Naturfreund begeistert, aber doch viele erschreckt: die Besiedelung mit Algen und Pilzen. Abbildung 26 zeigt eine ehemals weiße Fassade mit einem WDV-System, die erhebliche Algenbildung aufweist – und das nach etwa acht Jahren und mitten in der Stadt.

Abb. 25: Risse im Putz durch offenen Stoß

Abb. 26: Veralgung der Fassade

Auch das ist eine zwangsläufige Folge des Dämmwahns. Denn was hier passiert, ist ganz logisch, wenn man sich die Wirkweise von WDV-Systemen vor Augen führt. Fassaden werden nicht nur durch Niederschläge benässt, sondern auch bei gewissen Witterungen durch das sich auf ihnen bildende Kondensat. Das ist derselbe Effekt, der auf Ihrer Frontscheibe frühmorgens Tauwasser entstehen lässt. Indem Sie die Scheibe von innen mit dem Gebläse beheizen, könnten Sie das Tauwasser abtrocknen lassen. Doch das dauert zu lange, deshalb tut es niemand.

Auf normalen Gebäudefassaden findet im Prinzip dieses Beheizen und damit das Abtrocknen statt. Hinzu kommt bei normalen Putzfassaden, dass der Außenputz Feuchtigkeit aufnimmt, puffert und wieder abgibt. So verbleibt das Niederschlags- oder Kondenswasser nicht lange an der Oberfläche und es entsteht keine Lebensgrundlage für Schimmelpilze. Nicht so auf WDV-Systemen: Erstens ist die Abgabe von Energie durch die Fassade hindurch gewollt erheblich reduziert. Zweitens ist die Putzschicht nur wenige Millimeter dünn und besteht meist aus Silikonharzen oder anderen Materialien, die keinerlei Feuchtigkeit aufnehmen. Letztendlich verbleiben Niederschlags- und morgendliches Tauwasser wesentlich länger auf den Fassaden, und zwar direkt an der Oberfläche; es fehlt die Komponente Wärme zur Abtrocknung. Da Wasser eine der Lebensgrundlagen für Schimmelpilze und Algen ist, fangen sie munter an zu wachsen, sehr zum Kummer geplagter Haus- oder Wohneigentumbesitzer.

Abbildung 27 soll Ihnen diesen Prozess anhand von zwei unterschiedlichen Wandaufbauten verdeutlichen – links monolithisch aus Ziegeln, rechts mit WDV-System. In den Querschnitt gezeichnet ist noch der Temperaturverlauf in dem jeweiligen Wandaufbau, wobei ich aus Vereinfachungsgründen stationäre Bedingungen angenommen habe. Grau schraffiert ist der frostgefährdete Bereich.

Was kann man dagegen tun? Auf Dauer wahrscheinlich nichts, jedenfalls nicht beim Wandaufbau mit WDV-System. Die Industrie arbeitet zwar mit Hochdruck an diesem Problem und experimentiert mit diversen Lösungsansätzen, dauerhaft-funktionstaugliche Lösungen sind noch nicht marktreif und erst recht nicht bewährt. So helfen nur die Reinigung der Fassade in regelmäßigen zeitlichen Abständen und das anschließende Aufbringen sogenannter

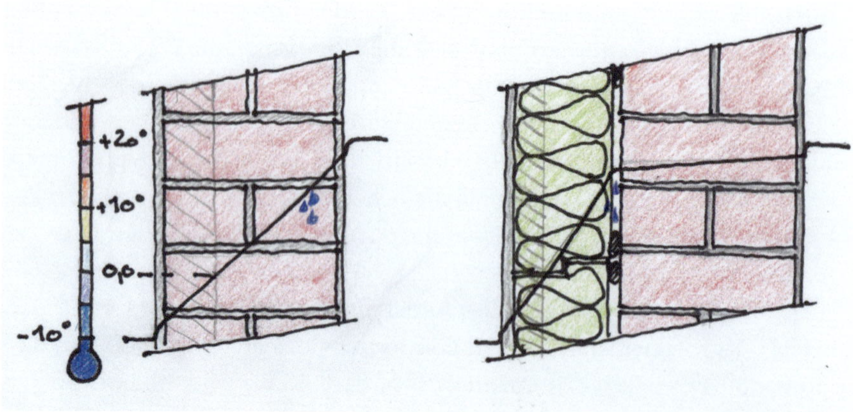

Abb. 27: Schaubild: Temperaturverteilung (schwarze Linie) im Wandaufbau. Links monolithisch und rechts mit WDV-System.

biozider Stoffe, die nichts anderes als chemische Kampfstoffe sind und Pilze und Bakterien abtöten. Leider werden diese Stoffe, weil sie wasserlöslich sind, aus dem Putz kurz- bis mittelfristig wieder ausgewaschen. Sie schädigen die Umwelt und zerstören damit unsere Lebensgrundlagen, mittlerweile sind sie in Gewässern und Böden in hohen Konzentrationen nachweisbar.

Damit nicht genug: Der Dämmstoff Polystyrol enthält weitere gefährliche Stoffe, die unter anderem notwendig sind, um den Brandtest für die Zulassung der WDV-Systeme zu bestehen. Einer davon ist Hexabromcyclododecan, das Flammschutzmittel HBCD.

HBCD gehört zu den Umweltgiften, die sich stark in Organismen anreichern. Es steht im Verdacht, fortpflanzungsschädlich zu sein, und ist außerdem sehr langlebig. Der Stoff wird über weite Strecken verteilt und reichert sich sogar weitab industrieller Aktivitäten an, zum Beispiel in arktischen Regionen. Damit erfüllt er alle Kriterien, die im Stockholmer Übereinkommen über persistente organische Schadstoffe, der sogenannten Stockholmer-POP-Konvention, festgelegt wurden. Persistent bedeutet, dass der Stoff weder durch physikalische, chemische noch biologische Prozesse in der Umwelt verändert wird. Heißt: Er bleibt uns bis in (fast) alle Ewigkeit erhalten.

Ab Sommer 2014 gilt ein weltweites Herstellungs- und Anwendungsverbot von HBCD im Rahmen der UN-Chemikalienkonferenzen in Genf. Doch – und das empfinde ich als schlechten Witz – für den Einsatz in Dämmplatten gelten in Deutschland (!) vorübergehende Ausnahmeregeln. Das bedeutet, dass wir noch weitere Jahre gesundheitlich belastet werden. Ich denke dabei hauptsächlich an diejenigen, die beim Einbau der Polystyrol-Dämmplatten, zum Beispiel beim Abschleifen der Oberflächen unebener Flächen, diesem Giftstoff ausgesetzt sind. Spezielle Krankheitsbilder sind bereits nachgewiesen.

WICHTIG

WDV-Systeme auf Polystyrol-Basis sind gesundheitsschädlich, umweltfeindlich und wirken auf der Fassade wie Brandbeschleuniger.

WDV-Systeme sind fehlerintolerant.

Der Unterhalt von WDV-Systemen ist wesentlich aufwändiger als der von verputzten Fassaden auf Mauerwerk.

5.4.5 Innendämmung

An dieser Stelle möchte ich die energetische Ertüchtigung von Bestandsgebäuden beleuchten. Dabei handelt es sich entweder um denkmalgeschützte Gebäude oder um Gebäude, deren Fassaden aus welchen Gründen auch immer nicht angetastet – das heißt auch nicht gedämmt – werden dürfen oder sollen. Durch die Vorgaben der EnEV hat sich für die Dämmstoffindustrie hier ein lukratives neues Marktsegment aufgetan. Denn statt außen auf der Fassade wird die Dämmung nun rauminnenseitig auf den Außenwänden aufgebracht. Genannt wird das Ganze dann konsequenterweise Innendämmung.

In der Regel betrifft dies Gebäude mit einschaligen Außenwänden, die aufgrund des damaligen Wandbaustoffs und/oder der Dicke einen schlechteren U-Wert als den aktuell gesetzlich geforderten aufweisen.

Damit Sie auf dem stark umworbenen Feld der Innendämmungen nicht ohne Orientierung dastehen, erfahren Sie im Folgenden mehr über dieses heikle Thema. Unabhängig von allen behördlichen Bestimmungen oder

Pflichten betrachte ich dabei die Innendämmung nur von der physikalischen und konstruktiven Seite aus.

TIPP

Mehr über eventuelle Pflichten, die gemäß EnEV zu erfüllen sind, finden Sie im Internet unter www.enev-online.org.

Wieder lade ich Sie zu einem kurzen Exkurs in die physikalischen Zusammenhänge ein, damit Sie sich Ihre eigene Meinung bilden können. Steigen Sie ein, es lohnt sich.

Zwei entscheidende Einflussgrößen auf die Gebäudehülle sind bei dieser Form der Zusatzdämmung von Bedeutung: zum einen im Winterhalbjahr die Wasserdampfbelastung von innen, zum anderen ganzjährig die Schlagregenbeanspruchung der Ost-, Süd- und Westfassaden. Doch bevor ich auf die energetischen Folgen einer Innendämmung eingehe, möchte ich einige Grundsätze in Bezug auf Außenwände in Erinnerung rufen.

- Die Rücktrocknung der Außenwände – ob diese nur den Feuchtetransport von innen nach außen übernehmen (Partialdampfdruckgefälle) oder zusätzlich schlagregenbeansprucht sind – erfolgt durch einen Wärmestrom. Er bewegt sich von viel (Energie) nach wenig (Energie), also im Winterhalbjahr von innen nach außen.
- Die dauerhafte Funktionstauglichkeit von Fassaden hängt sehr stark von dem rücktrocknenden Effekt des vorgenannten Wärmestroms ab.
- Die Grundlagen für Algen- und Pilzbefall auf Fassaden mit WDV-Systemen werden geschaffen, wenn der Wärmestrom von innen nach außen reduziert wird. Niederschlags- und Kondenswasser können dann nicht schnell genug abtrocknen.
- Die Behaglichkeit eines Wohnraums hängt unter anderem erheblich mit der wärmespeichernden, feuchtigkeitspuffernden Wirkung massiver Bauteile zusammen.
- Eine Wandstrahlungsheizung (hierbei verläuft ein Heizregister im Sockelbereich entlang der Außenwände, erwärmt und trocknet diese. Die

Wandflächen werden zu Strahlungsflächen) reduziert wegen der geringeren Raumlufttemperatur den Energiebedarf (mehr in Kapitel 6.6.5 „Beheizung").

→ Solarer Energiegewinn trägt zur Senkung der Heizkosten bei.

Den Unterschied beider Temperaturverläufe – hier aus Vereinfachungsgründen links stationär – mit dem jeweiligen Taupunkt zeigt Abbildung 28. Der linke Querschnitt durch eine einschalige Außenwand zeigt die Temperaturverläufe ohne, der rechte Querschnitt die mit Innendämmung. Die Temperaturen werden dabei innen mit +20 °C und außen mit –10 °C angenommen.

Die blauen Tropfen markieren den Taupunkt, die schwarze Linie den Temperaturverlauf in der Außenwand. Bei der Innendämmung fällt Tauwasser im Bereich zwischen Dämmung und Mauerwerk aus.

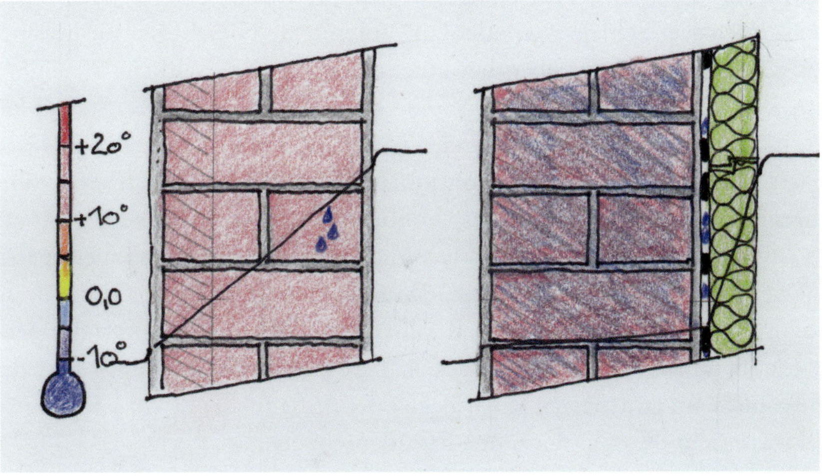

Abb. 28: Temperaturverlauf (schwarze Linie) in einer Außenwand: links ohne und rechts mit Innendämmung

Sie fühlen sich an die Darstellung eines WDV-Systems erinnert? Dieser Eindruck ist grundsätzlich richtig.

Die Querschnittszeichnungen verdeutlichen die Folgen einer Innendämmung, unabhängig davon, welches Material dafür eingesetzt wird.

- Die Innendämmung reduziert bestimmungsgemäß den Wärmestrom durch die Außenwand erheblich. Dadurch sinkt die Temperatur der Außenwand. Je nach Dicke der Dämmung werden die Fassaden im Winter daher entweder über den gesamten Querschnitt oder teilweise in den Frostbereich rutschen.
- Der Taupunkt wandert nach innen. Ohne innenseitig aufgebrachte Dampfsperre wird das kapillar von innen nach außen transportierte Gaswassers entweder schon in der Dämmung (je nach Dicke) oder aber im Bauteilquerschnitt in Form von Kondensat ausfallen.
- Die Außenwände, die meist aus kapillaraktiven5 Baustoffen wie gebrannten Ziegelsteinen bestehen, werden dabei das Kondensat aufnehmen.

Am Ende kommen zwei Dinge zusammen: Auf den bewitterten Fassadenseiten – das sind auf der nördlichen Halbkugel die Ost-, Süd- und Westseiten – dringen einerseits Niederschläge in die Wandschale ein, vor allem wenn sie als intensiver Schlagregen oder lang anhaltende Nieselregen niedergehen. Das geschieht nicht nur über den Putz, der ja nicht wasserdicht ist, sondern zum Beispiel auch über Risse, Abrisse zwischen Putz und Fensterbänken, Fensterstöcken und Gesimsen. Andererseits fällt in der Wandschale das Kondensat des Feuchtetransportes von innen aus. So ist zumindest eine völlige Durchfeuchtung des Mauerwerks (Vollfüllung der Kapillarporen) nicht auszuschließen. Mehr würde in massiven monolithischen Wänden nicht passieren, wenn wir in unseren Breitengraden nicht den Frost hätten. Unter dessen Einwirkung können vollgefüllte Kapillarporen platzen, wodurch der Mauerziegel beschädigt wird. Ähnliches passiert mit den Mörtelfugen und dem Außenputz. Im günstigsten Fall bröckelt der Außenputz nur, im schlimmsten Fall verursacht dies weitreichende Fassadenschäden.

Zu erwähnen ist noch, dass der solare Energiegewinn, genauso wie beim WDV-System, vollständig ausgeschlossen wird. Ebenso fallen wichtige massive Bauteile zur Energiespeicherung, zur Amplitudendämpfung – besonders wichtig im Sommer bei eingestrahlter Sonnenenergie – und zur Pufferung von zu hohen Raumluftfeuchten weg.

---

5 Kapillaraktiv bedeutet, dass der Baustoff diffusionsoffen ist und damit Feuchtigkeit aufnehmen und wieder abgeben kann, ohne seine Form oder Struktur zu verändern.

Als Gegenmaßnahme schlagen Fachleute und Baufirmen den Einbau einer Dampfsperre rauminnenseitig vor. Das halte ich nicht für zielführend, ist diese doch dauerhaft funktionsfähig nicht an die einbindenden Decken und die Zwischenwände anzuschließen. Alleine die Forderung, dass die Innendämmung luftdicht vor die Außenwand einzubauen ist, halte ich für nicht umsetzbar. Abbildung 29, ein senkrechter Schnitt durch die Außenwand mit der einbindenden Decke, zeigt den kritischen Anschlusspunkt mit der Temperaturverteilung.

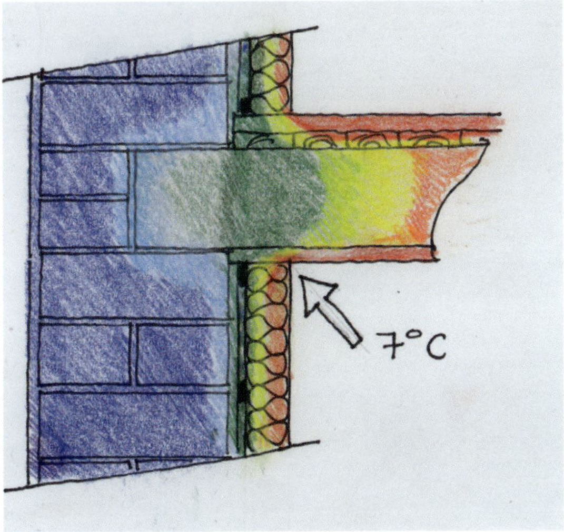

Abb. 29: Querschnitt durch die Außenwand mit einbindender Decke und Innendämmung

Die Innenbauteile wie Wände und Decken, die fast Zimmertemperatur haben, sind mit Außenwänden verbunden, die zeitweise sicher Minustemperaturen aufweisen, zumindest aber weitaus kälter sind. Da der Wärmestrom von viel nach wenig verläuft, verlieren die einbindenden Bauteile Energie an die kalte Außenwand und kühlen im Übergangsbereich aus. Je nach den vorliegenden Bedingungen wird dadurch der Taupunkt erreicht und Kondensat, eine der Lebensgrundlagen für Schimmelpilz, fällt im Bereich Innendämmung/Außenwand aus.

Darauf reagieren die Verfechter der Innendämmung wiederum mit einer aus meiner Sicht mehr als fragwürdigen Idee. Sie wollen in diesen Bereichen Dämmstreifen einbauen. Das heißt für einen Bauherrn nichts anderes, als dass er im Anschlussbereich einbindender Bauteile auf diese auch noch Dämmstreifen aufbringen muss. Doch dadurch entstehen Ebenenversprünge, die zum einen unschön aussehen und zum anderen die Möblierungsmöglichkeit einschränken. Abbildung 30 zeigt einen horizontalen Schnitt durch die Außenwand mit einbindender Innenwand, den Dämmstreifen und der Temperaturverteilung.

Abb. 30: Zeichnung horizontaler Schnitt durch eine Außenwand mit einbindender Innenwand und Dämmstreifen

Bei allen massiv gemauerten Gebäuden mit Holzbalkendecken, zum Beispiel auch bei Fachwerkhäusern, kommt noch etwas hinzu: Es zeigt sich, dass der empfindlichste Teil eines Holzbalkens, der Kopf, im nassen und oft kalten Milieu liegt. Dies verstößt gegen den Grundsatz, dass Hirnholz vor Wasserzutritt zu schützen ist, denn unter diesen Bedingungen wird es das Wasser förmlich einsaugen (siehe auch Abbildung 29, die zwar eine einbindende massive Decke zeigt, dies ist aber von der Temperaturverteilung her dasselbe). Und Sie haben aufgrund des geforderten luftdichten Anschlusses an die Holzbalken keine Möglichkeit, dies zu erkennen. Damit ist zumindest der Balkenkopf der Zerstörung anheim gegeben. Am Ende fehlt dann das Auflager der Deckenkonstruktion, damit geht die Tragfähigkeit der Decke verloren.

Bis jetzt war nur von einschaligen, gemauerten Fassaden die Rede. Im Visier der Dämmwütigen stehen aber auch die Fachwerkfassaden mit ihren dünnen Außenwänden, die ebenso energetisch ertüchtigt werden sollen. Doch was jetzt mit Gebäuden passiert, die zwei Weltkriege und mehrere hundert Jahre erfolgreich überstanden haben, wird meiner Meinung nach als Negativbeispiel für Energiesparen in die Geschichte eingehen.

BEISPIEL

Vor einigen Jahren rief mich mein Cousin an, ebenfalls ein Architekt. Er erzählte mir von einem der ältesten Fachwerkhäuser in Quedlinburg, einer Stadt im Harz, bekannt für ihren umfangreichen denkmalgeschützten Stadtkern mit circa 1.300 historischen Häusern. In besagtes Haus war 15 Jahre zuvor eine Innendämmung eingebaut worden, nun hatten holzzerstörende Pilze es so umfangreich geschädigt, dass es abgerissen werden musste. Eine logische Folge der nicht verstandenen physikalischen Probleme!

Gerade Fachwerkhäuser sind aufgrund ihrer Fassadenkonstruktion mit viel Holz und geringen Wanddicken durch Innendämmungen erheblich gefährdet. Damit die Holzbauteile erhalten bleiben, ist der rücktrocknende Wärmestrom von innen ganz besonders wichtig. Alles in allem kann ich nur von solchen Versuchen, Energie einzusparen, abraten. Das Risiko eines umfangreichen Schadens am Gebäude ist hoch, ich würde sogar sagen sehr hoch.

Meine Empfehlung: Finger weg von der Innendämmung. Hier lauern allein aus rein theoretischer Betrachtung erhebliche Risiken für langfristige Schäden. Bei der Umsetzung kommen noch zahlreiche mögliche Verarbeitungsfehler hinzu. Ich weise hier nur auf das Problem mit dem luftdichten Anschluss der Innendämmschale an Fußböden, Decken und Wände hin.

Richtiger wäre es, die Konvektionsheizung auf eine Strahlungsheizung umzustellen. Der Vorteil liegt in einer dauerhaften Energieeinsparung, gesundem Innenklima und trockenerer Außenwand mit allen daraus resultierenden Vorteilen (Näheres hierzu finden Sie in Kapitel 6.6.5 „Heizung“).

5.5 Problemfeld ausreichende und gebrauchstaugliche Lüftung

Die Lüftung und damit Trockenhaltung der Wohnräume ist ein großes Problem bei der neuen, sehr dichten Bauweise. Durch die außenseitige Dampfbremse in Form eines WDV-Systems auf Polystyrol-Basis wird die Abtrocknung des überschüssigen Anmachwassers beispielsweise aus Beton, Estrich oder dem Innenputz nach außen verhindert. Hinzu kommt die Feuchteproduktion aus der Nutzung. Alles in allem entstehen hohe Raumluftfeuchten. Ein Lüften wie früher – jeweils am Morgen und am Abend – reicht nicht mehr aus, schnell entstehen Schäden wie Schimmelpilzwachstum.

Mechanische Lüftungsanlagen haben sich als anfällig erwiesen, denn die notwendigen Wartungen werden oft nicht durchgeführt oder vernachlässigt. Deshalb ist eine Verpilzung solcher Anlagen nicht unüblich. Wie es scheint, bringt jede technische Lösung neue Probleme mit sich. Und so haben Fachleute alle möglichen Lüftungsmodelle entwickelt, ohne einen meiner Meinung nach wirklich befriedigenden Ansatz gefunden zu haben. Leider kann ich hierzu nicht mehr ausführen, denn mich überzeugt keine aktuelle angebotene Lösung, die ich Ihnen empfehlen möchte.

Sie mögen mich jetzt vielleicht als konservativ einstufen. Ja, wenn Sie damit werterhaltend meinen. Durch die von mir propagierten Bauweisen entstehen derartige Probleme überhaupt nicht.

5.6 Der Sockel, das unterschätzte Bauteil

Als Sockel wird der Übergang der Gebäudehülle vom erdberührten in den sichtbaren Bereich bezeichnet. Oft genug werden heutzutage aus architekto-

Abb. 31: Umfangreiche Schäden am Sockel

nischen Gründen keine richtigen Sockel mehr ausgebildet, vielmehr „verliert“ sich die Fassade im Erdreich: Dass das nicht lange gut gehen kann, zeigt sich bei vielen Gebäuden schon nach wenigen Jahren. Doch gerade am Sockel können die Schäden sehr umfangreich sein, was Abbildung 31 deutlich macht.

Um den Ursachen auf den Grund zu gehen, schauen wir zunächst, welchen vielfältigen Belastungen dieses Bauteil ausgesetzt ist.

- Da wäre das Niederschlagswasser zu nennen, das unter Windbelastung an die Fassade prasselt.
- Oft gibt es keinen ausreichenden Dachüberstand und das Wasser fließt direkt an der Fassade ab.
- Im Sockelbereich regnet es auf das Erdreich, auf einen Plattenbelag oder auf eine andere – meist versiegelte – Fläche. Dort auftreffendes Wasser verschmutzt den Sockel nicht nur, er wird auch gehörig durchnässt.
- Im Winter liegt angewehter Schnee zumindest zeitweise an der Fassade an.
- Die Abtrocknungsvorgänge am Sockel sind im Vergleich zur Fassadenfläche deutlich reduziert, denn bodennah weht der Wind nicht so stark wie in höheren Lagen.

- Sowohl der Plattenbelag als auch das anstehende Erdreich sind nass, dieses Wasser muss verdunsten.
- Möglicherweise belastet zusätzlich Wasser vom angrenzenden Hang, das zur Fassade hin geleitet wird, den Sockel. Über nie ganz auszuschließende feine Risse im Putz wird dieses Wasser kapillar in und hinter die Putzschale transportiert, was unter Frosteinwirkung zu Schäden führen kann.

Die technische Lebensdauer eines Sockels sollte bei üblichem Unterhaltungsaufwand wie bei anderen Bauteilen bei 50 bis 80 Jahren liegen. Das heißt: Die Beschichtung, also der Anstrich, ist in zeitlichen Abständen von etwa fünf bis zehn Jahren zu überarbeiten. Unüblich wäre in diesem Zusammenhang die komplette Erneuerung des Sockels, doch es gibt Fälle, in denen das Mauerwerk darunter überarbeitet werden muss. Leider ist dies kein Einzelfall, denn zu oft werden die Einflüsse auf den Sockel unterschätzt und die Ausführung falsch umgesetzt. Wie ein richtiger Sockel ausgebildet werden sollte, ergibt sich zwangsläufig aus dem zuvor Geschriebenen. Da ist zum einen die Erkenntnis, dass durch feine Risse in der am stärksten mit Wasser beanspruchten Zone Feuchtigkeit bis in die Rohbauebene, zum Beispiel in das Mauerwerk, den Beton oder das Holz, eindringen kann. Daraus folgt der erste Grundsatz: Die Abdichtungsebene ist die Rohbauebene – das gilt übrigens grundsätzlich für alle Ausführungen! Das bedeutet, dass die vertikale Abdichtung aus dem erdberührten Bereich bis mindestens 30 cm über die Oberkante des anstehenden Terrains geführt werden muss. Hierfür stehen verschiedene Materialien und Detailausführungen zur Verfügung.

Wird die Abdichtung nicht korrekt ausgeführt, hat dies gravierende Folgen. Zum Beispiel entstehen Nässehorizonte im Innenbereich – das sind linienförmige Verfärbungen, meist mit Ausblühungen –, der Sockelputz kann abplatzen und durch Frost kann sogar das Mauerwerk zerstört werden.

Der zweite Grundsatz hat mit dem Prinzip zu tun, das Sie bereits kennen: „Eine Kette ist so stark wie ihr schwächstes Glied." Soll heißen: Die Abdichtung ist aus dem erdberührten Bereich in die Sockelzone hochzuziehen. Und zwar konsequent und richtig. Das gilt natürlich und ganz besonders auch dort, wo Fenstertüren aus Holz eingebaut sind. Eine intensive Wasserbelastung kann hier sehr schnell zur völligen Zerstörung des Holzrahmens führen (siehe Abbildung 31).

Die aktuell gefragte „Baumode" verlangt, dass Gebäude kubisch, glatt, ohne Witterungsschutz gestaltet werden. Die Gebäude scheinen förmlich aus dem Erdboden nach oben zu wachsen. Alles konstruktiv Wichtige soll irgendwie verschwinden: Der Sockel darf nicht sichtbar abgesetzt sein, ebenso sind Elemente wie Dachüberstände, Dachrinnen und Regenfallrohre nicht erwünscht. Bestanden die Sockel früher oft aus Naturstein, der Feuchtigkeit aufnimmt und wieder abgibt, sind sie heutzutage einfach Teil der Fassade. Sie sollen noch nicht einmal farblich oder strukturell abgesetzt sein. Aber: Ein andersfarbiger Sockel spart bares Geld, denn sonst muss die ganze Fassade mit überarbeiten werden, wenn es Zeit ist, den Sockel zu streichen.

Die Abbildungen 32 und 33 zeigen eine Baupraxis, wie ich sie schon oft gesehen habe: Auf einen untauglichen Untergrund mit einer falsch ausgeführten horizontalen Abdichtung wird im Anschluss einfach irgendetwas aufgetragen, um das Ganze zu überdecken.

Werden solche fehlerhaften Ausführungen nicht im Entstehungsprozess erkannt, überdeckt am Ende die Putzschicht alles. Doch sehr wahrscheinlich wird daraus ein umfangreicher Schaden entstehen.

Abb. 32: Fehlende Abdichtung des Untergrunds

Abb. 33: Überputzen der fehlerhaften Ausführung

Fenstertüren im Sockel

Zum Schutz des Gebäudes vor eindringendem Niederschlagswasser im Bereich von Fenstertüren ist vor die Fenstertür eine Gitterrostrinne einzubauen, die regelgerecht, das heißt direkt, zu entwässern ist (siehe Abbildung 34).

Bedingung: Die Abdichtung wird am Fensterstock mindestens 5 cm über Oberkante Gitterrostrinne hochgeführt. Sie als Bauherr können auf einer schwellenlosen Ausbildung bestehen. Dann müssen Sie sich aber im Klaren darüber sein, dass es sich hierbei um eine Sonderkonstruktion mit erheblichen Risiken handelt. Folge: Sie haben einen erhöhten Unterhaltungsaufwand und müssen im Winter – wenn Sie abwesend sind – dafür sorgen, dass Schneeanwehungen rechtzeitig entfernt werden. Das Risiko von überstauendem Wasser wird aber bei Ihnen verbleiben.

Grundsätzlich gilt: Daran anschließende Flächen müssen mit einem Gefälle von mindestens 2 % weg vom Gebäude ausgeführt werden.

Abb. 34: Gitterrostrinne vor einer Fenstertür

HINWEIS

Die Sockelausführung mit WDV-Systemen ist im System (jeder Hersteller bietet ein System aus den einzelnen Komponenten an) und gemäß der allgemeinen bauaufsichtlichen Zulassung auszuführen.

Garagen im Sockelbereich

Zu den kritischen Sockelbereichen außen kommen als Sorgenkinder Sockelbereiche innen, zum Beispiel in Garagen, hinzu. Zwar gibt es hier kein rückspritzendes Niederschlagswasser, dafür aber ablaufendes Schmelzwasser aus den vollen Radkästen der Pkw. Das können bis zu 11 l Wasser pro Pkw sein, die zudem mit Chloriden aus dem Taumitteleinsatz versetzt sind.

Eigentlich eine einfache Angelegenheit, baukonstruktive Grundsätze wie „Wasser weg vom Bau“ und „Abdichtungsebene ist die Rohbauebene“ wären doch leicht umzusetzen. Leider habe ich zu oft gesehen, dass dieses Problem vernachlässigt wird. Was ist also zu tun?

Abb. 35: Sockelbereich innen in einer Garage

Damit das Wasser von den Wänden wegfließt, ist eine Gefälleausbildung der Rohbetonplatte zur Einfahrt hin von mindestens 2 % notwendig. Handelt es sich um eine Deckenplatte über einem Kellergeschoss, muss das Gefälle mit einer Gefällespachtelung ausgebildet und über der notwendigen Dämmung ein Estrich eingebaut werden. Und nur für diesen Fall wandle ich den Grundsatz „Abdichtungsebene ist die Rohbauebene" etwas ab: Damit nicht der gesamte Estrich durchnässt wird, ist die Abdichtung unter dem Bodenbelag, praktisch im Verbund mit dem Estrich, herzustellen.

Bei beiden Gefälleausbildungen muss die (Verbund-)Abdichtung an den aufgehenden Wänden mindestens 5 cm hochgezogen werden. Und damit sowohl das Wasser aus dem Innenbereich als auch das Niederschlagswasser von außen regelgerecht abgeleitet wird, wäre der Einbau einer Gitterrostrinne (Schwerlastausführung!) direkt zwischen den Laibungen des Garagentors erforderlich. Zudem ist darauf zu achten, dass die Metallbauteile des Roll- oder sonstigen Tors beständig gegen das anfallende Chlorid sind.

5.7 Dach

Dächer sind das von außen am stärksten beanspruchte Bauteil, hinzu kommen die Einflüsse von innen. Auf die beidseitige Belastung ist auch diese Konstruktion abzustimmen, dabei sind die Eigenschaften einzelner Materialien zu berücksichtigen. Im Folgenden erfahren Sie das Wichtigste über die einzelnen Dachformen vom Steildach über das Flachdach, das Umkehrdach bis hin zum begrünten Dach. Doch schauen wir uns zunächst die Einflüsse an, denen das Dach ausgesetzt ist:

- Niederschläge in Form von Eis, Schnee und Wasser
- Windbelastung vom lauen Lüftchen bis zum Orkan
- Kondenswasser auf und unter der Dachdeckung
- Ablagerung von Aerosolen aus der Luft
- Gaswasser von innen

Die Grundlagen für die Ausführung von Dachdeckungen, Abdichtungen und Außenwandbekleidungen finden sich im Regelwerk Deutsches Dachdeckerhandwerk, Stand Juli 2013, und in den Fachregeln Metallarbeiten.

5.7.1 Steildächer: leicht oder massiv?

Dieser Bauablauf ist bekannt: Holzsparren werden aufgestellt, darauf kommt die Dachdeckung, innen wird gedämmt und die raumseitige Bekleidung eingebaut, fertig. Dass dies nicht alles ist, sondern dabei komplexe Funktionszusammenhänge zu erkennen und richtig umzusetzen sind, soll Ihnen dieses Kapitel näher bringen.

Erste Entwässerungsebene

Die erste Entwässerungsebene von Steildächern besteht meist aus einer schuppenförmigen Dachdeckung, zum Beispiel aus gebrannten Dachziegeln oder aus Betondachsteinen. Vom Hersteller der Dachdeckungsmaterialien wird jeweils eine Regeldachneigung vorgegeben, die meist zwischen 15 und 40° liegt. Regeldachneigung heißt, dass bis zu dieser Neigung die Dacheindeckung regensicher ist.

Die Ausprägung der Überdeckung – das heißt, die Dachziegel beziehungsweise Dachsteine überlappen einander – sowohl seitlich als auch in der Höhe hängt von der jeweiligen Deckungsart und damit auch von der Dachneigung ab. Die Überdeckung sorgt für Regensicherheit.

Regensicher ist aber nicht regendicht, wie auch die Geschichte vom Bau eines Reitstalls in Kapitel 2.7.1 „Architektenleistung: Pflichten und Grenzen“ zeigt. Denn unter Windbelastung könnte Niederschlagswasser oder Schnee unter die Dachdeckung getrieben werden. Bei älteren Gebäuden ohne ausgebautes Dachgeschoss stört das wahrscheinlich niemanden, es passiert weiter nichts.

Ich kann mich erinnern, dass auf dem Dachboden unseres um die Jahrhundertwende gebauten Hauses – hier wurde nur Wäsche aufhängt oder ausgedientes Inventar gelagert –, im Winter etwas Schnee lag. Im Sommer waren nach einem Regenguss ein paar feuchte Flecken zu sehen. Da der Dachboden aber gut durchlüftet war, trocknete alles relativ schnell ab. Bei genutzten Dachgeschossen, wie sie heute fast die Regel sind, ist Nässe hingegen nicht erwünscht, da daraus Schäden entstehen können.

Zweite Entwässerungsebene

Also muss dafür gesorgt werden, dass durchdringende Niederschläge schadlos für die Konstruktion aufgefangen und abgeführt werden, dafür wird eine zweite Entwässerungsebene ausgeführt. Dafür gibt es grundsätzlich zwei Möglichkeiten: zum einen die Billigvariante mit zweifelhafter Nutzungsdauer, bei der auf die Sparren eine PE-Folie, wie Sie sie dünner von den Gefrierbeuteln her kennen, oder Ähnliches gelegt wird. Dies wird als Unterspannung bezeichnet; zum anderen „richtig“, das heißt in Form einer Dachschalung und darauf verlegter bahnenförmiger Abdichtung.

HINWEIS

Wird die vom Hersteller vorgegebene Regeldachneigung unterschritten, steigen die Anforderungen an die zweite Entwässerungsebene: Das Unterdach muss dann regensicher oder sogar wasserdicht ausgeführt werden. Bei der wasserdichten Variante wird selbst die Konterlattung (liegt unter der Lattung) wasserdicht eingepackt – ein hoher und möglichst zu vermeidender Aufwand.

Die Ausführung mit einer Dachschalung plus Abdichtung halte ich zur Erreichung einer dauerhaften Funktionstauglichkeit für zwingend notwendig, wenn Gauben, Kamine und sonstige Dachein- oder Dachaufbauten geplant sind. Denn der Übergang zwischen der Unterspannung und der vertikalen Abdichtungsebene der Dachein- oder Dachaufbauten wird meist mehr schlecht als recht mit meterlangen Klebebändern irgendwie zusammengeschustert. Drei weitere Argumente kommen hinzu, die mein Plädoyer für eine Schalung plus Abdichtung unterstützen:

- Unterspannungen aus PE-Folien bestehen zwar nach Herstellerangaben aus UV-beständigem Material. Doch wenn jahrzehntealte Dacheindeckungen geöffnet werden, stelle ich regelmäßig fest, dass eben diese Unterspannung von UV-Strahlung zerstört wurde.
- Die Unterspannungen durchlaufen wie jedes andere Material einen Alterungsprozess und dehnen sich aus. In der Folge hängen sie zwischen den Sparrenfeldern durch und liegen damit auf der Zwischensparrendämmung (mehr hierzu folgt) auf. Damit reduziert sich die Hinterlüftung der Dämmung.
- Auch die Verklebungen zwischen den einzelnen Folien sind alles andere als dauerhaft funktionstauglich.

Kondenswasserbildung

Weiteres Problemfeld: Die Bildung von Kondenswasser unterseitig an der Dachdeckung wird oft nicht ausreichend berücksichtigt. Es entsteht unter gewissen klimatischen Bedingungen unabhängig vom verwendeten Dachdeckungsmaterial. Vielleicht haben Sie beim Tanken nach einer langen Kaltphase schon einmal beobachtet, dass es bei einem plötzlichen Witterungswechsel unter der Überdachung tropft, obwohl es gar nicht regnet? Das ist Kondenswasser! Dieses kann zum Beispiel an Materialien aus Ton mittel- und langfristig einen Totalschaden verursachen. Kapillar wird das Kondenswasser vom Dachziegel aufgenommen, die Kugelporen reichern sich mit ihm bis zur Vollfüllung an. Kommt dann Frost hinzu, werden die Kugelporen zerstört, sobald die Volumenzunahme beim Material etwa 10 % ausmacht. Daher halte ich nicht nur bei empfindlichen Materialien einen (rück-)trocknenden Luftstrom unter der Dachdeckung für notwendig. Diesen bezeichne ich als Luftkanal 2.

Vollsparren- oder Zwischensparrendämmung?
Kommen wir nun zur Ausführung, die in Fachkreisen, heftig und kontrovers diskutiert wird: Was ist sinnvoller, eine Vollsparren- oder eine Zwischensparrendämmung?

Unter Zwischensparrendämmung ist die zwischen den Sparren liegende Dämmung zu verstehen, die dünner ist als der Sparrenquerschnitt. Bei einem 20 cm hohen Sparren und einer 16 cm dicken Dämmung verbleiben theoretisch 4 cm Höhe für eine Überlüftung. Diesen Raum bezeichne ich als Luftkanal 1.

TIPP

Beachten Sie in diesem Zusammenhang bitte ein eventuell vorhandenes Quellmaß der Dämmung. Dies gilt vor allem für mineralische Dämmungsmaterialien, die in Form von Rollen geliefert werden.

Bei der Vollsparrendämmung wird der gesamte Sparrenquerschnitt mit Dämmung ausgefüllt, im Beispiel zuvor in einer Dicke von 20 cm. Wenn jetzt darüber die zweite Entwässerungsebene und unten die raumbildende Bekleidung aufgebracht wird, sind die Sparren allseitig eingeschlossen. In Abbildung 36, die einen senkrechten Schnitt durch einen Dachaufbau zeigt, wird die Zwischensparrendämmung links, die Vollsparrendämmung rechts dargestellt.

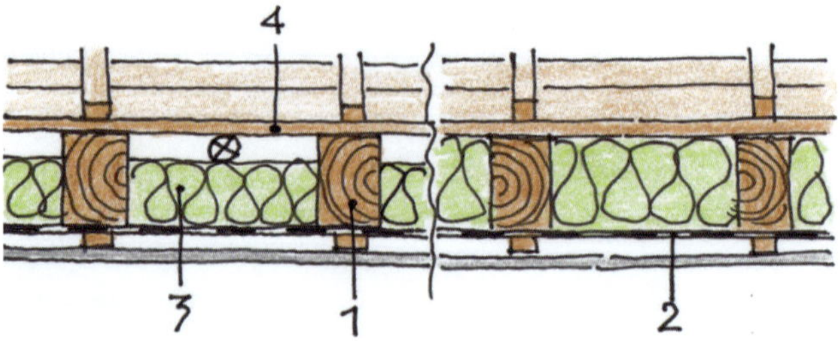

1 Tragkonstruktion Dach
2 Luftdichtheitsschicht
3 Dämmung
4 Schalung für zweite Entwässerungsebene

Abb. 36: Zeichnung Zwischensparren und Vollsparrendämmung

Um die eingangs gestellte Frage zur Ausführung beantworten zu können, brauchen Sie noch mehr Informationen, zum Beispiel über die Auswirkungen der Feuchtebelastung, die über die Einflüsse von außen während der Nutzungsdauer hinausgehen.

- Zu berücksichtigen sind Niederschläge während der Bauphase, die zur sowieso vorhandenen Einbaufeuchte des Holzes hinzukommen. Denn heutzutage wird Holz meist „just in time" geschlagen, also wenn es gebraucht wird. Den eingesparten Vorhaltekosten stehen damit jedoch die Nachteile der noch vorhandenen hohen Holzfeuchte gegenüber. Die technische Trocknung mit viel Energieaufwand reduziert diese zwar unter den kritischen Wert von 20 Masseprozent, doch von richtig trockenem Holz kann dennoch nicht die Rede sein.
- Ein weiterer Feuchteeintrag entsteht durch die Nutzung des Gebäudes, das wurde ja schon erwähnt: Ein Dach hat damit die gleichen Anforderungen zu erfüllen wie eine Außenwand, es muss ebenfalls den Ausgleich zwischen Innen- und Außenklima schaffen. Hinzu kommt die Absicherung gegen zum Teil heftige Niederschläge während der Aufstellungsphase des Dachstuhls bis zum Einbau der Unterspannung.

Damit das Dach schadenfrei bleibt, müssen gewisse Bedingungszwänge bei der Ausführung beachtet werden, vor allem dieser: Mensch und Tier produzieren eine Menge Gaswasser.

BEISPIEL

Nehmen wir folgende Mikroklimadaten an: innen 20 °C bei eine r. F. von 50 %, außen 0 °C bei einer r. F. von 100 % (Nebel). Absolut gesehen enthält die Luft innen 8,5 g Wasser pro m³, außen dagegen nur 4,85 g/m³, also etwas mehr als die Hälfte.

Zur Erinnerung: Der energetische Unterschied (Partialdampfdruckunterschied) will sich durch Wanderung der Wassermoleküle von innen nach außen ausgleichen. Ist viel Gaswasser vorhanden, bedeutet das auch, dass ein höherer Wasserdampfpartialdruck besteht – dieser wirkt auf die Umgebungsflächen.

Im Taupunkt, also dort, wo eine hundertprozentige Sättigung eintritt, kondensiert das Gaswasser und befeuchtet beziehungsweise durchfeuchtet nicht nur die Dämmung, sondern auch Holzbauteile. Dieser Transportweg muss verschlossen werden, indem eine luftdichte Ebene geschaffen wird.

Doch das ist leichter gesagt als getan. Abbildung 37 zeigt die Problematik der Ausführung einer Luftdichtheitsschicht (gelbe Folie). Um dies zu erreichen, müssten alle Anschlüsse zwischen Schrägdach und Wänden sowie alle Durchdringungen – Pfetten (das ist die waagerechte Tragkonstruktion des Dachstuhls) und dergleichen, Lüftungsrohre – hundertprozentig luftdicht hergestellt werden, und zwar dauerhaft. Wie soll das hier gehen?

Abb. 37: Ausführung der Luftdichtheitsschicht (gelbe Folie)

Denn sonst erleben Sie nach einigen Jahren eine böse Überraschung durch Feuchteschäden. Dies kann bis zur völligen Zerstörung des Dachstuhls führen, wie Abbildung 38 zeigt.

Vielleicht lassen sich luftdichte Ausführungen sach- und fachgerecht im Labor ohne Zeitvorgaben erledigen – aber niemals unter Baustellenbedingungen und dem dort herrschenden Zeitdruck. Denn immer geht es um die

Abb. 38: Völlig zerstörter Dachstuhl

Steigerung der Produktivität, auch wenn dabei die Qualität auf der Strecke bleibt.

Außerdem werden die schon erwähnten Klebebänder sehr wahrscheinlich nicht 80 bis 100 Jahre halten. Das heißt: Früher oder später werden sich Fehlstellen – sogenannte Leckagen – in der Schicht, die meist auch aus PE-Folien besteht, bilden. Kann dann das Schichtenpaket aus Dämmung und besonders Holzbauteilen nicht rücktrocknen, können holzzerstörende Pilze zum Problem werden. Pilzsporen sind ein fester Bestandteil unserer Natur und überall zu finden, sie lagern also sowieso schon auf dem Holz. Mit der nötigen Feuchtigkeit beginnen sie zu wachsen und verursachen bald darauf ernsthafte Schäden.

Die Befürworter der Vollsparrendämmung gehen davon aus, dass eine auf den Sparren aufgebrachte diffusionsoffene Luftsperre das möglicherweise in die Konstruktion eindringende Gaswasser in der warmen Jahreszeit austrocknen lässt. Diffusionsoffen heißt, dass im eingesetzten Material Mikroporen vorhanden sind. Durch diese sollen herumschwirrende Wasseratome – Stichwort Brown'sche Molekularbewegung – nach außen geleitet werden, sodass das eingeschlossene Wasser abtrocknet.

Soweit die Theorie. Ob das so stimmt, können Sie selbst ausprobieren: Halten Sie ein Nudelsieb über einen Kochtopf mit sprudelnd kochendem Wasser. Was passiert, obwohl das Sieb so diffusionsoffen ist, dass es diffusionsoffener nicht sein könnte? Richtig, das Gaswasser kondensiert an den kalten Stegen und tropft ab. Oder betrachten Sie mal ein Spinnennetz in Ihrem Garten am frühen Morgen: Durch das anhängende Kondensat zeigt es sich Ihnen in seiner einzigartigen Schönheit. Gleiches geschieht auch an den diffusionsoffenen Folien, die kalt und damit Kondensationsflächen sind. Nicht berücksichtigt wird meist auch, dass nichts auf dieser Welt von Dauer ist. Die Mikroporen setzen sich durch Ablagerungen auf der Folie zu, das Material verändert sich. Auf die langfristige Funktionstauglichkeit dieser Konstruktion angesichts der Eigenschaft der Folie zu vertrauen halte ich für abwegig.

Deshalb meine ich, dass eine Schicht eingebaut werden muss, die das trotz allem eindringende Gaswasser daran hindert, Schäden am Dachstuhl anzurichten. Dazu komme ich auf den Luftkanal 1 zurück. Bei guter Funktionsfähigkeit des Aufbaus wird sich ein thermischer Luftstrom einstellen, der Feuchtigkeit aufnimmt und sie ablüftet. Und genau das wäre wieder ein fehlertolerantes System.

Der Vollständigkeit halber möchte ich Ihnen auch die Kritik von Kollegen an der von mir bevorzugten Lösung darstellen:

1. Eine Überlüftung der Dämmung führt zu energetischen Verlusten.
2. Luft strömt im Luftkanal 1 von der warmen auf die kalte Seite des Dachs. Durch die Anreicherung mit Wasser wegen der Austrocknungsvorgänge der Konstruktion kommt es im Kaltbereich zur Kondensation des Gaswassers.
3. Mit dem Luftkanal 1 entsteht ein offener Luftraum, der von holzschädigenden Insekten benutzt werden kann.

Einige der Argumente sind nicht von der Hand zu weisen, auch dieses System ist nicht perfekt. Es ist nur weit weniger schadensanfällig und verzeiht Ausführungsfehler, ist also fehlertolerant. Zum zweiten Argument möchte ich sagen: Im Firstbereich sind die beiden Dachflächen voneinander zu trennen, wodurch eine Überströmung von der dem Wind mehr zugeneigten Seite, der Luvseite, auf die dem Wind abgewandte Seite, die Leeseite, vermieden wird. Dadurch wird der zweite Punkt entkräftet. Beim dritten Argument ist abzuwägen, was bedrohlicher ist: eine Feuchtebelastung, die mittel- und langfristig sogar einen Totalschaden an der Dachkonstruktion verursachen kann, oder ein möglicher Befall durch Schadinsekten. Wobei diese nur das Splintholz und nicht das Kernholz befallen. Ersteres wird in der Gutachterpraxis des Öfteren beobachtet, einen Totalschaden durch Schadinsekten haben weder ich noch mir bekannte Kollege bisher gesehen.

Nachdem Sie nun die Argumente für und wider kennen, entscheiden Sie selbst: Wollen Sie bei Ihrem Dach die Sparren allseitig einpacken oder rücktrocknende Luftkanäle einbauen? Ich meine, wenn Sie für eine trockene Dachkonstruktion und für eine hundertprozentig funktionstaugliche Luftdichtheitsschicht sorgen, ist die Vollsparrendämmung eine gute Lösung. Doch ist nur eine Voraussetzung nicht erfüllt, kann ich Ihnen nur zu der fehlertoleranten Ausführung raten.

TIPP

Haben Sie sich für eine Vollsparrendämmung entschieden, lassen Sie unbedingt die Funktionstauglichkeit durch eine Luftdifferenzdruckmessung (auch bekannt als Blower-Door) kontrollieren. Überprüfen Sie dabei nicht nur die Luftwechselrate, sondern besonders die Leckagefreiheit. Die Messung sollte erst durchgeführt werden, wenn die Gebäudehülle rein formal luftdicht ist. Ich weise deshalb daraufhin, weil bei modernem Mauerwerk die Stoßfugen nur dicht gestoßen sind. Damit ist das Mauerwerk nicht mehr luftdicht, eine Überprüfung der Luftdichtheit der Gebäudehülle ist erst bei verputztem Mauerwerk möglich.

Steildächer als schwere Konstruktion

Lange Zeit meines Lebens habe ich in Dachgeschossen gewohnt, auch in Hamburg, dort in einem nigelnagelneuen Wohn- und Geschäftshaus. Ich gehe davon aus, dass aufgrund des Energiestandards die Wärmedämmung hier sicher dicker war als notwendig. Aber immer wieder waren zwei Dinge sehr störend: der nicht vorhandene sommerliche Wärme- und der schlechte Schallschutz.

Bei Leichtkonstruktionen sind schlechte Schallschutzwerte ganz normal, denn hier fehlt die erforderliche Masse (Gewicht). Vom Verkehrslärm, der sich in den Häuserschluchten bricht und nach oben abgestrahlt wird, trennen die Bewohner nur eine 12 mm dicke Gipskartonplatte, etwa 160 mm Mineralfaserdämmung, eine Unterspannung und die Dachdeckung. Das ist so gut wie nichts.

Beim Schutz vor der eingestrahlten Wärme sieht es nicht besser aus: Es gibt keine amplitudendämpfenden schweren Bauteile, die eine lange Aufheizzeit brauchen und damit lange kühl bleiben. Doch das größte Problem sind Einstrahlungsflächen wie Dachflächenfenster oder stehende Balkonverglasungen, durch die es wegen der leichten Baustoffe schnell zur Aufheizung kommt. Über derartig überhitzte Dachgeschosse klagen selbst Erwerber hochpreisiger Wohnanlagen.

Aufgrund meiner zeitweilig eher schlechten Erfahrungen mit Dachgeschossen habe ich bei einem Wohn- und Geschäftshaus die Leichtdachkonstruktion durch eine Konstruktion aus einer massiven Deckenkonstruktion ersetzt. Mögliche Ausführungen sind Ziegelhohlkörperdecken (zwischen eine T-förmige Tragkonstruktion werden Ziegelhohlkörper gelegt) oder Betondecken, auch bekannt als „Sargdeckel“, der aus Brandschutzgründen je nach Bundesland ab dem dritten Obergeschoss gefordert wird.

Mit einer Ziegelhohlkörperdecke lassen sich mehrere Fliegen mit einer Klappe schlagen:

1. Sie hat eine schwere, amplitudendämpfende Schale, die auch den Schallschutz erheblich verbessert.
2. Es entsteht eine glatte Auflagerfläche für die Dampfsperre und die darauf liegende Dämmung.
3. Die Luftdichtheitsschicht mit der ganzen Verlegeproblematik und den schadensträchtigen Anschlüssen entfällt.
4. Am Ende steht ein weiteres wohngesundes und schweres Bauteil, das Feuchtigkeit zwischenpuffert.

Allerdings muss ich zugeben, dass ein Haken an der Sache ist: Diese Ausführung kostet mehr als die Leichtkonstruktion. Die Größenordnung der Mehrkosten gegenüber einer normalen Dachausführung liegt bei circa 20 bis 30 %. Aber: Dafür verbessert sich der Komfort erheblich. Gerade in Anbetracht der mittlerweile sehr hohen Preise für Eigentumswohnungen sollte eine derartige Ausführung Usus sein, Billiglösungen halte ich für unzumutbar.

Steildach mit Titanzinkdeckung

Wie zu Beginn dieses Kapitels erwähnt, sind die Regeln für Metallarbeiten des Deutschen Dachdeckerhandwerks Teil der bautechnischen Notwendigkeiten bei Dächern. Nicht nur aus architektonischen Gründen wird Metall gerne eingesetzt, sondern auch weil viele Bauherren glauben, dass sie damit ein für alle Mal Ruhe haben, also eine Deckung fürs Leben. Dies kann jedoch ein gewaltiger Trugschluss sein und viel Geld kosten. Warum das so ist, hat vor allem mit den baustofflichen Eigenschaften des verwendeten Metalls – bei Dächern oft Titanzinkblech – zu tun.

Titanzinkblech ist nicht schon von Haus aus nach dem Herstellungsprozess korrosionsgeschützt, sondern es muss einen solchen Schutz erst ausbilden. Wenn das Material eingebaut wird, ist es zunächst blitzblank, mit der Zeit wird es dann stumpf und grau. Dafür sorgen die chemischen Eigenschaften von Titanzink, bei dem es sich um eine Legierung aus Zink und geringen Mengen Titan und Kupfer handelt. Dieses Metall wird meist in einer Dicke von 0,7 mm als Tafel- oder Rollenware angeliefert, verwendet wird es beispielsweise für Metalldächer, Außenwandbekleidungen, Dachrinnen und Fallrohren. Titanzink ist ein sehr langlebiger Baustoff, dessen rein technische Lebensdauer von circa 80 Jahren sich durch die Bildung der Patina, die den eigentlichen Korrosionsschutz darstellt, erheblich verlängern lässt.

Wenn Titanzink reden könnte, würde er Folgendes sagen: Legt mich auf eine Unterlage, lasst von unten Luft an mich heran und dann lasst ihr mich einfach in Ruhe. Dann kann ich meinen Korrosionsschutz ausbilden und mich nach allen Seiten frei bewegen.

Nun gut, tun wir diesem Baustoff den Gefallen. Dazu bedarf es gewisser Voraussetzungen: Es müssen ausreichend Wasser und Luft, genauer das CO_2

in der Luft, vorhanden sein. Das ist an den luftumspülten Oberflächen sicher kein Problem, doch was passiert unter dem Blech? Entweder strömt feucht-warme Luft aus einer nicht luftdichten Konstruktion vom Gebäudeinneren unter das Blech – was ausgeschlossen sein sollte, es aber nicht zuverlässig ist – und kondensiert dort. Oder Kondenswasser entsteht beispielsweise aufgrund von bestimmten Witterungsbedingungen unterseitig am Blech. Kondenswasser ist metallionenfrei, das heißt, es will für Ausgleich sorgen und greift das ungeschützte Blech an. Kann sich dann die Korrosionsschutzschicht aus Zinkcarbonat nicht entwickeln, kommt es zur gefürchteten Lochfraßkorrosion (auch Weißrost genannt). Dieser Schaden wird leider erst erkennbar, wenn er schon maximal ausgeprägt ist. Unter dem Blech befindet sich dann ein weißes Pulver, das Zinkoxyd.

Unsere belgischen und französischen Nachbarn zeigen uns, wie sich langlebige Titanzinkeindeckungen verwirklichen lassen. Dabei wäre es doch durch Vorausdenken ganz einfach: Unter das Blech muss ein rücktrocknender Luftstrom gelangen. Dazu ist ein funktionstauglicher Luftkanal 2 erforderlich, am besten in Form einer rohen und nicht imprägnierten Sparschalung (dazu werden die Bretter mit einem Abstand von etwa 1 bis 2 cm auf die Unterkonstruktion gelegt). Auf diese werden die Blechscharen – Schare bedeutet hier einfach Bahn – aufgelegt und mit Haften (das ist die Haltekonstruktion) befestigt.

Wichtig zu wissen: Ein funktionstauglicher Luftkanal kann nie unter einem Tonnendach entstehen. Abbildung 39 zeigt ein Gebäude mit Pult- und Tonnendächern. Zwei Pultdächer wurden bereits neu gedeckt, und das nach acht Jahren, weil das Titanzinkblech komplett durchkorrodiert war. Das Tonnendach muss als Nächstes komplett neu aufgebaut werden.

Abb. 39: Tonnendach

Abb. 40: Schare mit Zinkoxyd

In Abbildung 40 sehen Sie die Unterseite einer Schare (Blechtafel) mit dem weißen Zinkoxyd und der punktförmigen Zerstörung (Lochfraß).

5.7.2 Das Flachdach, besser als sein Ruf?

Wenn von Flachdach gesprochen wird, versteht der technische Laie darunter entweder ein sehr flach geneigtes Dach mit circa 2 % oder ganz ohne Gefälle; fachtechnisch sind darunter allerdings Dächer mit bis zu 25 % Dachneigung zu verstehen. Ich beschränke mich hier auf das sehr flach geneigte Dach mit einem maximalen Gefälle von 5 %.

Das Flachdach hat einen sehr schlechten Ruf, von Geschädigten höre ich Vorschläge wie „Ich bau jetzt über mein Flachdach ein Satteldach, das ist dauerhafter und ich habe meine Ruhe". Das kann ich gut verstehen, wenn bereits mehrfach nachgebessert wurde, aber immer noch Wasser eindringt oder andere Probleme auftreten.

Sie werden es mir auf Anhieb vielleicht nicht glauben, aber: Dieser schlechte Ruf besteht zu Unrecht! Er ist als Folge unqualifizierter Planungen mit konsequent falscher Ausführung oder falscher Planungen mit miserabler Ausführung entstanden. Dabei sind nur einige wenige Konstruktionsgrundlagen zu beachten, um auch ein Flachdach mit derselben technischen Lebensdauer zu planen und zu bauen wie ein Steildach.

Die große Herausforderung besteht auch bei einem Flachdach darin, alle Einflüsse durch festes, flüssiges und gasförmiges Wasser zu beherrschen, und zwar in Bezug auf die Einwirkungen von außen und innen.

TIPP

Da wir gerade bei der Belastung durch gasförmiges Wasser von innen sind: Tragkonstruktionen aus Holz halte ich für sehr flach geneigte Dächer für mindestens hochriskant. Auch hier müsste ein Luftkanal 1 ausgeführt werden, was aber bei sehr flach geneigten Dächern nicht möglich ist. Denn hier entsteht aufgrund des fehlenden Gefälles kein notwendiger konvektiver Luftstrom.

Der erste Bedingungszwang lautet daher: Es muss eine massive Grundkonstruktion hergestellt werden. Abbildung 41 zeigt einen Teil der dabei auftretenden Problematik. Die Dachfläche entwässert in Richtung Attika mit zwei Abläufen. Aufgrund des fehlenden Quergefälles hat sich viel Wasser

Abb. 41: Flachdach mit potenziell schädigenden Ablagerungen

angestaut, in dem sich Aerosole ablagern, unter anderem der in die Luft entsorgte Müll aus den Müllverbrennungsanlagen. So sind die dunklen Streifen entstanden.

Solange die Aerosole im Wasser gelöst sind, gibt es kaum Probleme. Doch die Wasserlachen werden abwechselnd rücktrocknen und wieder neu entstehen, sodass die Aerosole als Ablagerungen zurückbleiben. Diese verfestigen sich zu Inkrustationen – harten, spitzen und scharfkantigen Gebilden. Der ph-Wert der Lösung sinkt aufgrund der sauren Niederschläge immer mehr Richtung Säure.

Wenn dann das aufstauende Niederschlagswasser gefriert, werden die Pfützen, nun Eislinsen, an den auslaufenden Rändern rasiermesserscharf. Außerdem ändert Eis je nach Temperatur sein Volumen, das heißt, die Eislinse zerrt und schiebt, und zwar genau dort, wo sich die Inkrustationen gebildet haben, an den Rändern. Weitere Folge: Das stehende Wasser und die dunklen Inkrustationen führen dazu, dass auf der Abdichtung unterschiedliche Temperaturen herrschen. Auf Dachterrassen gibt es noch einen unschönen Nebeneffekt: In länger stehendem Wasser bilden sich Mikroorganismen, die zu einer Geruchsbelästigung führen können. Dass dies alles Schäden verursachen kann, ist keine Frage.

Und von unten/innen kommt noch etwas hinzu: Die beste Dichtung gegen Wasser ist stehenbleibendes Wasser. Deshalb passiert Folgendes, falls die Dampfsperre auf der Stahlbetondecke oder die Luftdichtheitsschicht bei Leichtkonstruktionen unter dem ganzen Dämmpaket nicht hundertprozentig funktioniert: Ausdiffundierendes Restwasser aus der Stahlbetondecke oder durch Leckagen eindringendes Gaswasser aus der Leichtkonstruktion kondensiert unten an der Folie, unterhalb des Wasseraufstaus, und tropft ab.

Auch an die UV-Einstrahlung muss gedacht werden. Es ist bekannt, dass sie Baustoffe schädigt und langfristig zerstört, besonders Kunststoffe. Auch dies trägt sicher nicht zur Verlängerung der technischen Lebensdauer bei.

Aus den bisherigen Erkenntnissen leiten sich weitere Bedingungszwänge ab:

- Entweder wird die Tragkonstruktion mit einem ausreichenden Gefälle von mindestens 5 % ausgebildet oder mit einer (wesentlich teureren) Gefälledämmung ausgestattet. Dabei ist sowohl ein Längs- als auch ein Quergefälle einzuplanen und auf den am tiefsten Punkt sitzenden Dachablauf auszurichten. Die sich einstellende Durchbiegung der Tragkonstruktion muss dabei berücksichtigt werden. Kleine Pfützen, die sich bei geringen Dachneigungen aufgrund der Toleranzen in der Tragkonstruktion ergeben, sind unbedenklich.
- Unter der Dämmung ist eine zu 100 % funktionstaugliche Dampfsperre auszubilden und an aufgehenden Bauteilen und Attiken hochzuziehen.
- Es empfiehlt sich, bei der Wahl der Abdichtung nicht auf den Euro zu schauen, sondern sich für bewährtes Material zu entscheiden.
- Ferner sollte ein schwerer Oberflächenschutz, beispielsweise in Form von grobem Kies mit mindestens 6 cm Dicke, aufgebracht werden, der die Abdichtung vor UV-Belastung, aber auch vor großen Temperaturunterschieden schützt. Und: Auch Silvesterraketen können keinen Schaden anrichten. Was ich für sinnvoller erachte ist die Ausbildung eines Gründachs (siehe hierzu Kapitel 5.7.3 „Gründach: ökologisch und ökonomisch").
- An aufgehenden Bauteilen ist die Abdichtung mindestens 15 cm hochzuführen, dies ist regional auf die unterschiedliche Schneebelastung auszu-

richten. Oberseitig muss die an anderen Bauteilen hochgeführte Abdichtung hinterfließsicher ausgebildet werden. Aluminiumklemmschienen reichen für diese Anforderung nicht aus. Über Attiken muss die Abdichtung hinweggeführt werden.

→ Falls das Flachdach allseitig eine geschlossene Brüstung aufweist, sind Notabläufe erforderlich. Sie schützen das Gebäude vor eindringendem Niederschlagswasser, wenn die üblichen Dachabläufe verstopft oder überlastet sind. Notabläufe sind auf ein fünfminütiges Jahrhundertregenereignis zu berechnen.

Die vor aufgehenden Bauteilen (Wände, Stützen usw.) hochgezogene Dachabdichtung sollte einen Schutz gegen mechanische Beschädigung und UV-Einstrahlung – denken Sie an die tief stehende Sonne – erhalten. Das kann zum Beispiel in Form einer Schutzplatte oder Blechstreifen erreicht werden.

Beim Abdichtungsmaterial würde ich auf mehrlagige Bitumenbahnen setzen. Diese haben sich über viele Jahrzehnte bewährt, sind gut und sicher zu verarbeiten und die richtige Ausbildung der Stöße ist gut kontrollierbar. Fehlstellen lassen sich nacharbeiten.

Nackte Folienabdichtungen sollten, wenn überhaupt, nur auf gewerblich genutzten Dachflächen verwendet werden, da hier die technische Lebensdauer des gesamten Gebäudes bestimmungsgemäß kürzer ist.

Wenn es um Flachdächer geht, sind einige Anforderungen zu beachten. Und es gilt, die damit verbundenen Bedingungszwänge bei der Realisierung zu berücksichtigen. Doch schon bei der Ausbildung des Gefälles werden immer wieder Fehler gemacht, sodass später die Anschlusshöhen an manchen Stellen nicht stimmen. So kann es passieren, dass der Höhenunterschied zur hochgezogenen Abdichtung an der Terrassentür bereits nach Einbau der übrigen Abdichtung praktisch nicht mehr vorhanden ist, obwohl noch nicht einmal ein Belag aufgebracht wurde (siehe Abbildung 42).

Meine Empfehlung lautet daher: Ein Flachdach muss unter Berücksichtigung aller Bedingungen, besonders aber der baukonstruktiven Zwänge, sorgfältig geplant werden, bevor es fachgerecht und der Planung gemäß ausgeführt wird. Auszugehen ist dabei vom niedrigsten Punkt, der Entwässerung. Hinzu kommt das notwendige Gefälle (Achtung: Gefälle in Kehlen

Abb. 42: Fehlerhafte Andichthöhe Dachterrasse

beachten) und die regional notwendigen Anschlusshöhen. Dadurch ergibt sich dann die notwendige Oberkante der hochgezogenen Abdichtung.

5.7.3 Gründach: ökologisch und ökonomisch

Ich frage mich immer wieder, warum sehr flach geneigte Dachflächen nicht öfter begrünt werden. Denn vieles spricht dafür: bessere Luftqualität durch Erzeugung von Sauerstoff, Staubbindung, niedrigere Temperaturbelastung im Sommer gerade in Städten durch Verdunstung des Niederschlagswassers, Entlastung des Kanalnetzes und anders mehr. Bestehen hier vielleicht gewisse Berührungsängste hinsichtlich einer dauerhaften Konstruktion? Oder hinsichtlich der Kosten?

Als junger Architekt habe ich vieles erst einmal selbst ausprobiert, bevor ich Empfehlungen an meine Auftraggeber ausgesprochen habe. Deshalb begrünte ich auch das vor etwa 30 Jahren mit meinem Bruder gebaute Doppelhaus mit einer Dachneigung von 30°. Ich kann mich noch gut an die sonntäglichen Prozessionen zu dem Exotenhaus und die Kommentare und Fragen erinnern, etwa „Und wo sind die Bergziegen?".

Wer sein Dach begrünt, braucht keine Bergziegen. Und er muss die entstehende extensive Begrünung auch nicht durch Mähen kleinhalten, denn hier bestehen nur kleinwüchsige Pflanzen – anders als bei der intensiven Begrünung mit Großpflanzen. Auf dem Dach reguliert sich alles von selbst. Im Sommer wachsen die Pflanzen, im Winter fällt alles zusammen und bringt die Nährstoffe wieder in das Substrat ein. Alle paar Jahre muss Kalk gegen die Versauerung gestreut werden, das war's.

Es gelten die folgenden Grundsätze:

- Die Abdichtung muss die Prüfkriterien nach den Vorgaben der Forschungsgesellschaft Landschaftsentwicklung und Landschaftsbau (FLL) erfüllen.
- Ohne Aufstaubewässerung ist ein Gefälle wie vorbeschrieben auszubilden.
- Die Tragkonstruktion sollte bei sehr flach geneigten Dächern beispielsweise nur aus Betondeckenplatten oder Ziegelhohlkörperdecken bestehen. Bei nicht einsehbaren Holztragkonstruktionen besteht die Gefahr, dass sie von holzzerstörenden Pilzen befallen werden, da ja – wie beschrieben – eine Überlüftung der Dämmung nicht möglich ist.
- Die Entwässerung, also die Dachabläufe, und die Anschlussbereiche an aufgehende Bauteile oder sonstige Durchdringungen müssen von Vegetation freigehalten und mit Kies angeschüttet werden.
- Auf dem Dach sind ausreichend Absturzsicherungen (Sekuranten) anzubringen.

Der Vorteil einer Begrünung: Sie schützt die Dachabdichtung ähnlich, wie es der schwere Oberflächenschutz tut. Leider stehen dem als Nachteil etwas höhere Baukosten durch eine erhöhte Tragkonstruktion, Substrat usw. gegenüber. Die Mehrkosten schätze ich auf etwa 20 %. Genaueres können Ihnen ein versierter Landschaftsbauer und Ihr Statiker sagen. Aber mir war es immer eine Freude, direkt vor mir das Gras und die Blumen zu sehen. Und zu wissen, dass ich das, was ich unten der Natur weggenommen habe, oben (fast wieder) draufgesetzt habe.

WICHTIG

Das Zusatzgewicht aus wassergesättigtem Substrat und/oder Aufstaubewässerung ist statisch zu berücksichtigen.

Wenn keine Aufstaubewässerung eingeplant ist, muss ein Gefälle von mindestens 5 % hergestellt werden.

Die Kosten für eine Begrünung liegen über den sonst üblichen Kosten. Dabei kommt es auf die Dachneigung und die Ausbildung der Tragschale an.

Extensiv begrünte Dächer bedürfen keiner umfassenden Pflege und sind dauerhaft. Sie gelten als harte Bedachung, was hinsichtlich diverser Brandschutzanforderungen wichtig ist.

5.7.4 Das Umkehrdach

Ein sehr flach geneigtes Dach, bei dem die Abdichtung unter der Dämmung liegt, heißt aufgrund dieser Reihenfolge Umkehrdach. Ich mach's kurz: Ich bin kein Freund des Umkehrdachs und würde es auch nicht ausführen.

Bauherren wird das Umkehrdach mit dem Argument schmackhaft gemacht, dass die Abdichtung für immer und ewig geschützt unter der Dämmung liegt und gleichzeitig eine Notabdichtung in der Bauphase darstellt. Und es ist preisgünstiger als ein normaler Warmdachaufbau.

Ich finde: preisgünstig ja, doch preiswerter nein! Vordergründig betrachtet überzeugen die Vorteile, aber bei näherem Hinsehen entpuppt sich die im Nassen liegende Dämmung als das Problem: Die Hersteller geben an, dass die Dämmplatten kein Wasser aufnehmen – was richtig ist, wenn sie oben rück- und austrocknen können, der Terrassenaufbau also diffusionsoffen erfolgt. Doch weil sie im Wasser liegen, müssen die Dämmungen aus XPS-Schäumen (extrudiertes und damit kompaktes Dämmmaterial aus Polystyrol) mindestens 20 % dicker sein als bei einem normal ausgebildeten Flachdach. Soweit die Theorie. Wie schaut es in der Praxis aus? In der Regel kommt auf die Dämmung der Terrassenaufbau mit Filtervlies sowie Beton- oder Naturwerksteinplatten, die meist in Splitt verlegt werden. Dann ist da noch die Natur, die zum Beispiel Aerosole und Humusbestandteile aus der Landschaft beisteuert. Es ist davon auszugehen, dass sich durch diese das Filtervlies langsam zusetzt. Ist dann der Bodenbelag sowieso schon ziemlich wasserdampfundurchlässig, werden die Dämmplatten niemals rück- beziehungsweise austrocknen. Ganz im Gegenteil, sie werden sich durch Diffusion langsam mit Wasser anreichern und damit erheblich an Dämmvermögen verlieren.

Zudem lagern sich wachstumsfördernde Stoffe aus der Landschaft unter den Dämmplatten ab, sodass Wachstumsprozesse einsetzen. Auch die Sommerpartys auf der Dachterrasse tragen etwas bei: verschüttetes Bier, Obstsäfte und andere Dinge, die nach und nach zersetzt werden. Wie das riecht!

5.7.5 Balkone und Terrassen

Balkone und Terrassen sind im Prinzip nichts anderes als Flachdächer, bei ihrer Konstruktion ist daher generell das gleiche zu beachten. Allerdings herrscht in der modernen Architektur die Vorstellung vor, dass Balkone frei auskragen, also sozusagen aus der Außenwand hervorspringen müssen. Doch damit sind sie praktisch eine Verlängerung der Deckenplatten vom Warm- in den Kaltbereich. Genau dies und die Art der Nutzung machen den Unterschied zum Flachdach aus.

Auskragende Balkonplatten stellen de facto eine Kühlrippe dar. Daran ändert auch eine thermische Trennung nicht sehr viel, wie sie mit dem Einbau eines Schöck-Isokorbs, einem speziellen Bauteil im Bereich des Wanddurchgangs, erreicht werden soll. Durch eine im Isokorb eingebaute Bewehrung aus Edelstahl mit einer um etwa 75 % reduzierten Wärmeweiterleitung und einer Dämmzwischenlage soll der Wärmeverlust zwar verringert werden. Doch die Verbindung eines warmen Bauteils mit einem kalten Bauteil bleibt grundsätzlich riskant und kann zu Spannungen führen.

Unabhängig davon hängen alle auskragenden Bauteile alleine aufgrund der Materialermüdung irgendwann. Das führt dazu, dass im Anschluss an das Gebäude Fehlstellen entstehen, in die Niederschlagswasser eindringen kann (siehe Abbildung 43). Das ist besonders bei WDV-Systemen absolut zu vermeiden.

Wurde zum Beispiel das Gefälle zum Gebäude hin ausgeführt, liegt es nun plötzlich auf der anderen Seite (siehe Abbildung 44). Und dann ist guter Rat teuer.

Abb. 43: Auskragender Balkon mit abgerissenem Anschluss durch Materialermüdung

Abb. 44: Balkon mit Gegengefälle

In Bezug auf die Anordnung der Absturzsicherungen möchte ich wieder meine Forderung nach fehlertoleranten Konstruktionen einfließen lassen: Leider ist noch häufig festzustellen, dass diese Sicherungen durch die Abdichtung hindurch auf der Rohkonstruktion befestigt werden. Dabei ist jeder Durchstoßpunkt allein aufgrund der schwierigen Ausführung ein Schwachpunkt, ein solches Vorgehen sollte also vermieden werden. Hinzu kommt die thermische Belastung der unterschiedlichen Materialien, die auf Dauer zu Undichtigkeiten führen können.

Daraus resultiert meine Forderung nach einer Entkoppelung der unterschiedlichen Anforderungen: Die Absturzsicherungen sollten unten an der Kragplatte montiert werden. Dies hat den zusätzlichen Vorteil, dass bei einer Überarbeitung der Metallbauteile diese ohne Zerstörung der Abdichtung separat abmontiert werden können.

Der Belag

Wenn Sie sich Gedanken darüber machen, welchen Belag Sie für Ihre Terrasse oder Ihren Balkon wählen sollen, denken Sie besonders an die Gebrauchstauglichkeit: Es werden Sonnenschirme und Liegen aufgestellt, es kommt Besuch, man grillt gemeinsam. Und dabei wird es nicht ausbleiben, dass die lieben Kleinen und/oder man selbst oder ein Gast etwas verschüttet. Und so gelangt Flüssigkeit auf den Belag, in die Fugen und sogar in die Auflagekonstruktion. Wenn das dann nicht gut zu reinigen ist, kann schnell Ärger entstehen.

Fliesen

Der Vorteil eines Fliesenbelags: Er lässt sich gut reinigen. Der Nachteil ist, zumindest bei einer direkten Bewitterung, die kürzere technische Nutzungsdauer gegenüber anderen Belägen. Das liegt daran, dass die ständigen Wechsel von heiß zu kalt und nass zu trocken den Bodenbelag stark belasten. Konstruktiv muss beim Aufbau eines Fliesenbelags Folgendes beachtet werden:

- ➜ Die Konstruktion muss ein dauerhaftes Gefälle von mindestens 2 % aufweisen.
- ➜ Die Abdichtung ist an den aufgehenden Bauteilen mindestens 15 cm über den Belag hochzuführen und hinterfließsicher auszuführen.

- Eine Dränschicht ist erforderlich.
- Ein Zementestrich muss verlegt werden.
- Die Fliesen sind hohlraumfrei im sogenannten kombinierten Verfahren („floating-buttering") zu verlegen,
- und zwar mit Kreuzfugen.

Das kombinierte Verfahren führt zu einer weitestgehenden Hohlraumfreiheit des Kleberbetts. Dadurch wird ein Frostaufbruch durch eingedrungenes Wasser so gut wie ausgeschlossen.

Grundsätzlich sollten die Flächen möglichst quadratisch, maximal jedoch mit einem Längenverhältnis von 4 : 5 m gestaltet werden. Ansonsten können die eingeleiteten thermischen Spannungen Schäden verursachen.

Betonwerksteinbelag auf Splittbett mit offenen Fugen

Dem Vorteil der Dauerhaftigkeit steht hier der Nutzungsnachteil gegenüber. Wird etwas verschüttet, dringt die Flüssigkeit in den Splitt ein. Das kann zu Geruchsbelästigungen führen.

Betonwerksteinbelag auf Stelzlagern (hier: auf Mörtelsäckchen)

Vorteil: Sie können die einzelnen Platten hochheben und den Verlegeuntergrund reinigen. Nachteile sind mir nicht bekannt, solange die Mörtelsäckchen aus zwei PE-Beuteln bestehen. Abbildung 45 zeigt Ihnen eine derartige Ausführung:

Abb. 45: Ausführung mit Mörtelsäckchen

Holzdielen auf Unterkonstruktion
Vorteile: Diese Lösung ist günstig und dauerhaft (20 bis 25 Jahre), wenn zum Beispiel Lärchenholzdielen verwendet werden. Durch Einteilung in Segmente können diese hochgenommen und der Verlegeuntergrund leicht gereinigt werden.

5.7.6 Zugänge zu Balkonen, Terrassen und sonstigen genutzten Dachflächen

Dies sind ganz heikle Ausführungsdetails: Entweder ist die Schwelle zu niedrig, dann besteht die Gefahr, dass Niederschlagswasser eindringt, oder sie ist zu hoch, dann beschweren sich die Nutzer. Besonders ältere Leute tun sich dann schwer, diese Schwelle zu überwinden, vor allem wenn sie dabei etwas tragen.

Wie sonst auch ist es für die richtige Ausführung nötig, sich zunächst die Einflüsse auf diesen Bereich des Gebäudes anzusehen und daraus die baukonstruktiven Erfordernisse abzuleiten. Im Folgenden gehe ich davon aus, dass eine direkte Bewitterung vorliegt, also Schlagregenbeanspruchung und Schneefall mit Schneeanwehungen.

Bei überdeckten Balkonen und Terrassen sind die nachstehenden baukonstruktiven Zwänge je nach zu erwartender Heftigkeit der Schlagregenbeanspruchung abzuwägen. Eine Fehlmeinung, die ich in diesem Zusammenhang oft höre, ist: Aber da ist doch ein Balkon drüber. Doch es kommt sehr auf die Größe der Überdeckung an. Und: Als Teil des Sockels unterliegt auch die Schwelle einer doppelten Belastung aus Niederschlags- und rückspritzendem Niederschlagswasser. Konsequenterweise dürfen die seitlichen Anbindungen mit den Abdichtungsanschlüssen an den Baukörper daher nicht vernachlässigt werden.

In der kalten Jahreszeit kommt in schneereichen Gegenden noch die Belastung durch Schnee und Eis hinzu. Angewehter Schnee taut im Bereich der Fassade und besonders der Tür durch nach außen abgestrahlte Energie weg und gefriert wieder. Dadurch bildet sich eine sogenannte Schneeschanze, an der sich nachfolgende Niederschläge aufstauen. Als Autofahrer und besonders als Fußgänger kennen Sie sicher das Problem der zugefrorenen Straßengullys. Durch sie fließt nichts ab, wenn nach einer lang andauernden Kaltfront eine Warmfront mit erheblichen Niederschlagsmengen durchzieht.

Es gilt also, diese Einflüsse in die richtige Baukonstruktion umzusetzen und im Hinblick auf die Nutzerinteressen abzuwägen. Es wäre jetzt einfach zu sagen, dass die Andichtung an die Schwelle mindestens 15 cm über Oberkante Belag hochzuführen ist. Dies entspräche den technischen Regelwerken. Nur wären Sie damit sicher nicht einverstanden, denn das Übertreten der Schwelle – zu den 15 cm käme ja noch die Schwelle der Türkonstruktion selbst hinzu – wäre erschwert.

Bei der Umsetzung empfehlen sich neben der oben genannten Ausführung mit hoher Schwelle zwei Ausführungen.

1. Der schwellenlose Übergang

Mittlerweile wird der schwellenlose Übergang im Rahmen des behindertengerechten Bauens vom Gesetzgeber bei Mehrfamilienwohnhäusern für eine gewisse Anzahl von Wohnungen vorgeschrieben, damit ist dies eine öffentlich-rechtliche Forderung. Im privatrechtlichen Bereich liegt die Verantwortung für die Sonderkonstruktion, die aufgrund des damit verbundenen Risikos einen Verstoß gegen die anerkannten Regeln der Technik darstellt, beim Besteller, also bei Ihnen. Übrigens darf ein schwellenloser Übergang von Planern und Ausführenden nur dann folgenfrei umgesetzt werden, wenn Sie als technischer Laie vollumfänglich über die damit verbundenen Risiken aufgeklärt wurden.

Einen schwellenlosen Übergang, bei dem allerdings noch die Gitterrostabdeckung fehlt, zeigt Abbildung 46.

Abb. 46: Schwellenloser Übergang

Wäre ich Bauherr in schneereichen Gegenden, würde ich dieses Risiko nicht auf mich nehmen.

2. Ausbildung mit einer akzeptablen Schwelle

Um den Komfort für den Nutzer zu steigern, bietet es sich an, die Schwellenhöhe zu reduzieren. Das Risiko eines Überstaus durch Niederschlagswasser muss dann gesenkt werden, indem unmittelbar vor der Terrassentür eine direkt entwässerte Gitterrostrinne eingebaut wird. Eine derartige Ausführung mit einer circa 5 cm hohen Schwelle zeigt Abbildung 47.

Abb. 47: Übergang mit Schwelle

Einen Fehler bei der Ausführung zeigt Abbildung 48, hier wurde vor der Terrassentür noch ein breites Trittblech angebracht. Dieses Trittblech stellt praktisch ein (schmales) Flachdach dar mit der Folge, dass das Verglasungselement im direkten Spritzwasserbereich liegt. Wenn sich zudem auf dem Trittblech Schnee ablagert und die erste Warmfront mit erheblichen Niederschlägen durchzieht, ist ein Wassereintritt ins Gebäudeinnere fast schon unvermeidlich. Deshalb muss die Gitterrostrinne direkt vor den Außen- und Fenstertüren angeordnet und unmittelbar an die geregelte Entwässerung angeschlossen werden.

Abb. 48: Fehlerhafte Ausführung mit Trittblech

Auch die Umsetzung, wie in Abbildung 48 zu sehen, ist fehlerhaft. Hier wurde bei einem Neubau eines Mehrfamilienwohnhauses wirklich alles falsch gemacht. Sogar die Entwässerungsöffnungen (Pfeil) der Stockrahmen wurden „eingedichtet". Sie können sich sicher vorstellen, was das für Folgen haben kann.

Abb. 49: Verpfuschte Sockelausführung einer Fenstertüre

HINWEIS
Achtung: Hat die Terrasse oder der Balkon geschlossene Brüstungen, so ist durch Anordnung von Notüberläufen dafür zu sorgen, dass auch bei verstopften Abläufen die Schwellen nicht überstaut werden können.

5.8 Verglasungselemente

Solange es nur Holzfenster gab und der europäische Markt noch sehr klein war, ging es bei der Frage nach den richtigen Fenstern allein um die richtige Verarbeitungsqualität. Ab und zu jammerte der ein oder andere über den Unterhaltungsaufwand, weil die Fenster in einem Turnus von 10 bis 15 Jahren neu gestrichen werden mussten. Dies muss ich so stehen lassen, gebe jedoch zu bedenken, dass viele deutlich mehr Aufwand in die Pflege ihres geliebten Autos stecken.

Und: Ein richtig vom Fachmann konstruiertes Holzfenster ist ein äußerst langlebiges Produkt. Es gibt Holzfenster, die über 100 Jahre alt sind und immer noch funktionieren. Das werden Sie (beziehungsweise Ihre Nachfahren) bei Kunststofffenstern nicht erleben.

Mit den neuen Bauweisen, die auch Energie einsparen sollen, kommen bei der Fensterwahl weitere Aspekte hinzu. Denn es gilt, die Konstruktion der Fenster und sonstigen Verglasungselemente auf die Gesamtkonstruktion des Gebäudes abzustimmen. Es ist zum Beispiel wenig sinnvoll, in eine hochwärmedämmende Fassade Fenster mit einem nicht darauf abgestellten, schlechten U-Wert einzubauen. Anders herum: Folgen Sie meinen Empfehlungen und errichten Sie Ihr Gebäude aus einem monolithischen Mauerwerk mit Strahlungsheizung, dann brauchen Sie hochwärmedämmende Fenster gar nicht, da die langwellige Strahlungsenergie auch von einfacherem Fensterglas reflektiert wird.

5.8.1 Faktoren bei der Fensterwahl

Fenster vereinen zahlreiche Faktoren in sich, die zu berücksichtigen sind:
→ Energieverlust

- Solargewinn
- UV-Einstrahlung
- Belichtung
- Ausführung
- Dauerhaftigkeit
- Wertbeständigkeit

Eine ganz schön lange Liste für ein scheinbar so einfaches Thema werden Sie jetzt vielleicht denken. Aber sehen wir uns die einzelnen Faktoren einmal genauer an.

Energieverlust

Fenster werden von manchen Fachleuten als Wärmelöcher bezeichnet, durch die Energie verloren geht. Dies ist jedoch nur bei Konvektionsheizungen richtig. Zu den Konvektionsheizungen gehören die allseits bekannten Heizkörper unter dem Fenster, Fußbodenheizungen und dergleichen. Mit ihnen wird die Luft erwärmt, es entsteht ein Luftstrom, eine Konvektion. Strahlungsheizungen dagegen erwärmen (Wand-)Flächen, die dann die Energie abstrahlen. Sie wirken im langwelligen Bereich, wodurch der Treibhauseffekt entsteht. Die Strahlung wird von den Scheiben reflektiert.

Solarer Energiegewinn beziehungsweise -verlust

Je wärmedämmender eine Verglasung ist, desto weniger kostenlose Sonnenenergie lässt sie durch. Und wenn sich die Menge der eingestrahlten Sonnenenergie verringert, sinkt auch die desinfizierende Wirkung des UV-Lichts.

UV-Einstrahlung

Sie wird sowohl von Menschen als auch von Pflanzen zum Leben gebraucht. Ihre Stärke hängt vom Solargewinn oder -verlust ab.

Belichtung

Die Belichtung wird besonders durch den Einsatz bedampfter Scheiben reduziert. Die Bedampfung mit diversen Stoffen soll den Wärmedurchgang durch Reflexion verringern.

Ausführung der Wärmedämmverglasungen

Bei Doppelscheiben- oder Dreifachverglasungen finden sich am Rand Abstandhalter aus Kunststoffprofilen, die auch die Dichtung gegen eindiffundierenden Wasserdampf darstellen. Diese Abstandhalter hatten erfahrungsgemäß eine Haltbarkeit von 20 bis maximal 30 Jahren, danach mussten die Fenster erneuert werden. Inzwischen gibt es neuartige Abstandhalter, die angeblich auf Dauer dicht sein sollen. Ob dies der Fall ist, wird die Praxis zeigen.

Die Füllungen zwischen den Scheiben bei hochwärmedämmenden Fenstern bestehen aktuell auch aus Edelgasen. So konnte der Anfang der 1990er Jahre übliche U-Wert von 3,0 auf 0,5 $W/m^2 \times K$ gesenkt werden.

Dauerhaftigkeit

Sie kennen sicher Einscheiben- oder Kastenfenster (das sind die mit den zwei Fensterflügeln und dem breiten Zwischenraum), die schon mehr als 100 Jahre alt sind. Ich meine, dass das mit heutigen Fenstern nicht gelingen wird. Hier sehe ich das Hauptproblem in energetischer Hinsicht: In die neue Generation von Fenstern fließt sehr viel Energie ein, deren Erzeugung erst einmal reichlich CO_2 produziert. Ich bezweifle, dass sich der Einbau dieser Fenster angesichts des hohen Energiemehreinsatzes jemals amortisieren wird. Hinzu kommt das Müllproblem bei deren Entsorgung in einigen Jahren.

Wertbeständigkeit

Kunststofffenster werden durch die UV-Einstrahlung mit der Zeit angegriffen. Das stellt ihre Dauerhaftigkeit und Wertbeständigkeit noch stärker infrage. Ein weiterer Faktor, der hier eine Rolle spielt: Besonders bei Kunststofffenstern wird meiner Erfahrung nach auf einen preisgünstigen Anbieter geachtet. Billigangebote kommen oft aus dem osteuropäischen Ausland, was grundsätzlich nicht negativ sein muss.

Allerdings gilt: Oft verwenden die Subunternehmer zwar deutsche Kunststoffprofile großer Hersteller, diese werden aber zum Teil falsch und unfachmännisch zusammengebaut. Bei großformatigen Verglasungselementen mit einzubauenden Metall-Verstärkungen führt dies oft zu Problemen und endet mit einem Totalaustausch. Das ist vor allem dann sehr ärgerlich, wenn das Gebäude bereits weitestgehend fertiggestellt wurde.

HINWEIS
Kunststofffenster mit farbigen Oberflächen sind sehr empfindlich und weichen oft in Nuancen farblich voneinander ab. Das führt zu Ärger, es entsteht Streit über den Austausch der betreffenden Fenster. Dies wiederum wirkt sich ungünstig auf den Baufortschritt aus.

Für Metallfenster gilt: Ihre Oberflächen sind ebenfalls sehr empfindlich. So entstehen zum Beispiel schon häufig während der Bauzeit Kratzer, was Reklamationen auslöst. Metallfenster sind nicht nachbesserbar, sodass im Extremfall ein Austausch erforderlich wird.

TIPP
Holzfenster wollen viele Bauherren nicht, weil sie die durchzuführenden Überholungsbeschichtungen scheuen. Doch ein gut aufgebautes Holzfenster mit einer regelgerechten Beschichtung erreicht Unterhaltungsintervalle von mindestens zehn bis 15 Jahren. Der Vorteil liegt hier schon in der Nachbesserbarkeit an sich.

5.8.2 Grundsätzliches zu allen Fensterarten

Achten Sie bitte unbedingt auf das Prüfsiegel des Instituts für Fenstertechnik e. V. (ift) Rosenheim. Zudem gilt: Der Einbau der Fenster und sonstiger Verglasungselemente sollte auf Basis des Leitfadens zur Planung und Ausführung der Montage von Fenstern und Haustüren der RAL Gütegemeinschaft Fenster und Haustüren e. V. erfolgen.

Besonders bei WDV-Systemen ist darauf zu achten, dass die Fenster innen luftdicht an die Gebäudehülle angeschlossen werden und außen eine Wind- und Regensperre erhalten. Für die Ausführung beider Sperren halte ich nur Folien für geeignet, die entweder eingeputzt werden (innen) oder auf eine geglättete Fläche aufgeklebt werden. Nur dadurch kann eine Hinterfeuchtung durch eindringende feuchtwarme Luft aus dem Innenraum und ein Hinterlaufen nach Schlagregen verhindert werden – und damit auch das

Anlösen der mineralischen Kleber der Dämmplatten und das Risiko eines umfangreichen Schadens. Den Einsatz von vorkomprimierten Dichtbändern halte ich unter Baustellenbedingungen für fehlerintolerant und daher für nicht empfehlenswert. Werden die Fenster wie beschrieben eingebaut, sind die bautechnischen Notwendigkeiten – luftdicht von innen, schlagregendicht von außen – erfüllt.

Jetzt kommt noch ein Bauteil, das ich auch aus konstruktiven Gründen nicht so mag, das aber bei deutschen Häusern praktisch nicht wegzudenken ist: der Rollladen. Warum ich diesen auch konstruktiv nicht mag, können Sie erkennen, wenn Sie mal sehenden Auges durch Neubausiedlungen laufen. Dann fallen oft über den Fenstern leicht dunkel abgesetzte Rechtecke auf. Dahinter verbergen sich die Rollladenkästen.

Konstruktiv (Lastabtragung), energetisch (unter anderem mit ihren innenliegenden Revisionsdeckeln und den Gurtdurchlässen stellen Rollläden Wärmebrücken dar) und vom Unterhalt her sind diese äußerst fragwürdig. Schutz vor Einbruch bieten die Kunststofflamellen ohnehin nicht. Und dann kommen noch die Rollladenführungsschienen hinzu, die neuerdings auf die Fensterstöcke aufgeklipst werden.

Abbildung 50 zeigt ein in vielen Belangen falsch eingebautes Fenster: Der Außenputz schließt auf der Rollladenführungsschiene an, die Fugen zwischen dieser und dem Fensterstock sind offen. Zudem wird der Außenputz falsch auf das Bordprofil der Fensterbank geführt. Es besteht die Gefahr, dass dort Wasser hinterläuft.

Abb. 50: Falsch eingebautes Fenster

Ein im Prinzip richtig eingebautes Fenster mit Rollladenführungsschiene und Fensterbank zeigt Abbildung 51. Hier kann der Fensterstock richtig angedichtet werden. Nur die Rollladenführungsschiene müsste etwa 5 bis 7 mm oberhalb der Fensterbank enden. Wenn dann noch die Aufkantung der Fensterbank im Anschluss an den Fensterstock wasserdicht ist, eine Wind- und Regensperre eingebaut wurde, das WDV-System hohlraumfrei an die Fensterbank anschließt, ist das Ganze nicht nur im Prinzip richtig.

Abb. 51: Richtig eingebautes Fenster

TIPP

Meine Empfehlung: Wenn Sie einen Rollladen wünschen, sollten Sie auf Vorsatzrollladenkästen ausweichen. Sie werden vor das verbreiterte Rahmenholz montiert (siehe Abbildung 52).

In Fällen wie diesen ist der Wasserfluss zu beachten, der die oben auf dem Rollladenkasten abgelagerten Aerosole mitnimmt und über die Fassade abschwemmt. Sie können sich bestimmt vorstellen, dass die Wasserlaufspuren eher ungewollt sind.

Abb. 52: Vorsatzrollladenkasten

5.9 Die Luftdichtheit der Gebäudehülle

Gäbe es den Energiesparzwang und in Verbindung damit die „neuen“ Bauweisen nicht, bräuchten wir uns mit diesem Thema überhaupt nicht zu befassen. Früher waren die Gebäude auch nicht luftdicht und trotzdem hat alles funktioniert. Holzrahmenbauten mit einem dampfsperrenden Außenputz, vollsparrengedämmte Dachstühle, mit WDV-Systemen ummantelte Gebäude oder vergleichbare Bauweisen, immer besteht der Zwang, eine luftdichte Gebäudehülle auszuführen. Denn wenn die Luftdichtung bei Gebäuden oder

Bauteilen versagt, kann das weitreichende Folgen bis hin zum Totalschaden nach sich ziehen.

Bevor Sie mehr über dieses Thema erfahren, möchte ich noch etwas klarstellen: Die Luftdichtheit der Gebäudehülle rückt vor allem dann in den Fokus, wenn fehlerintolerante Konstruktionen wie die zuvor genannten umgesetzt werden. Bei konventionell errichteten Gebäuden aus Hochlochziegeln und einem Kalkinnen- und Kalkaußenputz würde das entstehende Kondensat gepuffert und bei nächster Gelegenheit wieder abgegeben werden. Das heißt nicht, dass die Gebäudehülle luftdurchlässig sein darf, allerdings wären die Anforderungen daran nicht so hoch. Hinzu kommt, dass die Folgen einzelner Leckagen beherrschbar und nicht gravierend wären.

Mit Luftdichtheit der Gebäudehülle meine ich nicht luftdichte Gebäude, das würde für uns tödlich enden, da wir uns alleine durch unser Ausatmen vergiften würden, sondern es geht um die luftdichten Anschlüsse zum Beispiel der Fenster und sonstigen Fassadenöffnungen an die massive Gebäudehülle oder die luftdichte Ausbildung der Leichtdächer. Fehlt sie, können schwerwiegende Probleme entstehen.

Das möchte ich Ihnen an einem Beispiel erläutern: Die Gebäudehülle eines Holzrahmenbaus ist systembedingt, zum Beispiel durch die vorhandenen Stöße, Eckverbindungen, Einbindung der Decken, Pfetten usw. sowie dem Anschluss der Fenster und Außentüren luftdurchlässig. Diese Eigenschaft würde nicht nur zu einem erheblichen Energieverlust, sondern wegen der Partialdampfdruckunterschiede zwischen innen und außen auch zu einer Durchfeuchtung von Baustoffen führen (siehe hierzu auch Kapitel 5.7.1 „Steildächer: leicht oder massiv?“).

Aus diesen Gründen ist auf der Warmseite der Konstruktion eine Schicht einzubauen, die dauerhaft und zuverlässig verhindert, dass ein derartiger Austausch stattfinden kann. Diese Schicht muss an alle Durchdringungen luftdicht angeschlossen werden. In der einschlägigen DIN 4108 Teil 7 vom Januar 2011 wird dies so beschrieben: Die Luftdichtheitsschicht kann mit einem Stift, ohne ihn abzusetzen, auf einmal eingezeichnet werden.

Durch Leckagen in der Luftdichtheitsschicht dringt Gaswasser (blaue Punkte in Abbildung 53) aufgrund des höheren Partialdampfdrucks innen konvektiv in die Dämmebene ein; dort kondensiert sie im Bereich des Taupunkts. Die Lage des Taupunktes hängt vom Wassergehalt der Luft und der Temperatur ab.

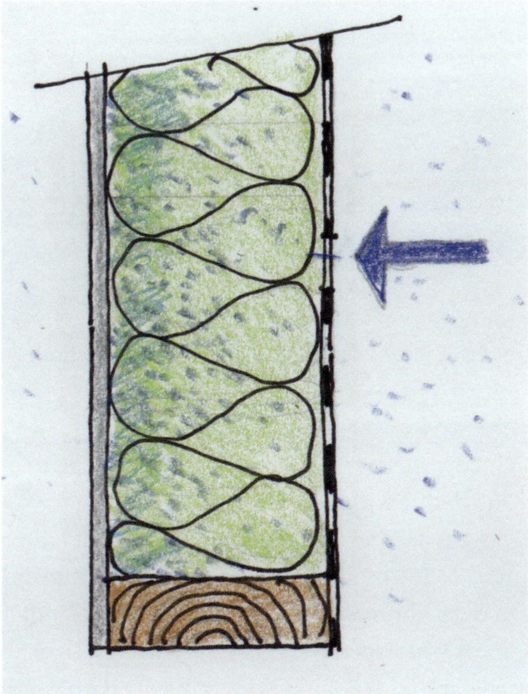

Abb. 53: Zeichnung Leckage

Dieses Problem stellt sich logischerweise bei allen Anschlüssen, zum Beispiel von Fenstern, Fenstertüren und sonstigen Fassadenöffnungen im Anschlussbereich zur Gebäudehülle. Besonders kritisch ist dies bei Fassaden mit WDV-System. Denn hier kann es hinter der Dämmung zur Kondensatbildung und in Folge zur An- und Ablösung.

Was das für den Anschluss eines Fensters an die Gebäudehülle bedeutet, zeigt der horizontale Schnitt in Abbildung 54. Auch hier symbolisieren die blauen Punkte Kondenswasser.

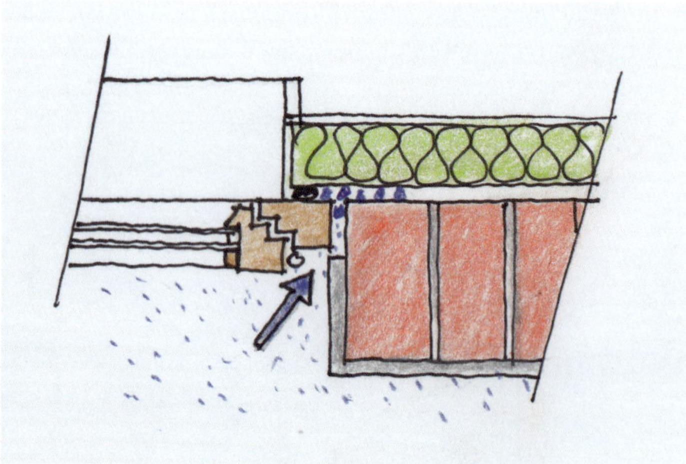

Abb. 54: Zeichnung Anschluss Fenster an Gebäudehülle

Hier wird sichtbar, warum unbedingt darauf zu achten ist, dass keine Leckagen in der luftdichtenden Schicht entstehen.

Noch wichtiger ist das bei ebenso wenig fehlertoleranten Systemen wie Holzrahmenbauten. Entsteht aufgrund vorgenannter Umstände Kondensat, wird sich dieses in der Dämmebene – je nach Art des Wandaufbaus und dem damit verbundenen Dampfsperrwert – mehr oder weniger stark anreichern. Liegen Holzbauteile an der feuchten beziehungsweise nassen Dämmung an, können sich holzzerstörende Pilze bilden. Dieser Vorgang bleibt in der nicht einsehbaren Wandkonstruktion lange Zeit unbemerkt, der Pilz kann in Ruhe seine zerstörerische Arbeit leisten.

HINWEIS

Mit Pilzwachstum in der Konstruktion durch Kondenswasserbildung haben wir es bei einem massiven gemauerten Gebäude normalerweise nicht zu tun. Sollte sich mal im Anschlussbereich der Fenster an die Gebäudehülle Kondenswasser bilden, wird es gepuffert und abtransportiert und verursacht keine Schäden.

Grundsatz: Bei einer Holzrahmenbauweise mit außenseitiger Dampfsperre oder -bremse in Form eines Putzes muss wegen der geringen Fehlertoleranz eine dauerhaft und hundertprozentig funktionsfähige Luftdichtheitsschicht eingebaut werden, damit eine dauerhaft funktionsfähige Gebäudekonstruktion entsteht.

In Abbildung 55 sind die kritischen Punkte für die Ausbildung einer konsequenten Luftdichtheitsschicht (blau gezeichnet) bei einem Holzrahmenbau in einem Gebäudeschnitt gekennzeichnet (roter Pfeil); zudem die besonders problematischen Bereiche, in denen drei Ebenen zusammentreffen: Innenwand, Außenwand und Dachschräge beziehungsweise Decke (blaue Pfeile).

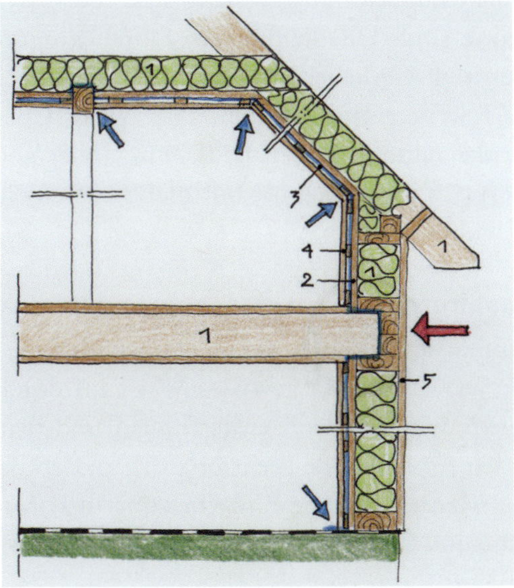

Abb. 55: Zeichnung Luftdichtheitsschicht

(1) Tragkonstruktion (Fassade, Decke, Dach) = Lage der Dämmung
(2) Schalung zur Aufnahme der Luftdichtheitsschicht
(3) Installationsebene
(4) Raumbildende Bekleidung
(5) Fassade

5.9.1 Leckagesuche

Um Spätschäden zu vermeiden, muss die Luftdichtheitsschicht nach ihrem Einbau und noch vor Einbau der Installationsebene sowie der raumbildenden Bekleidung überprüft werden. Rein visuell geht das nicht, hier muss die Technik helfen. Dafür gibt es ein gutes Instrument, die sogenannte Luftdifferenzdruckmessung, vielen bekannt unter dem Markennamen Blower-Door.

Bei dieser Prüfung wird ein Ventilator, der mit einem Computer verbunden ist, in eine Fassadenöffnung eingebaut. Das Gerät misst Außen- und Innendruck und erzeugt für die einfache Leckagesuche einen Unterdruck. Mithilfe eines Strömungsprüfröhrchens oder – technischer – eines Thermoanemometers können Luftströmungen sicht- und messbar gemacht werden. Neuralgische Punkte sind: Überlappungen, Durchdringungen, Anschlüsse an Wände, Fenster und Ähnliches. Erst wenn keinerlei Leckagen mehr festzustellen sind, darf weitergebaut werden. Die zweite Überprüfung erfolgt nach dem Einbau der raumbildenden Bekleidung, aber noch vor der Abfugung. So wird überprüft, inwieweit die Luftdichtheitsschicht durch den weiteren Ausbau beschädigt wurde.

5.9.2 Luftwechselrate

In früheren Zeiten machte sich niemand Gedanken über die Luftwechselrate. Die Gebäudehülle war einfach in gewisser Weise luftdurchlässig, was zum einen auf die Fugen zwischen den Fensterflügeln und den Fensterstöcken, zum anderen auf den Anschluss des Fensterstocks an den Baukörper zurückzuführen war. Der Mensch und die Einzelheizung in Form des Kachelofens wurden so mit genügend Luft, speziell mit Sauerstoff, versorgt, Schimmelpilz kam kaum einmal vor.

Das änderte sich mit Einführung moderner, dichter Bauweisen. Damit rückte das Thema Luftwechselrate immer mehr ins Bewusstsein – spätestens als die ersten Wohnraumnutzer erstickten, als sie aus falsch verstandenem Wärmegeiz die Fugen der Fenster zuklebten und den Kachelofen laufen ließen.

Aber erst einmal dazu, was genau die Luftwechselrate eigentlich bedeutet: Die Angabe $3{,}0^{-1}$ besagt, dass sich die Luft in einem Raum, ohne die Fenster zu öffnen, dreimal pro Stunde austauscht. Das geschieht allein über die

Fugen der Fenster. Es stellt sich die Frage, welcher Wert denn für den Menschen gesund oder, wichtiger, lebensnotwendig ist. Denken Sie dabei daran, dass der Mensch CO_2 ausatmet und sich bei einer zu geringen Luftwechselrate selbst vergiften würde.

Im Moment herrscht die Meinung vor, dass eine Luftwechselrate von $0{,}5^{-1}$, also nur ein Sechstel des vorgenannten Werts, ausreicht. Ich halte unter Berücksichtigung aller Umstände jedoch eine Luftwechselrate zwischen $1{,}0^{-1}$ und $1{,}5^{-1}$ für notwendig.

Eine maßgebliche Norm in diesem Zusammenhang ist die DIN 4108 „Wärmeschutz und Energie-Einsparung in Gebäuden", darin Teil 7 „Luftdichtheit von Gebäuden". In diesem Teil der Norm findet sich zur Bestimmung der Luftdichtheit der n_{50}-Wert. Dieser besagt, dass bei Neubauten und sanierten Bestandsbauten nachstehende Luftwechselraten bei Durchführung einer Luftdifferenzdruckmessung bei 50 Pa (Pascal) Druckdifferenz nicht überschritten werden dürfen:

- Bei Gebäuden ohne raumlufttechnische Anlagen $3{,}0^{-1}$
- Bei Gebäuden mit raumlufttechnischen Anlagen $1{,}5^{-1}$

Dies wird von vielen Bauträgern und Büros, die in deren Auftrag die Luftdichtheit der Gebäudehülle überprüfen, so ausgelegt, dass bei einer gemessenen Luftwechselrate unterhalb von 3,0 respektive 1,5 alles in Ordnung ist.

Ich kann mich des Verdachts nicht erwehren, dass dies zumindest manchmal bewusst falsch interpretiert wird. Denn wenn diese Werte eingehalten sind, braucht man sich nicht um irgendwelche Leckagen zu kümmern. Doch hier werden zwei Dinge vermischt, die nichts miteinander zu tun haben: Die Luftwechselrate ist ein wohnhygienischer Wert, die Leckagefreiheit ein bautechnischer Zwang!

Darauf gibt es sogar einen Hinweis in der DIN 4108. Hier steht gleich nach Abschnitt 4 „Anforderung an die Luftdichtheit" bei Anmerkung 1: „Selbst bei Einhaltung der oben genannten Grenzwerte sind lokale Fehlstellen in der Luftdichtheitsschicht möglich, die zu Feuchteschäden durch Konvektion führen können. Die Einhaltung der Grenzwerte ist somit kein hinreichender Nachweis für die sachgemäße Planung und Ausführung eines einzelnen Konstruktionsdetails, beispielsweise eines Anschlusses oder einer Durchdringung."

Und bei der Gelegenheit noch eine Anmerkung: Die nach Norm zulässige Luftwechselrate von 3,0 ist ein Wert von vor 25 Jahren. Er hat mit den Eigenschaften der damals eingesetzten Klebebänder zu tun. Mit den aktuell vorhandenen besseren Bauprodukten, besonders den hoch entwickelten Klebebändern, sollte ein Wert von $1{,}0^{-1}$ bis maximal $1{,}5^{-1}$ einzuhalten sein. Werte darunter würde ich nicht anraten, Werte darüber als bautechnisch fehlerhaft einstufen.

TIPP

Bestehen Sie darauf, dass eine Luftdifferenzdruckmessung mit Leckagesuche noch vor dem Einbau der raumbildenden Bekleidung durchgeführt wird. Die Leckagesuche muss protokolliert werden. Erst wenn keine Leckagen mehr vorhanden sind, dürfen Sie dem Weiterbau zustimmen. Und lassen Sie sich nicht für dumm verkaufen. In diesem Buch finden Sie genug Argumente, um fundiert antworten zu können.

Kapitel 6

Innenausbau

Beim Innenausbau geht es vor allem darum, die am besten geeigneten und bewährten Baustoffe auszuwählen. Doch oft kennen sich Bauherren zu wenig aus oder ziehen Kriterien heran, die mit der Optik zu tun haben – oder damit, was andere haben. Spätestens wenn er seine Immobilie bewohnt, muss der Bauherr die so manches Mal erheblichen Nachteile seiner Entscheidungen erkennen. Aber dann ist es zu spät! Ich lade Sie daher zu einem kurzen Exkurs über die meiner Meinung nach richtigen Baustoffe ein.

6.1 Wandbaustoffe

Bei der Wahl der Baustoffe für den Innenausbau bevorzuge ich grundsätzlich Baustoffe, die unsere Umwelt nicht mehr als notwendig belasten, wärmespeichernd sind sowie unser Wohlbefinden und die Behaglichkeit unterstützen.

HINWEIS

Noch schnell zum Thema Wohlbefinden: Falls Sie das Kapitel über die Wandbaustoffe für die Außenwände (schon) gelesen haben, wissen Sie, dass gewisse Baustoffe Wärme gut leiten. Dadurch wirkt das Material kalt, obwohl es dieselbe Oberflächentemperatur hat wie beispielsweise Holz, das Wärme schlecht leitet und deshalb gut als Dämmstoff geeignet ist. Dieses subjektive Gefühl hat mit der hohen Wärmeleitung zu tun: Die Wärme (Energie) der Hand, etwa 35 °C, wird schnell wegtransportiert, sodass bei einer angenommenen Oberflächentemperatur von 20 °C das Gefühl von Kälte entsteht.

Eine hohe Wärmeleitung funktioniert auch anders herum, das wissen diejenigen, die sich schon mal an einem Metallkochtopf die Hand verbrannt haben. Das heiße Metall lässt die gespeicherte Wärme schnell nachfließen. Das verursacht auf der Haut ein Überangebot an Energie, man verbrennt sich.

Grundsätzlich gilt: Die Baustoffe für die Außen- und Innenwände sollten aus dem gleichen Material bestehen. Dies hängt mit dem Schwinden zusammen: Während ein trockener, gebrannter Ziegel – beim Aufmauern nach Arbeitsende abdecken! – nicht mehr schwindet, schrumpfen Kalksand-, Porenbeton- und Betonsteine nach dem Einbau weiter. Dadurch werden Spannungen ins Mauerwerk eingeleitet, die zu Rissen führen können. Auch können sich stockwerksweise Höhendifferenzen zwischen Außen- und Innenwänden einstellen, wodurch in den Anschlussbereichen ebenfalls Risse entstehen können.

TIPP

Als Baustoff für die Außenwände empfehle ich porosiertes Mauerwerk. Deshalb würde ich für die Innenwände ebenfalls dieses Material bevorzugen, dann allerding nicht porosiert.

Falls Sie sich bei der Außenwand für ein anderes Material als porosiertes Mauerwerk entschieden haben, zum Beispiel für Beton mit WDV-System, sind Sie bei der Wahl des Innenwandbaustoffs ziemlich frei. Hier bieten sich Kalksandstein, Gipsdielen oder Gipskarton an, wobei Gips nicht für den Spritzwasserbereich in Badezimmern geeignet ist; mehr dazu erfahren Sie in Kapitel 6.3 „Badezimmer (Nassräume)".

6.2 Fußbodenbeläge

Viele Menschen mögen es, zu Hause unbeschuht, bar- und leichtfüßig unterwegs zu sein. Auch ich finde das einfach herrlich! Dafür ist natürlich ein geeignetes Material Bedingung: Es sollte eine geringe Wärmeleitung aufweisen und relativ weich, zumindest nicht hart sein. Damit scheiden Beton oder vergleichbar harte Materialien wie Fliesen oder Naturstein aus. Mit nackten Füßen auf diesen Untergründen zu laufen und zu stehen ist höchstens im Hochsommer angenehm. Ansonsten hat man immer kalte Füße – außer es gibt eine Fußbodenheizung, die eingeschaltet ist.

In Ihre Überlegungen sollten Sie auch die Zukunft einbeziehen, vielleicht planen Sie ja Kinder. Fragen Sie sich, ob Sie möchten, dass Ihr Nachwuchs auf harten und kühlen Bodenbelägen spielen muss.

Auch wenn ein geschliffener Estrich oder Fliesen einfach gut aussehen. Was nützt das, wenn der Boden für die Bewohner und ihre Bedürfnisse nicht geeignet ist? Den Einwand, dass solche Beläge gut sauber zu halten sind, besonders wenn Haustiere vorhanden sind oder Missgeschicke verschiedenster Art passieren, spielt sicher auch eine Rolle bei Ihren Überlegungen. Doch fördert das die Wohnbehaglichkeit?

Alternativ könnten Sie in stärker beanspruchten Bereichen, die sich leicht reinigen lassen sollen, beispielsweise einen Linoleumbelag verlegen. Der hat sein altbackenes Image längst verloren, denn inzwischen gibt es ihn in tollen Farben. Zudem wird dieser Baustoff umweltfreundlich aus Leinöl und Korkschrot hergestellt. Bei einigen Produkten wird er auf Trägerplatten aus Holz aufgebracht, damit eignet er sich für die Verlegung in Eigenleistung. Oder Sie lassen ihn als Rollenware auf dem Estrich verlegen. Die Fugen können verschweißt werden, sodass auch beim Wischen kein Wasser unter den Belag geraten kann. Deshalb ist er auch im häuslichen Bad einsetzbar.

Eine weitere Möglichkeit ist der Einsatz von Holzparkett, und zwar aus Massivholz. Diesen Bodenbelag würde ich allen anderen vorziehen, außer im Eingangsbereich, in der Küche und im Badezimmer. Der Vorteil ist, dass Parkett mehrmals abgeschliffen werden kann und wertstabil ist. Auch verträgt es eine stärkere Beanspruchung.

6.3 Badezimmer (Nassräume)

Die Baumaterialien in Nassräumen werden vor allem beansprucht, wenn Sie duschen oder baden. Dabei entsteht Wasserdampf in rauen Mengen und natürlich Spritzwasser. Die Anforderungen sind damit definiert: Es sollten keine wasserempfindlichen Baustoffe eingebaut werden, zumindest im Spritzwasserbereich. Ansonsten eignen sich Baumaterialien, die Wasserdampf puffern und schnell wieder abgeben können.

Badezimmer gehören zu den intimsten Räumen in Häusern oder Wohnungen. Bis auf wenige Ausnahmen, zum Beispiel in Krankenhäusern oder Hotels, können sie nicht standardisiert werden, sie sind also immer das Ergebnis individueller Planungen. Dabei haben sich die Anforderungen in den letzten Jahrzehnten erheblich geändert. Die Bandbreite reicht von Räumen mit Waschbecken und Kaltwasseranschluss bis hin zu Räumen für ausgefallenere Wasserspiele.

Das bedeutet: Was Ihr Bad angeht, muss sich der Planer auf Basis der baukonstruktiven Gegebenheiten mit Ihren individuellen Wünschen und Bedürfnissen auseinandersetzen. Sie sollten also intensiv miteinander sprechen. Dabei stellen sich Fragen wie: Möchten Sie eine bodengleiche Dusche? Eine separate Badewanne? Eine abgetrennte Toilette? Ein Bidet?

Ich rate Ihnen, sich wirklich Zeit mit der Entscheidung über die Ausstattung des Badezimmers zu lassen. Ich zum Beispiel bin kein Freund von Badewannen, weiß aber ein Vollbad nach einem ausgedehnten Winterspaziergang oder bei angeschlagener Gesundheit sehr wohl zu schätzen. Andererseits ist es viel bequemer, sich in einer geräumigen Dusche das Wasser über den Körper laufen zu lassen. Und dabei nicht das ganze Badezimmer zu überfluten oder alles andere nass zu spritzen. Beim Bidet gilt für mich: Ich halte es für wichtig und unverzichtbar. Wie sehen Ihre Vorstellungen aus?

6.3.1 Baustoffe für Wand und Fußboden

Bei der Auswahl der Wandbaustoffe steht Ihnen eine ganze Palette zur Verfügung. Problemlos als Untergrund sind gebrannte Baustoffe und Normalbeton. Bei der Verwendung von Holz- und Holzfaserplatten sollte auf eine Hinterlüftung, eine schnelle Entwässerung und die Ausführung von Tropfkanten geachtet werden.

Vorsicht ist bei Baustoffen und Bauteilen aus Gips beziehungsweise Anhydrit geboten. Sie sind feuchteempfindlich – auch bei hohen Raumluftfeuchten – und sollten meiner Meinung nach nicht im Spritzwasserbereich von Nassräumen eingebaut werden. Das gilt auch für die von der Industrie angepriesenen imprägnierten Platten. Der Unterschied zu den normalen Gipskartonplatten besteht nur darin, dass sie länger brauchen, um Wasser beziehungsweise Feuchtigkeit aufzunehmen. Der physikalische Zersetzungsprozess nach mehrmaliger Durchfeuchtung und Rücktrocknung ist jedoch derselbe.

TIPP

Duschstangen, Haltegriffe und schlecht eingedichtete oder falsch ausgeführte Armaturendurchgänge sind Punkte, an denen Wasser in den Untergrund eindringen kann! Hier ist also besonders sorgfältiges Arbeiten erforderlich.

Bei Holzbauteilen oder Holzwerkstoffen ist besonders die wechselnde Eigenfeuchte zu berücksichtigen. Da durch Schwinden und Quellen Form- und Volumenänderungen auftreten, die zu Schäden führen können, müssen diese Baustoffe und Bauteile gegen dauerhaften Feuchteeintrag geschützt werden.

HINWEIS

Falls Sie sich für eine bodengleiche Dusche entscheiden, gilt der Grundsatz „Wasser weg vom Bau". Dies ist leicht umzusetzen, indem der Bodenaufbau mit einem Gefälle zwischen 1,5 bis 2 % zur bodengleichen Dusche gezogen wird, was einem Bodenablauf entspricht.

Für den Estrich gilt dasselbe wie für die Wandbaustoffe: keine wasserempfindlichen Baustoffe! Damit scheidet ein Gipsestrich, der jetzt Calciumsulfatestrich heißt, aus. Es kommt nur ein Zementestrich oder ein Gussasphalt infrage; letzterer ist wegen der hohen Kosten eher die Ausnahme.

6.3.2 Verbundabdichtung und Höhenabsatz

Sowohl unter Boden- als auch unter Fliesenbelägen ist meiner Meinung nach eine Verbundabdichtung zwingend erforderlich, um den Untergrund vor eindringender Feuchtigkeit und Nässe zu schützen.

Fliesenbeläge sind niemals wasserdicht, weil durch Fugen immer Wasser eindringt – egal welche Materialien Sie dafür verwenden. Also gehört unter die Fliesen eine Verbundabdichtung, die auch an den Wänden hochgezogen wird. Im spritzwasserbelasteten Bereich sollte sie 30 cm über den Duschkopf hinausgehen, an allen anderen Stellen bis zur Oberkante der Sockelfliesen.

Und noch etwas ist zu beachten: Vom Nassraum zum angrenzenden Raum ist ein Höhenabsatz erforderlich, selbst wenn es nur 5 mm sind – was übrigens nicht als Stolperschwelle gilt. Dieser Unterschied von mindestens 5 mm schützt den angrenzenden Bodenbelag, der oft genug aus Parkett besteht, vor Durchnässung. Spätestens wenn Wasser in das Hirnholz des Parkettbodens einzieht und hässliche Wasserränder entstanden sind, werden Sie es bereuen, dass Sie sich für einen schwellenlosen Übergang entschieden haben. Ein solcher Hochzug muss mit einer Winkelschiene und daran angearbeiteter Verbundabdichtung im Schwellenbereich ausgeführt werden.

WICHTIG

Denken Sie bei der Wasserbelastung auch an plantschende Kinder! In ihrer Freunde und Selbstvergessenheit setzen sie das Badezimmer schon mal unter Wasser.

Eine Verbundabdichtung muss auch unter der auf dem Estrich stehenden Wanne ausgeführt werden. Unter der bodengleichen Dusche ist ebenfalls eine Abdichtung notwendig, auch wenn damit eine zweite Wanne (die Abdichtung muss aufgrund des Höhenversatzes wannenförmig ausgebildet werden) unter der Wanne entsteht – ohne wird's zumindest riskant.

Die Bandbreite bei den Angeboten für Verbundabdichtungen reicht von spachtelbaren Dichtmassen bis hin zu folienartigen Produkten. Vorsicht: Bei den spachtelbaren Dichtmassen ist man nie sicher, wie dick diese vom Handwerker aufgetragen und ob damit die Vorgaben des Herstellers umgesetzt werden. Zu dünn aufgetragene Dichtmassen können versagen. Ich empfehle daher die in der Dicke fest definierten bahnenförmigen Abdichtungen, damit ist auch die Ausführung leicht kontrollierbar.

Bei der Ausführung von Verbundabdichtungen müssen die Herstellervorgaben konsequent umgesetzt werden. Die Randwinkel sind mit Entlastungsschlaufen im Anschlussbereich des Fußbodens an die Wände auszuführen, da sich der Estrich bestimmungsgemäß setzt. Werden Dichtmassen eingesetzt, darf das „Einfingern" der Randwinkel nicht vergessen werden. Dabei wird der Randwinkel zwischen die beiden Lagen der Dichtmassen eingebunden. Ansonsten entstehen Schwachpunkte, die ein Eindringen des Wassers ermöglichen. An den Armaturendurchgängen sind Dichtmanschetten einzubauen und an die flächige Abdichtung anzuschließen. Achtung: Die behelfsmäßigen Baustopfen müssen dem Durchmesser der Verlängerungen für die Armaturen entsprechen. Dies ist ein gerne übersehenes Detail, das zu Wasserschäden führen kann.

TIPP

Lassen Sie am Ende alles vom Fachmann kontrollieren.

Bleibt noch zu sagen, dass ich eine Revisionsöffnung in der Schürze der Badewanne in Form eines gefliesten Türchens mit Magnetverschluss sinnvoll finde. Allein schon deshalb, weil so die Funktionstauglichkeit der Anschlussfugen zwischen Badewanne und Wand leicht überprüft werden kann. Wie eine richtige Fugenausbildungen aussieht, sehen Sie in Abbildung 56. Der senkrechte Schnitt durch den Übergangsbereich Boden-/Wandfliesen zeigt eine mit einem sogenannten „Prilfinger" (Pril ist ein Spülmittel) erzeugte Fugenfüllung, die über Eck an zwei Flanken anhaftet, keinerlei Bewegung aufnehmen kann und dadurch sehr schnell abreißen muss. Die richtige Fugenausbildung rechts erzeugt einen Querschnitt, der Bewegungen aufnehmen kann.

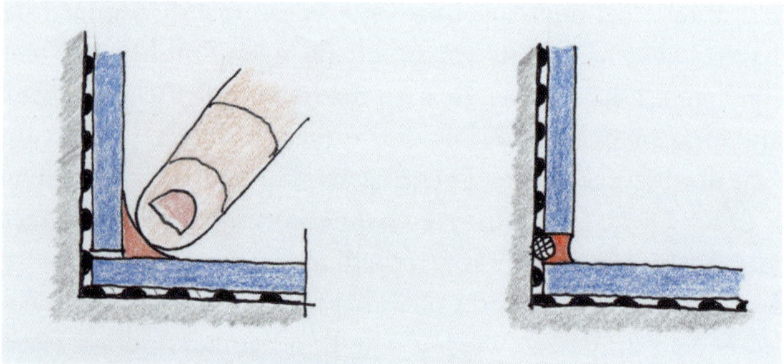

Abb. 56: Fugenausbildung

WICHTIG

Bei innenliegenden Badezimmern ist zu beachten, dass die Einzellüfter mit Nachlaufrelais ausgestattet sind. Mit ihnen wird jedoch nicht das nach einer intensiven Nutzung notwendige Luftvolumen samt Feuchtigkeit ausgetauscht. Besser sind hygrisch gesteuerte Einzellüfter.

6.4 Innenputz

Aufgrund meiner Forderung nach einem feuchtigkeitspuffernden Innenputz, der zudem das Pilzwachstum hemmt, also fungizid sein sollte, führt kein Weg an einem Kalkputz vorbei. Dabei ist es sinnvoll, die Oberfläche handwerklich so einfach wie möglich zu halten, damit sich Nacharbeiten und Ausbesserungen leicht ausführen lassen. Bei einem teuren Putz, der viel handwerkliches Geschick erfordert, bleiben Nachbesserungen, zum Beispiel nach ersten Schäden schon beim Umzug, meistens sichtbar. Diese Stellen müssen Sie sich dann jeden Tag anschauen.

Was die fungizide Wirkung betrifft: Sie lässt mit der Zeit nach. Einfach ausgedrückt gehen die dafür zuständigen basischen Eigenschaften nach und nach durch das CO_2 in der Luft verloren.

Das Material der Wahl ist meiner Meinung nach ein mit dem Glättbrett glatt abgezogener Kalkputz. Gipsputz geht natürlich auch, er ist aber aufgrund seines ph-Werts im sauren Bereich nicht fungizid.

HINWEIS

Oft werden raumhoch geflieste Bäder als „Luxusausführung" angepriesen. Das ist in Hinblick auf die Gebrauchstauglichkeit nicht nachzuvollziehen, da dann die Pufferfläche für die anfallende hohe Luftfeuchtigkeit fehlt. Es passiert Folgendes: Nach dem Duschen oder Baden läuft an den Fliesenflächen das kondensierte Wasser herunter, der Spiegel ist ebenfalls beschlagen. Die Nässe hält sich dann auf den mit spritzbaren Dichtstoffen ausgebildeten Anschlussfugen im Fußboden- und Wandbereich sowie auf den Fugen am Fenster. Die besten Voraussetzungen für Schimmelpilze!

Und: Haben Sie schon mal ein Handtuch in einem solchen Badezimmer trocknen lassen? Geht nicht, es muffelt innerhalb kürzester Zeit.

6.5 Beheizung

Grundsätzlich sage ich hier nichts zur Beheizungstechnik, da ich davon nicht viel verstehe. Zudem entwickelt sich die Technik permanent weiter, sodass es selbst für einen Fachprojektanten schwierig ist, den Überblick zu behalten und aus der Fülle von Möglichkeiten die richtige herauszufiltern. Ich stelle Ihnen stattdessen die generellen Funktionsweisen von Heizungsarten vor und erkläre, was bei der Auswahl zu beachten ist.

Wenden Sie sich bitte unbedingt an einen Fachplaner, um sich beraten zu lassen, keinesfalls an Ausführungsfirmen. Von denen werden Sie völlig verschiedene Meinungen hören, abhängig davon, welche Produkte und Materialien sie hauptsächlich verbauen. Während die eine Firma auf eine Luftwärmepumpe zur Erzeugung warmen Wassers für die Heizung schwört, hält die andere eine Grundwasserwärmepumpe, wieder eine andere einen Erdkollektor für das Maß aller Dinge. Hier ist wichtig zu wissen, dass die meisten Unternehmen irgendwelche Verträge mit Herstellern haben, logischerweise gekoppelt mit entsprechenden Provisionszahlungen.

TIPP

Suchen Sie sich einen unabhängigen Projektanten für Heizung. Übrigens sind die meisten von ihnen auch im Bereich Sanitär und Lüftung tätig. Einen solchen Fachmann finden Sie entweder mithilfe Ihres Architekten oder über Empfehlungen.

Die meisten Menschen – ich auch – fühlen sich wohl, wenn sie die Wärmestrahlung der Sonne genießen dürfen. Pudelwohl sogar. Und das selbst bei niedrigen Außentemperaturen vor einer Skihütte. Das hat mit der kurzwelligen elektromagnetischen Strahlung und der gleichzeitig weiterhin vorhandenen kühlen Winterluft zu tun. Die Strahlung erreicht uns, da sie an kein Medium gebunden ist. In dieser kühlen und trockenen (!) Winterluft atmen wir leichter und befreiter als in schwüler Sommerhitze. Übrigens werden Lungenkranke in sehr trockenen Gegenden am erfolgreichsten behandelt.

Folgen Sie mir nun gedanklich in einen Wohnraum, in dem sich verschiedene Wechselwirkungen zwischen Mensch und Außenwandbauteilen abspielen: Die Beheizung der Raumluft führt zu einer geringeren Oberflächentemperatur auf den Innenseiten der Außenwände. Dies hat mit der Brown'schen Molekularbewegung und dem Wärmeübergangswiderstand $R_i = 0{,}14\ m^2 \times K/W$ zu tun. Beispiel: Bei einer Raumlufttemperatur von 22 °C beträgt die Oberflächentemperatur maximal nur noch etwa 19 °C, oft liegt sie sogar weit darunter. Die Oberflächentemperatur steigt zwar, wenn ich den U-Wert der Außenwand erhöhe, sie bleibt aber immer deutlich unter der Raumlufttemperatur.

Diese niedrigere Oberflächentemperatur im Vergleich zur Raumluft führt zu einem Energieverlust des menschlichen Körpers. Dabei gilt: Die Empfindungstemperatur des Nutzers setzt sich aus Anteilen der Raumlufttemperatur und aus Anteilen der Oberflächentemperatur der raumumschließenden Flächen, also der Außenwände, zusammen. Das bedeutet: Wenn die Oberflächentemperatur der Außenwände erhöht wird, kann die Raumlufttemperatur reduziert werden, wodurch Energie eingespart wird.

Mit diesen Grundlagen im Hinterkopf nehmen wir uns die üblichen Heizsysteme nun einzeln vor.

6.5.1 Heizkörper (Konvektor) unter dem Fenster

Üblicherweise hängt der Heizkörper, ein Konvektor mit hohem Konvektions- und sehr geringem Strahlungsanteil vor der Außenwand, und zwar in der Regel unter dem Fenster. Abbildung 57 zeigt, welche Wirkung dies auf die Gebäudehülle hat.

Die erwärmte Luft steigt an der Außenwand hoch, verliert dabei im Bereich des Fensters einen Teil der Energie, setzt ihren Weg über die Decke fort und „fällt“ schließlich abgekühlt zu Boden. Die Wandscheiben links und rechts des Heizkörpers bleiben dagegen kalt, die Heizenergie erreicht sie nicht. Dies verdeutlicht Abbildung 57, die das Ganze im Grundriss darstellt.

Der blaue Pfeil im Eck zeigt die geometrische Wärmebrücke. Einem kleinen Punkt innen steht eine große Wärmeabstrahlfläche außen gegenüber (kleine blaue Pfeile in Abbildung 58).

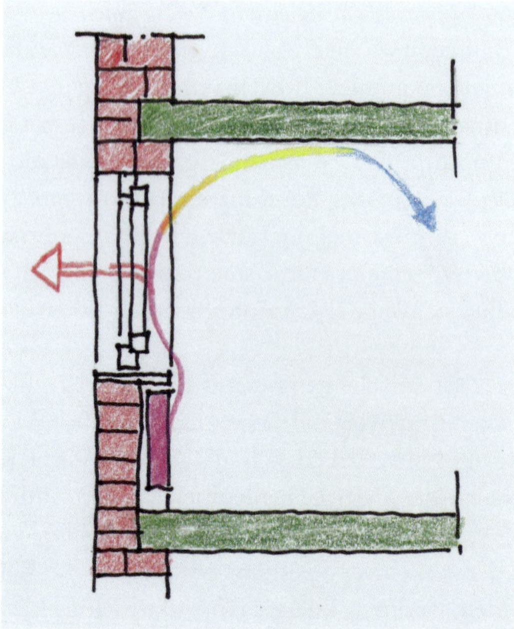

Abb. 57: Heizkörper unter dem Fenster

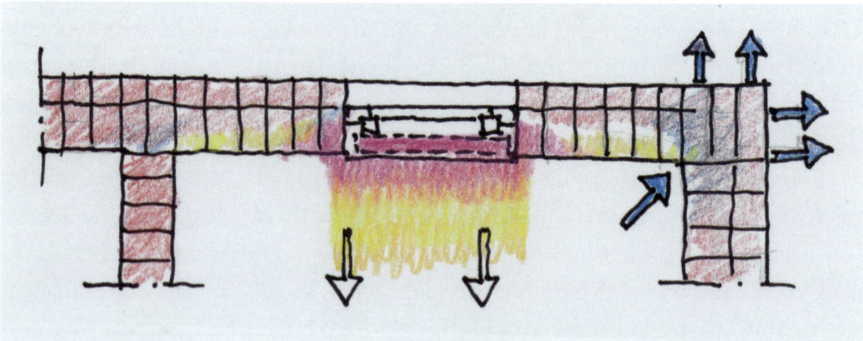

Abb. 58: Grundriss Heizkörper

Für die Bewohner heißt das: Da sich die Empfindungstemperatur aus der Oberflächentemperatur der Außenwände und der Raumlufttemperatur zusammensetzt, muss aufgrund der niedrigeren Oberflächentemperaturen der beiden seitlichen Wandscheiben die Raumlufttemperatur angehoben werden. Das hat damit zu tun, dass der Körper des Menschen mit seiner Umgebung in einem Austausch steht. Wenn Sie vor einer kalten Außenwand stehen, verlieren Sie (Strahlungs-)Energie. Stehen Sie bei gleicher Raumtemperatur vor einer erwärmten Wand, fühlen Sie sich plötzlich wohl. Ihr Körper verliert dann keine zusätzliche Energie.

Ein weiterer Faktor bei dieser Art zu Heizen: Die Oberflächentemperaturen in der Außenwandecke (geometrische Wärmebrücke!) sinken so weit ab, dass die Gefahr der Schimmelpilzbildung besteht. Stehen dann noch Einrichtungsgegenstände vor den Außenwänden, verschärft sich die Situation erheblich, da dahinter die Temperatur weiter absinkt. Außerdem fehlt die dringend benötigte Luftumspülung der Außenwände, auch ein Grundsatz für die Schimmelpilzprophylaxe.

6.5.2 Fußbodenheizung

Inzwischen will fast jeder Bauherr eine Fußbodenheizung, weil Heizkörper einfach nicht mehr beliebt sind – so wie zum Beispiel Dachrinnen, Regenfallrohre, Dachüberstände oder Sockel. Doch mit der richtigen Beheizung können Sie enorm viel zu Ihrem Wohlempfinden und zu Ihrer Gesunderhaltung beziehungsweise Gesundung beitragen. Lassen Sie sich deshalb bitte auf die Argumente in meinen Ausführungen ein, selbst wenn Sie sich eigentlich schon entschieden haben.

Physikalisch gesehen passiert bei Fußbodenheizungen Folgendes: Die in dem Fußbodenaufbau verlegten Heizschlangen erwärmen zunächst den Estrich und damit die bodennahen Luftschichten. Da es physikalisch gesehen dauerhaft unmöglich ist, dass warme und damit leichtere Luft unter der kühleren, schwereren Luft liegenbleibt, ergibt sich ein Luftaustausch, „Zimmertaifun" genannt. Damit ist die Fußbodenheizung eine reine Luftheizung!

Dieser Zimmertaifun wirbelt die Raumluft mehrmals pro Stunde um, was unter anderem zu einer erhöhten Staubbelastung führt. Noch wichtiger: Die Außenwände bleiben wesentlich kühler als die Raumluft, weil sie überhaupt kein Wärmeanreiz erreicht. Als Folge davon muss die Raumlufttemperatur angehoben werden, um eine Wohlfühltemperatur zu erreichen, das sind im Vergleich zu einer Strahlungsheizung circa 2 bis 3° mehr! Das kostet viel Energie und damit Geld.

HINWEIS

Hinzu kommen noch die bautechnischen Nachteile einer Fußbodenheizung: Bei ihr liegen alle Leitungen im Estrich. Wenn an den Heizschlangen Schäden auftreten, müssen die Bewohner der betreffenden Immobilie für Wochen ins Hotel ziehen. Und es kommt noch mehr hinzu:

- Fußbodenheizungen sind sehr träge. Stellen Sie sich vor, wie lange es dauert, bis ein Estrichpaket von 60 bis 80 mm Dicke warm wird – oder abkühlt. Bis dahin sind Sie erfroren oder überhitzt.
- Menschen denken um und immer öfter wird wieder Holzparkett anstatt des zuvor so beliebten Fliesenbodens eingebaut. Es stellt sich grundsätzlich die Frage nach dem Sinn einer solchen Konstruktion, bei der ein guter Dämmstoff auf einem Heizestrich verlegt wird. Die Trägheit des Systems nimmt weiter zu.

6.5.2 Strahlungsheizung

Aus dem bisher Ausgeführten ergibt sich ganz logisch der Zwang zur Beheizung der Außenwände. Die Vorteile einer solchen Heizart:

- Die Außenwände trocknen aus und ab. Pro Prozentpunkt weniger Feuchtigkeit in der Außenwand ergeben sich um fünf Prozentpunkte verbesserte Dämmwerte.
- Ein besserer Feuchteaustausch von innen nach außen wird ermöglicht.
- Die Raumlufttemperatur kann deutlich abgesenkt werden.
- Möbelstücke können wieder direkt vor die Außenwand gestellt werden.
- Es kann kein Schimmelpilz entstehen.

Das sind doch sehr positive Aspekte. Ich kann nicht verstehen, warum die meisten Bauwilligen davon nichts hören wollen.

Die Umsetzung einer Strahlungsheizung kann in Form von sogenannten Heizleisten erfolgen, die direkt vor die Außenwand montiert werden. Der sich an die Wand anlegende warme Luftstrom heizt die Wandflächen bis zu einer gewissen Höhe auf, damit werden diese zu Strahlungsflächen. Die Heizleisten bestehen aus Kupferrohren mit aufgepressten Lamellen, die entweder mit Holz- oder Metallprofilen verkleidet werden. Eine mögliche Ausführung zeigt Abbildung 59.

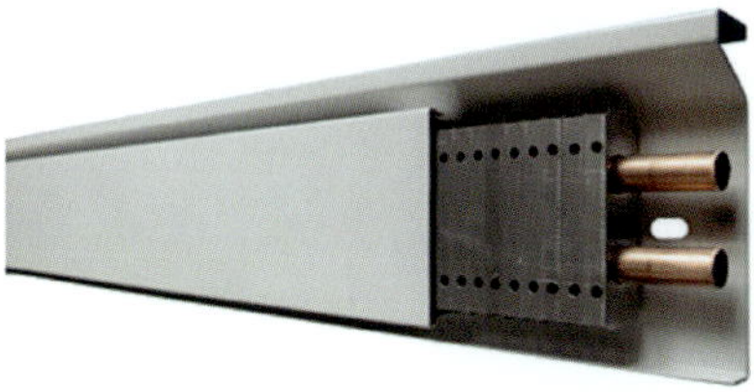

Abb. 59: Heizleiste (Quelle: Perfecta-Heizleisten radia-therm)

Das zusammen mit meinem Bruder gebaute Doppelhaus habe ich mit Heizleisten ausgerüstet, die trotz anfänglicher Skepsis alle zufriedengestellt haben. Es folgten weitere Gebäude, unter anderem ein fünfstöckiges Wohngebäude aus der Jahrhundertwende mit relativ dünnen Wänden – auch dies zur vollsten Zufriedenheit der Nutzer.

Abb. 60: Heizschlangen

Eine andere Möglichkeit ist das Einlegen von Heizschlangen in die Außenwände (siehe Abbildung 60). Abgedeckt werden sie durch den Innenputz.

Der Nachteil ist, dass die warmwasserführenden Rohrleitungen unter Putz liegen, das heißt im Falle eines Falles: alles aufklopfen.

Für Bestandsgebäude mit oft dünnen, aber massiven Außenwänden drängt sich diese Art der Beheizung förmlich auf. Spätestens wenn Sie an eine energetische Sanierung denken: Bevor Sie außen ein WDV-System mit sehr fragwürdigen Ergebnissen, dafür aber mit großem Schadenspotenzial und hohen Unterhaltskosten aufbringen, bauen Sie lieber die dauerhaft funktionstaugliche und jegliches Schimmelpilzrisiko ausschließende Wandheizung ein. Das ist auch noch umweltfreundlich und relativ günstig! Meine Empfehlung lautet daher: Strahlungsheizung auf massiven Außenwänden.

6.6 Beschichtungsstoffe (Tapeten und Farben)

Meine Empfehlung für die Innenwand hieß ja abgeriebener Kalkputz oder vielleicht noch Kalkgipsputz. Nun werde ich Ihnen sicher nicht raten, diesen schönen Putz mit einer Tapete (früher hieß dies: der Stoff der armen Leute) zu überdecken. Wählen Sie am besten einfach eine Silikatfarbe – auf Kalkbasis und damit ebenfalls fungizid und wohngesund – und fertig ist die Oberfläche der Wände.

Wenn Sie auf Raufasertapeten mit Beschichtung stehen: Die mag auch der Schimmelpilz, beinhalten diese Tapeten doch seine Lieblingsspeisen, Zellulose und Kleber. Kommt dann noch Kondenswasser durch falsche Beheizung hinzu, geht's richtig los. Überlegen Sie sich also lieber noch einmal, ob Sie dem Schimmel wirklich eine Chance geben wollen.

Kapitel 7

Das Fertighaus

Wer endlich die Entscheidung getroffen hat zu bauen, wird schnell ungeduldig. Natürlich ist es dann verlockend, sich schnell ein Haus hinstellen zu lassen. Vor allem, wenn man dabei noch Geld (so stellen es jedenfalls clevere Verkäufer dar) und durch die kurze Bauzeit Zinsen sparen kann. Dass dabei irgendwo ein Haken ist, sogar sein muss, wird gerne übersehen. Dieses Kapitel liefert Ihnen daher eine kritische Betrachtung der Bauweisen und der damit verbundenen potenziellen Risiken.

Immer beliebter wird eine Bauweise, bei der die Teile auf dem Lkw daherkommen und das Gebäude in wenigen Tagen aufgestellt werden kann: das Fertighaus aus massiven Baustoffen oder aus Holz.

Ich beschränke mich hier auf das zurzeit beliebteste Baumaterial für diese Bauweise, das Holz. Sie haben die Wahl zwischen Holzrahmenbau, Holztafelbau oder Vollholzbau. Da sich die verschiedenen Bauweisen hauptsächlich in der Ausführung der Wände unterscheiden, beschränke ich mich in meinen Ausführungen auf diese. Das Dach wird genauso ausgeführt wie ein konventionelles Steildach (siehe hierzu Kapitel 5.7.1 „Steildächer: leicht oder massiv?").

HINWEIS

Viele Käufer von Fertighäusern haben die Vorstellung, sich für ein Holzhaus entschieden zu haben. Doch das ist nicht der Fall. Überwiegend besteht ein Fertighaus aus Dämmstoffen wie Mineralfasermatten oder Polystyrol, Holzwerkstoffplatten wie Pressspanplatten und OSB-Platten (hier sind die groben Holzspäne sichtbar), Gipskartonplatten, PE-Folien und Klebebändern sowie Kunststoffputz. Es besteht also nur zu einem kleinen Teil aus Holz.

7.1 Holzrahmenbau und Holztafelbau

Diese beiden Bauarten sind grundsätzlich identisch, sie unterscheiden sich nur im Grad der Vorfertigung. Während die Einzelteile des Holzrahmenbaus, also Holzrahmen, Dämmung und Beplankungen, noch vor Ort zimmermannsmäßig auf- und fertiggestellt werden, kommen beim Holztafelbau die Wandelemente komplett vorgefertigt auf die Baustelle. Sie müssen dann nur noch aufgestellt und aneinandergefügt werden. Laut den Veröffentlichungen der Sägeindustrie macht der Holztafelbau den Hauptanteil bei diesen beiden Bauweisen aus.

Der Grad der Vorfertigung bedingt auch das höhere Risiko beim Holzrahmenbau. Wegen der wesentlich längeren Aufrichtzeit steigt die Gefährdung durch Witterungseinflüsse. Daher ist der Schutz des Holzes vor Niederschlägen oder sonstiger Feuchtebelastung besonders wichtig.

Abbildung 61 zeigt die Konstruktion eines Holzrahmenbaus, kurz bevor der Dachstuhl aufgerichtet wird.

Abb. 61: Aufbau eines Holzrahmenbaus

Die meisten Bauteile werden in der Werkhalle vorfabriziert. Je nach Hersteller kommen dann Elemente auf die Baustelle, die entweder nur aus dem fertigen Holzrahmen bestehen oder schon einseitig, häufig auf der Innenschale, mit flächigen Baustoffen wie Holzfaser- oder Gipsplatten bekleidet sind. Auch sind oft die Fenster bereits in die vorfabrizierten Holzrahmen eingesetzt. Die Holzrahmen werden dann mit Fugenbändern (roter Pfeil) dicht gestoßen und verschraubt (siehe hierzu Abbildung 62).

7.1.1 Physikalische Grundlagen

Damit sie dem physikalischen Grundsatz „innen dichter als außen" genügen, muss auf die Außenwandbauteile innen entweder eine Dampfbremse oder eine Dampfsperre aufgebracht werden. Was jeweils sinnvoll ist, hängt vom weiteren Wandaufbau ab. Ist dieser außen diffusionsoffen, genügt in der

Abb. 62: Vertikalstoß Holzrahmenbau

Regel eine Dampfbremse. Bei einer relativ dampfdiffusionsdichten Außenhaut, zum Beispiel einem WDV-System mit Polystyroldämmung und Kunstharzbeschichtung, muss innen eine Dampfsperre eingebaut werden.

Bei beiden Bauweisen ist auf jeden Fall innen die Ausbildung einer Luftdichtheitsschicht notwendig. Ansonsten würde feuchtwarme Luft in der kalten Jahreszeit in den Wand- beziehungsweise Dachaufbau gelangen und dort kondensieren. Umfangreiche Schäden bis hin zum Totalschaden können die Folge sein. Besonders ist auf die luftdichte Ausführung aller Anschlüsse zu achten, zum Beispiel von den Wänden zur Bodenplatte, von den Wänden zur Deckeneinbindung, von den Wänden zum Dach sowie von den Wänden zu den Fenstern. Was passiert, wenn diese Dinge nicht beachtet werden, zeigen die Abbildungen eines völlig zerstörten, circa zwölf Jahre alten Holzrahmenbaus in Kapitel 7.1.5.

7.1.2 Die Nachhaltigkeit von Fertighäusern

Grundsätzlich bin ich ein ökologisch eingestellter Mensch, zum Beispiel habe ich mir vor etwa 28 Jahren ein ökologisches Haus in der Nähe von Bamberg gebaut, zum Großteil in Eigenleistung. Es bestand aus einem richtigen Mauerwerk, Holzbalkendecken und begrünten Pultdächern. Dem Holzbau begegne ich grundsätzlich auch positiv. Und ich kann nachvollziehen, dass sich viele Menschen ihren Traum vom eigenen Haus schnell und kostengünstig, manchmal unter Berücksichtigung ökologischer Aspekte, erfüllen wollen.

Die Vorteile liegen auf der Hand: Vor Baubeginn ist der letztendliche Preis ausgehandelt, der Erstellungs- und Fertigstellungszeitpunkt stehen fest. Stellt sich nur die Frage, ob man mit oder ohne Keller bauen möchte. Die Ausführung des Kellers oder bei Verzicht darauf der Bodenplatte muss dann meist separat beauftragt werden.

Wer sich dann noch der Umwelt verpflichtet fühlt, hat ein gutes Gefühl, weil Holz, wenn auch nicht der einzige Bestandteil des Fertighauses, zu den nachwachsenden Rohstoffen zählt. Aber: Holz wird heutzutage aufgrund des Kostendrucks „just in time" geschlagen und sofort weiterverarbeitet. Und weil das geschlagene Holz oft mit circa 40 bis 50 % (Fasersättigung!) zu nass ist, muss es technisch bis zu einem Wert von 16 bis 18 % getrocknet werden. Im günstigsten Fall geschieht dies durch die Abwärme in einer Biogasanlage – deren Fragwürdigkeit hier mal außer Betracht bleibt –, damit verliert der ökologische Aspekt schon deutlich an Bedeutung.

HINWEIS

Vom Grundsatz her halte ich es für einen Widerspruch, wenn zum Beispiel ein Holzrahmenbau außen verputzt wird und damit den Anschein eines massiven Gebäudes erweckt. Wenn schon ein „Holzhaus", dann doch bitte eines mit Holzdämmstoffen und einer hinterlüfteten Holzschalung, das auch so aussieht und zu einem größeren Teil aus Holz besteht.

Oder Sie bauen sich ein Haus aus reinem Vollholz. Als Beispiel nenne ich Ihnen den woodcube in Hamburg. Zu finden unter www.woodcube-hamburg.de.

Und es kommt noch ein bautechnischer Aspekt hinzu: Das vorgetrocknete Holz wird noch weiter austrockenen und dabei sein Volumen ändern. Dies kann zu unschönen Fugen zwischen den auf der Decke stehenden Zwischenwänden und der Dachkonstruktion führen (siehe Abbildung 63).

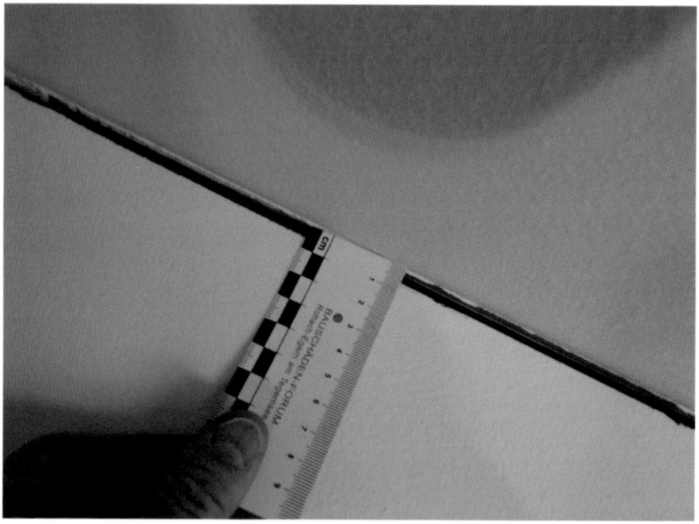

Abb. 63: Unschöne Fugen im Anschluss an die Dachkonstruktion

Der Vertikalstoß (siehe Abbildung 62) zwischen zwei Wandelementen wird durch Schaumstoffstreifen „abgedichtet, die Luftdichtheitsschicht besteht aus einer Gitterfolie. Außen ist das Armierungsgewebe für den Außenputz zu sehen.

Und Abbildung 64 zeigt, wie die Anschlüsse, die Stöße und die anderen Anschlussbereiche luftdicht hergestellt werden: mit kilometerlangen Klebebändern. Und selbst damit sind Details wie der Anschluss des Dachflächenfensters an die Dachkonstruktion nicht richtig zu lösen.

Ich habe schon Bauten mit einem ganzen Wust aus Klebebändern gesehen, was das Ganze für mich noch fragwürdiger macht. Eine „Verschlimmbesserungsvariante“ eines sehr undichten Holzrahmenbaus möchte ich Ihnen nicht vorenthalten (siehe Abbildung 65).

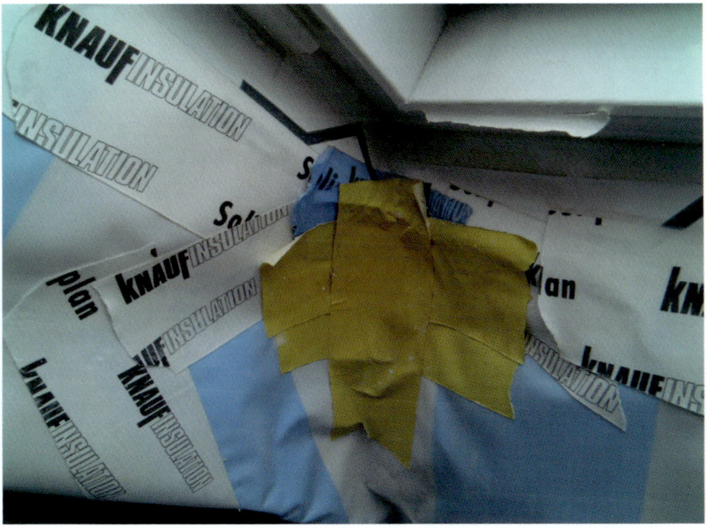

Abb. 64: Fragwürdige „Lösung“ mit Klebebändern

Abb. 65: Verschlimmbesserung an einem undichten Holzrahmenbau

Das ist kein Witz: So versuchte ein großer Hersteller derartiger Holzrahmenbauten die nicht vorhandene Luftdichtigkeit herzustellen. Naja, das wird vielleicht einige Tage halten. Aber da Holz schwindet und die ganzen statischen Verbindungen besonders unter Windbelastung arbeiten, wird dies mit Sicherheit keinen dauerhaften Erfolg bringen. Im Übrigen hatte der Bauherr derartige Verschlimmbesserungen nicht bestellt, er hat sie auf meinen Rat hin sogar abgelehnt.

Nicht dass Sie denken, ich würde Sie von dieser Bauweise durch einen Streifzug durch die Baupathologie abbringen wollen. Keineswegs! Aber ich finde, dass ein wenig Sensibilisierung nicht schaden kann. Übrigens: Auch die letzten zwei Schadensbilder zeigen die Folgen nicht verstandener physikalischer Abläufe.

Abbildung 66 zeigt das zersetzte Schwellholz eines Holzrahmenbaus nach zehn Jahren, Abbildung 67 einen total missglückten Anschluss an ein Fenster (blau) mit umfangreichen Holzschäden, die zum Teil schon durch Einsatz von neuen Holzbauteilen behoben wurden. Als Ursache wurde hauptsächlich eine falsch und unvollständig am Fensterstock angeschlossene Luftdichtheitsschicht ausgemacht. Hier bildete sich Kondenswasser. Nicht auszuschließen war zusätzlich eindringendes Niederschlagswasser aus falschen Anschlüssen der Stockrahmen (im Bild blau) an die Konstruktion.

Abb. 66: Zersetztes Schwellholz

Abb. 67: Fehlerhafter Anschluss zwischen Fenster und Luftdichtheitsschicht

Die Behebung dieser Schäden verschlang 50.000 €. Und da die Gewährleistung abgelaufen war, blieb der Bauherr darauf sitzen.

Zwischenzeitlich wurden bereits umfangreich die konstruktiv relevanten Holzbauteile ausgetauscht.

7.1.3 Behaglichkeit

Auch zum Thema Behaglichkeit möchte ich etwas schreiben: Meiner Meinung nach fehlen in einem Fertighaus speicherfähige Massen, die Temperaturunterschiede dämpfen, (zu viel) Feuchtigkeit puffern und einen guten Schallschutz bringen. Letztgenanntes sehe ich als großes Problem bei Holzrahmenbauten, insbesondere bei Doppelhäusern.

Ein aktueller Fall zeigt, dass gerade mal der Mindestschallschutz nach der Norm eingehalten wird. Erwarten können die Besteller jedoch den erhöhten Schallschutz. In dieser Situation stellt sich die Frage nach der Nachbesserung – hier ist guter Rat teuer.

7.1.4 Tipps zur Ausführung

Wer von dieser Bauweise nicht abzubringen ist, sollte sich auf jeden Fall mit den folgenden Tipps zur Ausführung beschäftigen. Zunächst geht es um einige bautechnische Notwendigkeiten:

- Wählen Sie einen Hersteller, der das Holz schon viele Jahre gelagert hat und nachweisen kann, dass es sich um nachhaltig erzeugtes Holz aus heimischen Wäldern handelt.
- Der Sockel muss aus der mit Schlagregen beanspruchten Ebene herausgehoben werden, denn am Schwellholz im Sockelbereich treten bei dieser Bauweise am häufigsten Schäden auf. Eine nur hochgezogene Abdichtung reicht nicht aus, damit würde zudem der Grundsatz „innen dichter als außen" auf den Kopf gestellt. Alternativ kann eine allseitig um das Gebäude herumlaufende und geregelt entwässerte Gitterrostrinne den Sockelbereich vor der Wasserbelastung schützen.
- Wichtig ist, dass eine hundertprozentig funktionstaugliche Luftdichtheitsschicht ausgeführt wird. Sie besteht in der Regel aus einer Kunststofffolie oder aus Plattenwerkstoffen mit verklebten Stößen und verklebten Anschlüssen. Das Problem ist hier die technische Lebensdauer der Klebebänder. Die werkvertragliche Erfolgsschuld nach einer „dauerhaften Funktionsfähigkeit", die ich bei mindestens 50 Jahren sehe, wird damit sehr wahrscheinlich nicht erfüllt werden können. Und dabei wurde noch überhaupt nicht die Verarbeitungsqualität berücksichtigt und die Art des Einbaus.

  Auch hier muss die Luftdichtheitsschicht auf Leckagen hin überprüft werden, diesen Nachweis hat der Ersteller zu erbringen. Also: Bestehen Sie als Bauherr auf Ihrem Recht.
- In wieweit eine Dampfsperre einzubauen ist, hängt vom Wandaufbau ab und muss berechnet werden.
- Einzubauen ist zudem eine Installationsebene, die innen vor der Luftdichtheitsschicht angeordnet wird. In ihr werden Elektrokabel und sonstige Leitungen verlegt, ohne die Luftdichtheitsschicht zu durchstoßen. Hier gilt: Selbst wenn Durchstoßpunkte angeblich dicht verklebt werden können, stellen sie doch Schwachpunkte dar. Spätestens wenn zum Beispiel Sie als Bauherr eine Lampe montieren und an der Leitung ziehen,

ist die Verklebung dahin. Und in Summe können Schwachpunkte zum Totalschaden führen.

- Die gesamte Konstruktion muss nach Fertigstellung, aber vor Schließen der Fugen mit einer Luftdifferenzdruckmessung auf Luftdichtheit geprüft werden. Bestehen Sie auf einer Leckagesuche!
- Verkleiden Sie Ihr Haus auch von außen mit Holz. Hierfür gibt es viele sehr ansehnliche Varianten.
- Verzichten Sie auf eine Beschichtung des Holzes. Denn einmal beschichtet heißt Arbeit für die gesamte Lebensdauer
- Und: Der Herstellungsprozess sollte durch einen ö. b. u. v. Sachverständigen begleitet werden.

Wenn Sie diese Punkte berücksichtigen, haben Sie einen großen Schritt hin zu einer fehlertoleranten Konstruktion gemacht.

7.1.5 Im Fall eines Wiederverkaufs

Bei der Entscheidung für oder gegen ein Fertighaus, sollten Sie auch über einen möglichen Verkauf nachdenken – zum Beispiel, wenn Sie sich nach dem Auszug der Kinder verändern wollen. Wenn Sie die genannten Punkte beachtet und das Aufstellen des Hauses in Wort und Bild dokumentiert haben, brauchen Sie sich auch nicht zu sorgen, wenn Kaufinteressenten einen Sachverständigen zur Begutachtung heranziehen. Die Fragen, die Ihnen dieser stellt, können Sie leicht beantworten.

Anders war dies bei den bisher von mir begutachteten Holzrahmenbauten. Da konnten meine Fragen – zum Beispiel: Was ist mit der Ausbildung des Schwellholzes?, Was mit der Ausführung der Luftdichtheitsschicht?, Gibt es eine Installationsebene?, Wenn ja, wie ist diese ausgeführt? Gibt es ein Protokoll über eine Leckagesuche? – überhaupt nicht beantwortet werden.

Nachdem natürlich keine Bauteilöffnungen möglich waren, blieb mir nichts anderes übrig, als den Kaufinteressenten auf die bestehenden Risiken hinzuweisen. Meist war es dann so, dass der Interessent vom Kaufangebot Abstand nahm.

Nur damit Sie nicht denken, ich würde übertreiben: Am Ende dieses Kapitels finden Sie Bilder, die bei einer Begutachtung eines zwölf Jahre alten Holzrahmenbaus entstanden sind. Sie zeigen eine Totalzerstörung der Holzbauteile als Folge davon, dass die Funktion der Luftdichtheitsschicht in Zusammenhang mit einem WDV-System nicht verstanden wurde. Die Konstruktion war außen dichter als innen, eindringendes Gaswasser, das in der Konstruktion kondensierte, durchfeuchtete die Holzbauteile. Da ein Rücktrocknen unmöglich war, kam es zum Befall mit holzzerstörenden Pilzen.

Auf der Nordseite sah das Ganze noch passabel aus, die horizontalen Fugen wurden bereits vor Jahren nachgearbeitet.

Der Blick auf die freigelegte Westseite zeigte deutliche bräunliche Verfärbungen und holzzerstörende Pilze bis hin zum Würfelbruch (Abbildung 68 und 69).

Abb. 68: Westseite mit Verfärbungen und Pilzbesatz

Würfelbruch oder Braunfäule bedeutet den völligen Tragverlust des Holzes und könnte ein Hinweis auf den echten Hausschwamm sein. Dieser würde einen umfangreichen Austausch der Hölzer notwendig machen und ist für jedes Holzhaus der schlimmste Fall.

Abb. 69: Würfelbruch

7.2 Das Blockhaus

Diese Bauweise macht mit circa 5 % den geringsten Anteil am Bauen mit Holz aus. Hier besteht das Gebäude aus Blockbohlen, die übereinandergelegt werden; an den Ecken überkreuzen sie sich. Die einzelnen Blockbohlen werden mit Nut- und Federverbindungen zusammengesteckt.

Die Blockbohlen übernehmen sowohl die Lastabtragende Funktion als auch den Witterungsschutz. Da in der Regel deren Wärmeschutz nicht ausreicht, sind Zusatzmaßnahmen notwendig. Entweder wird eine Innendämmung angebracht oder die Außenwände werden zweischalig ausgeführt, wobei die Zusatzdämmung zwischen den beiden Holzbohlenlagen liegt. Und genau das ist meiner Meinung nach das Problem. Bei beiden Varianten wandert der Taupunkt nach innen (vergleiche hierzu die Ausführungen zur Innendämmung in Kapitel 5.4.5).

Dadurch wird der rücktrocknende Wärmestrom, der die Außenwand erreicht, erheblich reduziert. Diesen Effekt samt seiner Folgen kennen Sie schon von den WDV-Systemen. Bei Blockhäusern liegen die äußeren Blockbohlen nun auf den bewitterten Seiten im dauernassen Milieu, was der Grundsatzforderung nach Austrocknungsmöglichkeiten von Holzkonstruktionen zuwiderläuft. Umfangreiche Schäden an der Holzkonstruktion können die Folge sein.

Hinzu kommt die Verbindung zwischen den einzelnen Bohlen. Da auch diese nachschwinden, müssen in die Fugen zusätzlich beispielsweise vorkomprimierte Dichtungsbänder eingelegt werden. Schon dadurch stellt sich meiner Meinung nach die Ausführung an sich infrage.

WICHTIG

Für den Blockhausbau ist ein trockenes Holz mit einer maximalen Holzfeuchte von 12 bis 18 % erforderlich.

Diese Bauweise stellt höchste Anforderungen an die Holzgüte, die Planung und die Ausführung.

Durch das Anbringen der zwangsläufig notwendigen Innendämmung verlagert sich der Taupunkt nach innen und reduziert den dringend benötigten Wärmestrom zur Rücktrocknung der bewitterten Außenwände. Dies birgt ein hohes Risiko, dass die Außenwände versagen.

Durch die nachschwindenden Holzbohlen entstehen Fugen, die vorab planerisch zu berücksichtigen sind.

Kapitel 8

Besonderheiten bei Wohneigentum

Die Erwerber von Wohneigentum stehen ihrem Vertragspartner oft recht hilflos gegenüber, zum Beispiel wenn der ihnen untersagt, die Baustelle mit einem Sachverständigen zu betreten. Oder wenn Sie als bautechnischer Laie instinktiv eine fehlerhafte Ausführung erkennen und der Bauträger Ihre Beanstandungen einfach abwiegelt. Außerdem lauert noch mehr allzu Menschliches gerade bei Eigentumswohnanlagen.

8.1 Erfahrungen mit einem Bauträger

Nichts kann die Besonderheiten bei Kauf eines Eigenheims besser beschreiben als Geschichten aus dem Leben. Lesen Sie, was Bernd L. aus F. in Bayern erlebt und daraus gelernt hat. Aus seinen Erfahrungen können auch Sie lernen und seine Tipps helfen sicher weiter.

Tausche Landhaus gegen ein Stadt-Penthaus – von Bernd L. aus F.

Die Wege, um sich selbst zu versorgen, und auch die Gartenarbeit wurden mit steigendem Alter immer beschwerlicher. So verabschiedeten wir uns vom schönen Landleben in einem tollen Haus mit Garten, um uns über den Dächern der Stadt in einer neu zu bauenden Eigentumswohnanlage einzurichten. Ohne zu ahnen, was uns auf diesem Weg und danach alles widerfahren würde. Zwar wussten wir, dass es in der Baubranche schwarze Schafe gibt, doch wir mit unserer Reife wollten gut aufpassen.

Und dann stand er vor uns, der Bauträger, mit weißer Weste, ganz freundlich und gut aussehend. Und so schwammen wir geradewegs in die Reuse eines ausgewachsenen Bauhais. Wir waren tatsächlich so geblendet, das wir das geldgierige Monster mit seinen Gesellen nicht erkannten, die Tarnung war perfekt. Wir aber dachten, dass wir doch alles ganz genau geprüft hätten. Nachher ist man schlauer: Wir wissen jetzt, dass die Gefahren für Kauf- und Bauwillige bereits am Anfang des Weges zum Eigenheim liegen. Makler, Notare, Hausverwaltungen, Bauträger und Handwerker: Sie alle können sich als Raubfische entpuppen.

Klares Ziel für uns war ein neues schönes Zuhause für unseren nächsten Lebensabschnitt. Mehr in die Vorbereitung zu investieren wäre im Rückblick notwendig gewesen, anstatt nachher die eigenen Unachtsamkeiten mit viel Energie und Geld zu korrigieren. Die Kraft dafür lässt stetig und schneller nach, als man denkt – bis man handlungsunfähig wird und sich nur noch seine Ruhe wünscht.

Was hätten wir anders machen sollen? Bei der Auswahl des Bauträgers nicht nur auf den Ruf achten, sondern über die Mängel und deren qualifizierte Beseitigung Fragen stellen. Unser Tipp: Besuchen Sie Referenzobjekte und klingeln Sie einfach mal bei den Bewohnern. Geben Sie sich als Kaufinteressent zu erkennen und fragen Sie die Eigentümer und Mieter gezielt, wie mit Mängeln umgegangen wurde – denn die gibt es immer! Gehen Sie mit einem Fragenkatalog zum Verwaltungsbeirat der Wohnungseigentümergemeinschaft (WEG) und bitten um ein Gespräch. Aber Achtung: Manche Bauträger lassen sich in den Beirat der WEG wählen, um während des Baus und besonders danach bei Mängelrügen, Nachbesserungen und weiteren Schritten) ihre Vorstellungen einzubringen. Bei uns ist es genauso: Wir haben aber einen starken und fachkundigen Vorsitzenden, deshalb kann der Bauträger nur bedingt Einfluss nehmen.

Die richtige Hausverwaltung entscheidet hochgradig über den Wohlfühlfaktor in einer WEG. Achten Sie daher speziell darauf, wen der Bauträger für die ersten drei Jahre einsetzt. Lassen Sie sich vorab den Hausverwaltervertrag zur Prüfung aushändigen. Vom Notar bekamen wir einen Vorabentwurf. In ihm wich die Dauer der ersten Berufung der Hausverwaltung davon ab, was in Verträgen anderer Kaufwilliger stand. Das erfuhren wir aber erst später. Im Vertrag war auch festgelegt, dass die Hausverwaltung die Vollmacht erhält, für den Käufer die Bauabnahme zu erklären und den Sachverständigen auszusuchen – was Sie am Ende teuer zu stehen kommen kann. Bringen Sie in Erfahrungen, wer die anderen Käufer sind, und tauschen Sie sich mit ihnen aus, bevor Sie irgendetwas unterschreiben. Notfalls auch gegen den Widerstand des Bauträgers, der sich seine Käufer aussucht.

Wir mussten erkennen: Die Hausverwaltung wird in der Regel vom Bauträger eingesetzt. Gleichzeitig hat die Hausverwaltung die Vollmacht, einen geeigneten Sachverständigen für die Abnahme zu benennen. Da kann doch wohl von Neutralität nicht mehr die Rede sein. In unserer ersten Wohnungseigentümerversammlung bekam der erste Verwaltungsbeirat einen Vorgeschmack, wie eng Bauträger und Hausverwaltung zusammenarbeiteten. Nur einem glücklichen Umstand und einem Fehler der Verwaltung war es zu verdanken, dass die Vollmacht zur Auswahl des Sachverständigen gekippt werden konnte. Und erst dann wurde vielen Eigentümern bewusst, was wegen dieser Vollmacht hätte passieren können. Nachdem der Bauträger erkannt hatte, dass nicht der von ihm, sondern der von den Eigentümern bestimmte Sachverständige beauftragt wurde, versuchte der Bauträger, dies mit allen erdenklichen Mitteln zu verhindern. Von übler Nachrede bis zu Drohgebärden gegenüber dem Verwaltungsbeirat und Beleidigung anderer Eigentümer durch die Hausverwaltung wurde alles geboten.

Um solchen Schwierigkeiten zu begegnen, empfehlen wir generell:

- *Wenn Sie eine Neubau-Eigentumswohnung kaufen wollen, sollten alle in der WEG einem Verein für Wohnungs- und Grundeigentümer beitreten, in dem Fachanwälte als Ortsvorsitzende tätig sind.*
- *Suchen Sie sich einen Sachverständigen zur Prüfung der Baubeschreibung und für die baubegleitende Qualitätskontrolle, der außerhalb des Einzugsgebiets Ihres Bauträgers tätig ist.*
- *Lassen Sie den Notarvertrag und den Werkvertrag auf mögliche Nachteile wie Vollmachtsabtretung und einen ungünstigen Zahlungsplan prüfen.*
- *Führen Sie ein Bautagebuch und fertigen Sie möglichst viele Bilder sortiert nach Gewerken an.*
- *Dokumentieren Sie von Beginn an alle Absprachen mit dem Bauträger schriftlich, zum Beispiel in Form von Gesprächsprotokollen. Das wird Ihnen später als eventuelles Beweismittel sehr nützen.*
- *Bestehen Sie auf die sofortige Behebung eventueller Mängel und zahlen Sie eine Rate nur dann, wenn wirklich alle Leistungen dafür korrekt erbracht wurden.*
- *Unterzeichnen Sie Mängelabnahmen niemals selbst, ohne vorher von Ihrem Sachverständigen die Korrektheit bestätigt zu bekommen.*
- *Bei der Abnahme des Sondereigentums (dies sind im Prinzip nur die Oberflächen in Ihrer Wohnung, zum Beispiel Beschichtungen, Fliesen- und Balkonbelag) nehmen Sie zur Begehung das Bautagebuch, die Bilder und Ihren Sachverständigen mit. Sie werden sich wundern, was Sie alles selbst nicht entdeckt haben!*

Vor allem: Lassen Sie sich von niemandem einschüchtern. Stellen Sie immer Öffentlichkeit her, indem Sie sich in der WEG so oft wie möglich über die Vorgänge austauschen. Bedenken Sie dabei aber, dass sich der Bauträger die Käufer ausgesucht hat: Es können zum Beispiel Freunde oder Bekannte vorheriger Kunden darunter sein. Verhindern Sie, dass der Bauträger oder ihm nahe Miteigentümer in den Verwaltungsbeirat gewählt werden, die Amtsinhaber sollten zunächst auch nur für ein Jahr gewählt werden. Überwachen Sie die Hausverwaltung und die Durchführung der Aufgaben. Prüfen Sie gerade im ersten Jahr, was für Handwerkerleistungen und den Hausmeisterdienst berechnet wird, und prüfen

Sie alle Verträge für die WEG. Kurzum: Wenn Sie sich regelmäßig von einem Verband und Sachverständigen bei allen Fragen beraten lassen, werden Sie im neuen Heim bald gut angekommen sein. Eine Investition, die sich lohnt.

Und zum Abschluss: Sorgen Sie für Zusammenhalt in der WEG, auch wenn mal jemand anderer Meinung ist. Denn nur ein Schwarm Fische kann gegenüber dem Bauhai bestehen und sich gegenseitig unterstützen. Die Menschen in unserer WEG hat es viel Kraft gekostet, weil uns keiner über diese Fallen aufgeklärt hat. Sie haben nun die Möglichkeit, es besser zu machen …

8.2 Die Wohnungseigentümergemeinschaft

Wenn Sie an den Kauf einer Eigentumswohnung (ETW) denken, dürfen Sie neben allen rechtlichen und baulichen Aspekten eines nicht vergessen: Sie werden damit Teil einer Eigentümergemeinschaft, die aus lauter Individualisten besteht, und sind dieser auf Gedeih und Verderb ausgeliefert. Unter den Begriff „Individualisten“ fallen bei mir:

- Menschen mit Angst, ihr Recht einzufordern. Dies wird Sie dann nerven, wenn der Bauträger zu Recht mit Mängelansprüchen konfrontiert wird, diese Menschen aber lieber klein beigeben, weil sie konfliktscheu sind oder der Bauträger doch plötzlich so lieb ist. Letztendlich schadet Ihnen ein solches Verhalten, denn Mängel erhöhen nicht unbedingt den Wert einer Immobilie.
- Diejenigen, die alles besser wissen, zum Beispiel wenn ein Sachverständiger zwar schon das sich entwickelnde Schadenspotenzial sieht, darauf mit Abwiegeln reagieren, weil doch alles in bester Ordnung ist. Dieses Verhalten kann zum Beispiel richtig teuer werden, wenn bei einem WDV-System nicht rechtzeitig geeignete Maßnahmen ergriffen werden.
- Menschen, die nur darauf schauen, dass sie nicht übervorteilt werden. Die meckern, wenn zum Beispiel das Treppenhauslicht für jemand anderen länger brennt. Oder die Ihnen im Keller nachstellen und schauen, ob Sie auch gleich das Licht wieder ausgemacht haben.

Diese Liste ließe sich endlos weiterführen.

Mein Vater, der im Rentenalter noch hunderte Eigentumswohnungen verwaltete, sagte immer: „In jeder Eigentümergemeinschaft gibt es mindestens ein …“ Na, sagen wir mal, einen unangenehmen Menschen. An ihn sind Sie natürlich auch bei Mehrheitsentscheidungen gebunden.

BEISPIEL

Herr Peters hat eine Eigentumswohnung in einer mehrere Jahrzehnte alten Eigentumswohnanlage in der Annahme erworben, dass er nun im Rentenalter mietfrei wohnen kann und eine Sorge weniger hat. Doch es gibt Miteigentümer, die Artikel über die möglichen exorbitanten Energieeinsparpotenziale durch eine energetische Modernisierung gelesen haben. Und so passiert Folgendes: Die Gemeinschaft beschließt nach Vorlage eines Sanierungskonzepts trotz des energischen Vetos von Herrn Peters, der sich verschulden müsste, eine energetische Modernisierung. Das heißt: Herr Peters muss zahlen, ob er will oder nicht. Entweder kann er seine Wohnung verkaufen oder in den sauren Apfel beißen und Schulden machen, falls er wegen seines „hohen Alters“ überhaupt noch einen Kredit bekommt.

Ich habe bei Eigentümerversammlungen, denen ich als Sachverständiger beiwohnte, tumultartige Szenen erlebt. Glauben Sie mir, da waren Handgreiflichkeiten nicht weit weg. Auf jeden Fall schaute man sich lange Zeit nicht mehr an, sicher nicht im Sinne eines Hausfriedens und eines harmonischen Miteinanders.

Wo es Schatten gibt, gibt es natürlich auch Licht. Der Vorteil einer harmonischen Eigentümergemeinschaft liegt schon im Wortgebilde: die Gemeinschaft. Man sorgt füreinander, achtet aufeinander und steht die Herausforderungen gemeinsam durch. Dass es so etwas auch gibt, habe ich schon mehrfach erleben dürfen.

8.3 Der Erwerb von Bestandsimmobilien

Bestandsimmobilien, also Gebäude, die bereits errichtet und schon in Gebrauch sind, werden häufig als „Gebrauchtimmobilien“ oder „Altbauten“

bezeichnet. Ich verwende den Begriff „Bestandsimmobilie“ als Gegensatz zum Neubau, da ich ihn passender und neutraler finde. Es klingt einfach, der Käufer erwirbt eine Immobilie, die ja schon steht. Doch gerade bei der Bewertung solcher Objekte überschätzen sich viele Kaufinteressenten. Das Problem: Was sie sehen, sind nur die Oberflächen der Wände und Decken.

Mit der Lektüre dieses Buches haben Sie ja schon einiges an Fachwissen erworben und wissen, wo sich Mängel verbergen können. Würden Sie sich zutrauen, eine Bestandsimmobilie auf (verdeckte) Risiken hin zu bewerten? Ich glaube nicht. Das ist und bleibt eine Angelegenheit für versierte Bausachverständige.

Wichtig zu wissen ist, dass Notarverträge regelmäßig einen Passus enthalten, wonach der Käufer die Bestandsimmobilie ohne jedwede Sachmängelhaftung erwirbt. Übersieht er dann etwas Wertbestimmendes, bleibt ihm nur die Klage auf Arglist, wenn sich Mängel zeigen. Das Ergebnis eines solchen Verfahrens hängt ganz erheblich von der Beweisführung ab. So muss der Käufer dem Verkäufer nachweisen, dass dieser von dem nun geltend gemachten Mangel gewusst hat – das ist extrem schwierig. Auf jeden Fall gestaltet sich das Ganze nervenaufreibend, kostenintensiv (der Käufer muss die Anwalts-, Gerichts- und Sachverständigenkosten vorstrecken) und zudem ist das Ende offen. Sie kennen den Spruch sicher: Vor Gericht und auf hoher See sind Sie in Gottes Hand.

TIPP

Sie denken darüber nach, eine Bestandsimmobilie zu kaufen? Dann rate ich unbedingt dazu, dass Sie sich Unterstützung holen. Die Überprüfung einer Bestandsimmobilie durch einen versierten Sachverständigen halte ich für absolut notwendig.

Darüber hinaus berät Sie der Sachverständige in Bezug auf Instandsetzungen und Umbauten. Dabei spielt auch die Frage eine Rolle, wie eine energetische Ertüchtigung des Gebäudes aussehen könnte. In diesem Zusammenhang tauchen Fragen auf wie: Brauchen Sie neue Fenster? Muss an der Dämmung gearbeitet werden? All das kann ein versierter Fachmann mit kritischem Sachverstand kompetent leisten.

Der Erwerb einer Bestandsimmobilie ist im Prinzip sehr sinnvoll und ökologisch: Es werden keine zusätzlichen Flächen versiegelt und die Errichtung ist abgeschlossen. In der Substanz steckt viel wertvolle Energie, es werden also keine Umweltbelastungen mehr verursacht. Darüber hinaus kann der Kauf zu einer rentablen Angelegenheit werden, wenn das Gebäude von Grund auf in Ordnung ist. Nur leider verbirgt sich die Bausubstanz unter Außen- und Innenputz, die Tragkonstruktion der Decken (falls das Gebäude noch Holzbalkendecken hat) unter dem Fußbodenaufbau und der Deckenbekleidung und die Dachkonstruktion in der Regel hinter einer Schrägdeckenbekleidung (falls der Dachboden ausgebaut ist) und der Dachdeckung. Besonders die Balkenköpfe der Decken- und Dachkonstruktion sind schlecht oder gar nicht einsehbar. Dennoch ist beim Kauf einer Bestandsimmobilie die Überprüfung durch einen Sachverständigen immer noch die Ausnahme. Das ist schade, denn so könnten Fälle wie die beiden folgenden vermieden werden.

BEISPIEL

Eine junge Familie kauft eine Bestandsimmobilie, circa 70 Jahre alt, frisch „saniert“. Das Gebäude ist aus unerfindlichen Gründen nur teilunterkellert. Der Verkäufer beantwortet die Nachfrage flapsig damit, dass das nun mal so sei. Ein Jahr, nachdem die Familie das Haus gekauft hatte, stand nach einem heftigen Gewitterregen das Untergeschoss zentimeterhoch unter Wasser.

Bei meinem Besuch sah ich im Untergeschoss an der Wand zum nicht unterkellerten Bereich das, was Sie in Abbildung 70 erkennen können.

Etwa 15 cm über der Oberkante Kellerfußboden wies der Putz in mehr oder weniger regelmäßigen Abständen kreisrunde „Flecken“ auf. Mir war gleich klar, dass diese Flecken die verputzten Bohrungen für das Einspritzen/Einfüllen von Abdichtungsmitteln sein mussten. Mit hoher Wahrscheinlichkeit war hier nachträglich eine Querschnittsabdichtung des Mauerwerks durchgeführt worden.

Bei meinen Nachforschungen stieß ich in dem nicht unterkellerten Bereich auf einen alten, defekten Regenwasserkanal, in dem es bei Starkregenereignissen zum Rückstau und Anstau von Wasser kam, das sich dann seinen Weg ins Gebäudeinnere suchte.

Abb. 70: Vertuschte Mängel eines Kellers

Mithilfe eines Rechtsanwalts erhob die Familie Klage wegen Arglist, das Verfahren wurde dann nach Jahren durch einen Vergleich beendet. Schaden für den Erwerber: etwa 20.000 €. Auf einem erheblichen Teil blieb er sitzen. Hinzu kam sein Anteil an den Prozesskosten.

BEISPIEL

Ein älteres Ehepaar erfüllt sich einen Traum: Es kauft ein altes Fachwerkhaus nach der Beratung durch einen „fachkundigen" Bekannten. Wenige Monate später zeigen sich Risse in den Außenwänden.

Die Begutachtung nach Freilegung des Sockelbereichs ergab, dass das Schwellholz von tierischen Schädlingen und holzzerstörenden Pilzen befallen war. Durch den auf das Schwellholz (Pfeil in Abbildung 71) wirkenden Druck des Rahmens gab es nach, Risse bildeten sich.

Meine Begutachtung ergab weitere erhebliche Schäden an der Substanz. Am Ende musste unter anderem das gesamte Schwellholz rundum ausgewechselt werden, es entstand ein Aufwand von geschätzt 25.000 €. Hinzu kam die Beseitigung der anderen Schäden.

Abb. 71: Zerstörtes Schwellholz – Pfeil

Wer in einem solchen Fall dem Verkäufer Arglist nachweisen will, wird kaum Erfolg haben. Denn das ist bei einem verdeckten Schwellholz ein höchst schwieriges Unterfangen!

Beide Beispiele sprechen dafür, dass eine Begehung mit einem ö. b. u. v. Sachverständigen für Schäden an Gebäuden absolut sinnvoll ist. Denn er hat einen ganz anderen Blick als technische Laien und kann schon kleinste Hinweise auf Schäden wahrnehmen und interpretieren. Außerdem hinterfragt er die wertbestimmende Substanz und liefert eine technische Einschätzung der Immobilie. Besonders bei älteren Gebäuden kennt er die übliche Baukonstruktion samt „Schwachpunkten" und berücksichtigt dies, indem er auf spezielle Hinweise wie Verfärbungen des Putzes oder Stockflecken an den Wänden hinter der Möblierung achtet.

Kritisch sind vor allem fehlerintolerante Konstruktionen wie bestimmte Holzrahmenbauten, vollsparrengedämmte Dächer, Fassaden mit WDV-System usw., da in diese Konstruktionen auch ein Sachverständiger nicht hineinschauen kann (Bauteilöffnungen werden von den Verkäufern so gut wie nie geduldet). Doch darin oder dahinter können sich Fehler verbergen, die eventuell erst nach einiger Zeit zu (umfangreichen) Schäden führen. Über die damit verbundenen Risiken klärt der Sachverständige in der Regel auf.

Zu diesem Thema gibt es endlos viele Beispiele, so vieles kann an einer Bestandsimmobilie nicht stimmen. Doch Sie wissen jetzt, worum es geht und wie Sie am besten vorgehen. Die Unterstützung eines Bausachverständigen bei der Besichtigung einer Immobilie kostet – abhängig davon, was Sie von ihm wollen – in der Regel zwischen 1.000 und 3.000 €.

8.4 Rechtliche Aspekte

Was Sie in rechtlicher Hinsicht wissen müssen: Sie kaufen auf Basis eines notariellen Vertrags, der die Baubeschreibung umfasst, bei einem Bauträger ein Sondereigentum – also Ihre Wohnung – in einer entweder schlüsselfertig zu erstellenden oder bereits fertiggestellten reinen Wohn- oder in einer Wohn- und Geschäftsanlage. Da der Bauträger regelmäßig nicht selbst in allen Leistungsbereichen gewerbsmäßig tätig ist, wird er Subunternehmer mit den jeweiligen Leistungen beauftragen. Das Vertragsverhältnis besteht aber nur zwischen Ihnen und dem Bauträger. Das heißt, Sie schulden (nur) dem Bauträger die Vergütung, er schuldet Ihnen die mängelfreie Herstellung des vereinbarten Werkes.

Von der erworbenen Wohnung gehören Ihnen praktisch nur die Oberfläche der tragenden Wände, also die Beschichtung, die Fliesen, der Fußbodenbelag, der Belag der Terrasse sowie die Sanitärgegenstände. Und natürlich Ihre Einbauten. Alles andere, was zur Konstruktion des Gebäudes gehört, ist Teil des Gemeinschaftseigentums.

Bevor Sie zum Notar gehen, lassen Sie unbedingt den Kaufvertrag von einem Juristen und die Baubeschreibung von einem Sachverständigen prüfen. Da es mehrere Wege zur sogenannten mängelfreien Herstellung eines Werks gibt, lege ich Ihnen diese Überprüfung besonders ans Herz.

BEISPIEL

Für das Dach ist eine Titanzinkeindeckung ohne Unterlüftung oder eine Zwischensparrendämmung beschrieben. Beide Ausführungen sind nicht unbedingt falsch, aber eben risikobehaftet, wie Sie ja schon wissen. Eine Aufklärung darüber erleichtert Ihnen vielleicht die Entscheidung für oder gegen den Kauf. Auch kann ein Sachverständiger an der Abfassung der Baubeschreibung erkennen, welche Qualität Sie bei der Ausführung erwarten können.

Näheres zum Thema Fälligkeitsvoraussetzungen für die Raten finden Sie in Kapitel 2.3 „Die Makler- und Bauträgerverordnung (MaBV)“.

Die Abnahme/Gewährleistung richtet sich nach den Statuten des Werkvertragsrechts (hierzu mehr in Kapitel 2.2 „Bürgerliches Gesetzbuch (BGB)“.

Zu den Rechten und Pflichten der Vertragsparteien finden sich Ausführungen in Kapitel 2.8 „Realisierung mit einem Bauträger“.

Kapitel 9

Wenn an einer rechtlichen Auseinandersetzung kein Weg vorbeiführt

Sie haben alles versucht, doch Ihr Vertragspartner will die möglicherweise berechtigten Mängel einfach nicht beseitigen. Genauso gibt es Bauherren, die aus reiner Sturköpfigkeit in einen Rechtsstreit stolpern. In diesem Kapitel erfahren Sie, was zu tun ist, wenn sich eine gerichtliche Auseinandersetzung nicht vermeiden lässt, und was Sie dabei erwartet.

9.1 Vorbereitung

Zwei Grundsätze, die gelten, wenn es vor Gericht geht, sollten Sie kennen – und sich die Bedeutung bewusst machen: Vor Gericht und auf hoher See sind Sie in Gottes Hand. Und: Vor Gericht bekommen Sie nicht Recht, sondern ein Urteil. Um zu klären, ob es sinnvoll und/oder notwendig ist, weitere Schritte einzuleiten, käme als Erstes die Hinzuziehung eines ö. b. u. v. Sachverständigen infrage. Entweder bestätigt er Ihre Mängeleinreden oder eben nicht. Auf jeden Fall kann er Sie über die weiteren Schritte im Rahmen des Rechtsdienstleistungsgesetzes beraten. Einen für das jeweilige Fachgebiet ö. b. u. v. Sachverständigen können Sie über die IHK oder die Handwerkskammern finden.

HINWEIS

Ich möchte eine Warnung aussprechen: Wählen Sie nicht den erstbesten Sachverständigen mit auffällig günstigem Stundenhonorar aus. Schon oft habe ich erlebt, dass selbsternannte und billige „Fachleute" eine heikle baukonstruktive Situation falsch eingeschätzt oder überhaupt nicht erkannt haben, weil Ihnen dazu die fachliche Qualifizierung gefehlt hat. Damit wurden den Bauherrn Rechte vorenthalten, wodurch ihnen letztendlich hohe Schäden entstanden sind.

Bestätigt der Sachverständige, dass ein Mangel vorliegt, wird er Ihnen eine Mängelrüge mit Fristsetzung ausarbeiten. Diese übermitteln Sie dann Ihrem Vertragspartner mit der Bitte, den Mangel zu beseitigen.

Bleibt dies fruchtlos, sollten Sie einen versierten Fachanwalt für Bau- und Architektenrecht einschalten und mit beiden – dem Sachverständigen und dem Rechtsanwalt – die weiteren Schritte besprechen. Möglicherweise bleibt Ihnen jetzt nur der Weg über eine gerichtliche Auseinandersetzung. In diesem Fall leistet der Sachverständige für den Rechtsanwalt eine gewisse Vorarbeit, zum Beispiel arbeitet er die Mängelbehauptungen aus oder, je nach weiteren Schritten, sichert die Beweise für eine spätere Klage.

9.2 Der lange Weg zum Urteil

Und dann beginnt meist ein Spielchen, das viel Zeit und Nerven kostet. Überlegen Sie sich gut, ob Sie sich darauf einlassen wollen. Der gesetzte Termin zur Mängelbeseitigung verstreicht ungenutzt. Sie werden sauer und denken, dass der Unternehmer doch einsehen muss, dass er verpflichtet ist, die Mängel zu beseitigen. Nur sieht der das eben nicht ein, vielleicht weil er den Einwand für unberechtigt hält oder ganz einfach ein Sturkopf ist, dem jedwede Einsicht fehlt.

Sie geben Ihrem Anwalt daraufhin grünes Licht für die Einleitung rechtlicher Schritte, also für die Antrags- oder Klageschrift (was das bewirkt, erfahren Sie in Kapitel 9.3 „Das Gerichtsverfahren“). Gleichzeitig erhalten Sie eine erste Zahlungsaufforderung Ihres Rechtsanwalts, falls dies nicht schon geschehen ist.

Dann vergehen Wochen oder sogar Monate, bis ein erster Termin, der Gütetermin, angesetzt wird. Sie stehen jetzt zum ersten Mal vor Gericht, siegessicher, denn Sie fühlen sich ja im Recht. Dort hören Sie dann, dass es Argumente gegen Ihre felsenfeste Meinung durchaus geben kann. Den Versuch des Richters/der Richterin, einen Vergleich zu arrangieren, lehnen Sie entrüstet ab.

Wieder Wochen oder Monate später ergeht ein gerichtlicher Beweisbeschluss, verbunden mit einer Aufforderung, einen Gerichts- und Sachverständigenvorschuss einzuzahlen. So langsam addieren sich die Kosten und die Zeit verstreicht …

Und dann passiert erst einmal lange nichts. Irgend-wann erhalten Sie von Ihrem Anwalt ein Schreiben mit der Bitte, dem vom Sachverständigen beantragten erhöhten Stundensatz zuzustimmen. Das abzulehnen wäre ungünstig, könnte doch der Sachverständige lukrativere Aufträge eher bearbeiten und damit zumindest die Akte länger liegen lassen. Also werden Sie zähneknirschend einwilligen. Die Hoffnung auf eine schnelle Bearbeitung verfliegt schnell, denn es tut sich wieder längere Zeit nichts.

Endlich: Die Einladung zur Besichtigung der verfahrens- oder streitgegenständlichen Mängelbehauptungen ergeht vom Sachverständigen an alle Parteien. Sie denken, dass nun etwas Konkretes passiert, doch auch das Spielchen um den Ortstermin kann je nach Interessenlage lange dauern: Ihre Antragsgegner oder die Beklagten können zu dem Termin leider nicht kommen, weil sie plötzlich erkrankt sind oder andere Gründe haben. Und: Als gegnerische Parteien können hier mehrere Personen und/oder Firmen in Betracht kommen. Je nach Vertragsverhältnis, weiteren Subunternehmern oder weiteren fachlich am Bau Beteiligten kommen unter Umständen weit über zehn Parteien zusammen, denen ihr Gegner plötzlich den Streit verkündet. Das heißt er fordert diese auf, auf seiner Seite dem Streit beizutreten und ihm zu helfen. Dies können Sie auf Ihrer Seite natürlich ebenfalls tun.

BEISPIEL

Sie klagen gegen den Klempner, weil er das Blechdach trotz richtiger Planung des Architekten falsch ausgeführt hat. Allerdings wurden die Arbeiten von einem Subunternehmer ausgeführt, der Klempner verkündet diesem also den Streit. Sie tun dies auf Ihrer Seite mit dem Architekten. Und so kann das Spiel mit zahlreichen Personen weitergehen. Das Ergebnis: Terminverschiebung.

Wird dann der Ortstermin mit Begutachtung der Mängelbehauptungen durchgeführt, stellt der Sachverständige vielleicht fest, dass noch Unterlagen fehlen. Diese müsste die beweisbelastete Partei noch vorlegen. Da die Abnahme noch nicht stattgefunden hat, ist dies Ihr „Gegner". Doch der hat dazu überhaupt keine Lust. So vergeht wieder viel Zeit. Ihr Anwalt schreibt ans Gericht, es fordert daraufhin die Unterlagen nochmals an. Endlich, die Unterlagen sind dar.

Nun noch fehlt nur noch das Gutachten. Sie warten und warten … Eineinhalb Jahre später trifft es ein. Leider ist es nicht in Ihrem Sinn ausgefallen, Sie sind enttäuscht. Sie werden natürlich Ihren Sachverständigen auffordern, hierzu Stellung zu nehmen, ein Hin und Her von Argumenten setzt ein. Und dann warten Sie auf die Gutachtensergänzung. Mittlerweile sind etwa zwei Jahre vergangen.

Einige Monate später trifft man sich wieder vor Gericht. Der Richter führt in das Verfahren oder den Streit ein und äußert vorsichtig seine vorläufige Meinung (oder besser Tendenz), verbunden mit dem Versuch, doch noch eine gütliche Einigung zu erreichen. Sie sind schon langsam mürbe nach der langen Zeit. Es wäre also eine Überlegung wert, das Spiel durch einen Vergleich zu beenden. Damit wäre alles vorbei, es gäbe auch keine Berufung, nichts mehr.

Falls Sie das Spielchen aber weiter spielen wollen, haben Sie nach ungefähr drei Jahren ein Urteil. Gehen Sie oder Ihr „Gegner" in Berufung, kann es nochmals Jahre dauern.

Ich glaube nicht, dass sich dieser zeitliche und finanzielle Aufwand in jedem Fall lohnt. Manchmal ist es besser, bei tragbaren Kosten in den berühmten sauren Apfel zu beißen und Nerven und Geld zu sparen. Denn was auf jeden Fall in dieser Zeit auf der Strecke bleibt ist Lebensqualität. Und Streit innerhalb der Familie lässt sich auch kaum vermeiden, oft heißt es dann: „Ich hab doch gleich gewusst, dass das zu nichts führt!"

HINWEIS

Bedenken Sie auch, dass bei einem Rechtsstreit nicht Sie Herr des Verfahrens sind, sondern das Gericht.

9.3 Das Gerichtsverfahren

Bei gerichtlichen Auseinandersetzungen sind unterschiedliche Verfahren möglich:

1. Selbstständiges Beweisverfahren
2. Klage auf Kostenvorschuss
3. Klage auf Schadenersatz

9.3.1 Selbstständiges Beweisverfahren

Beim selbstständigen Beweisverfahren sind Sie Herr des Verfahrens, denn dieses wird nur richterlich begleitet und endet (ganz wichtig!) nicht mit einem Urteil. Die Möglichkeit der Vollstreckung eines Urteils gibt es hier also nicht. Ursprünglich hat der Gesetzgeber das selbstständige Beweisverfahren geschaffen, um die Gerichte zu entlasten. Der Hintergedanke war, dass nach Beendigung des Verfahrens, wenn also ein Gutachtensergebnis vorliegt, Vernunft bei den Verfahrensbeteiligten einkehrt. Leider ist das oft nicht der Fall, sodass dieses Verfahren immer mehr an Bedeutung verliert. Sie können diesen Weg natürlich trotzdem gehen, wenn Sie zuversichtlich sind, dass er sinnvoll ist. Noch etwas: Rechtsfragen, zum Beispiel darüber, was geschuldet ist, werden in diesem Verfahren nicht beantwortet.

BEISPIEL

Ein Auftragnehmer verstößt Ihrer Meinung nach während der Ausführung gegen die bautechnischen Notwendigkeiten. Die Weiterführung Ihres Baus drängt jedoch, Sie müssen deshalb den Beweis für seine Schlechtleistung sichern. Sie stellen den Antrag auf ein selbstständiges Beweisverfahren.

Aber: Bis der Sachverständige kommt, können Monate vergehen. In dieser Zeit steht die Baustelle still, der erhoffte Zeitvorteil ist also nicht umsetzbar. In diesem Fall wäre es schlauer, wenn Sie privat einen ö. b. u. v. Sachverständigen mit der Beweissicherung beauftragen. Wichtig ist, dass dieser gründlichst und versiert vorgeht, damit Sie später keine Nachteile in Kauf nehmen müssen. Sind die Beweise gesichert, können Sie die Arbeiten fortsetzen.

BEISPIEL

Nach Beendigung der Baumaßnahme, die Sie als Einzelgewerke vergeben haben, tropft Wasser im Bereich der Dachterrasse durch. Da Sie nicht wissen, gegen wen sich die Ansprüche auf Mängelbeseitigung richten, müssen Sie dies erst durch Einleitung des Verfahrens klären lassen. Der Auftraggeber hofft, dass nach Beendigung des Verfahrens bei den Betroffenen Einsicht einkehrt und die Mängel ohne Probleme beseitigt werden.

Ich habe hierzu einen sehr extremen Fall erlebt. Im selbstständigen Beweisverfahren bestätigte der Sachverständige letztendlich mein Privatgutachten und stellte Mängelbeseitigungskosten in Höhe von etwa 300.000 € fest. Dieser Betrag lag über den Neuherstellungskosten des Wohngebäudes, was als wirtschaftlicher Totalschaden bezeichnet wird. Und das nach über drei

Jahren Verfahrensdauer. Nicht nur, dass die erwünschte Einsicht bei der Versicherung des Architekten ausblieb, nein, es fiel sogar die Äußerung, dass der Antragsteller doch gerne ins Hauptsacheverfahren gehen könne. Dies wäre dann eine Klage auf Schadenersatz oder Kostenvorschuss. Der Fall wurde zwischenzeitlich auf Basis des Gutachtens zu Gunsten meines Auftraggebers entschieden, nur hatte dies wiederum fast drei Jahre gedauert.

Dieses Risiko sollten Sie kennen. Wenn es ungünstig läuft, sitzt die Versicherung das Ganze aus und wartet ab, ob der Kläger solvent genug ist, einen solchen Streit finanziell durchzustehen. Mies, ganz mies. Aber das sind die Fakten: Wenn's ums Geld geht, bleibt die Ethik oft auf der Strecke.

9.3.2 Klage auf Kostenvorschuss

Wenn Sie dieses Risiko nicht eingehen wollen, können Sie eine Klage auf Kostenvorschuss einreichen. Das Prozedere mit Güteverhandlung, Beauftragung eines Sachverständigen durch das Gericht, Einzahlung entsprechender Vorschüsse, Einladung zu Ortsterminen und alles andere gestaltet sich wie zuvor beschrieben.

Bei Bestätigung Ihrer Mängelbehauptungen ergibt sich am Ende eine Zahl dazu, wie hoch die voraussichtlichen Mängelbeseitigungskosten einschließlich fachtechnischer Begleitung sein werden. Mit dieser Ihnen zugesprochenen Summe, falls Ihr Gegner nicht zwischenzeitlich in Konkurs gegangen ist, können Sie eine Firma mit der Mängelbeseitigung beauftragen. Sollte die Mängelbeseitigung teurer werden als geschätzt, erhalten Sie die weiteren Kosten ebenfalls erstattet.

Auch für diese Lösung brauchen Sie Zeit, im Extremfall dauert das Ganze sechs Jahre. Und in dieser Zeit steht alles still und der Schaden bleibt mit all seinen Folgen erhalten. Letztendlich ist dies aber die sicherste Möglichkeit, die Kosten einer Mängelbeseitigung auch ersetzt zu bekommen.

9.3.3 Klage auf Schadenersatz

Weniger Zeit brauchen Sie für eine Klage auf Schadenersatz. Voraussetzung hier: Sie müssen einen Schaden aufgrund einer Fehlleistung erlitten haben oder es steht zu befürchten, dass Sie einen solchen in Zukunft erleiden werden. Das ist anzunehmen, wenn eine Ausführung bautechnisch fehlerhaft ist, zum Beispiel dringt Wasser in Ihren Keller ein oder die Luftdichtheitsschicht wurde fehlerhaft verlegt.

Der Ablauf ist hier folgendermaßen: Sie beauftragen einen ö. b. u. v. Sachverständigen damit, entweder die Ursache des Schadens oder den Verstoß gegen die bautechnischen Notwendigkeiten festzustellen. Er formuliert dann eine Mängelbehauptung, es genügt die Kurzform.

BEISPIELE

Kellergeschoss, südliche Außenwand: Über die Fuge zwischen der Betonbodenplatte und der Außenwand dringt Wasser ein. Die Ausführung der Weißen Wanne ist daher baufehlerhaft.

Oder: Die Sparren weisen im Durchgang durch die Außenwand dunkle Verfärbungen auf. Dies weist darauf hin, dass die Luftdichtheit der Gebäudehülle nicht gegeben ist und damit ein bautechnischer Fehler vorliegt.

Der Sachverständige erstellt zudem eine Kostenschätzung über die zu erwartenden Kosten für die Beseitigung dieser bautechnischen Fehler.

Aus diesen Vorgaben formuliert Ihr Rechtsanwalt die Klage. Im Erfolgsfall wird Ihnen die geschätzte Summe für die Beseitigung vom Beklagten übergeben. Übrigens: Mit diesem Geld können Sie machen, was Sie wollen. Sie müssen also den bautechnischen Fehler nicht beseitigen lassen – was sich bei Wasserschäden allerdings von selbst ausschließt.

An die Grundlagen für diesen Prozess werden erhebliche Anforderungen gestellt. Es ist daher wichtig, eine wirklich verlässliche technische Darstellung des Verstoßes gegen die bautechnischen Notwendigkeiten und eine möglichst realitätsnahe Kostenschätzung zu erhalten. Natürlich kann die Kostenschätzung nur einen mehr oder weniger groben Anhaltswert liefern, zum einen, weil der Markt mit seiner Preisbildung nicht fiktiv nachgestellt werden kann, zum anderen, weil der Sachverständige bei umfangreichen Instandsetzungen keine Planung erstellen kann und darf.

Bei einem bereits bestehenden Schaden, etwa wenn durch die Weiße Wanne Wasser eindringt, gestaltet sich die Dokumentation einfacher. Hier reicht es, wenn Sie die Symptome schildern, zum Beispiel: „Wasser dringt ins Untergeschoss ein."

Risiken bei diesem Verfahren sind die üblichen, hinzu kommt die Kostenschätzung, da Fehler nachträglich nicht korrigiert werden können. Es kann also passieren, dass Sie auf gewissen Kosten sitzenbleiben.

9.4 Mediation

Es gibt andere Wege, einen Konflikt zu lösen. Einer davon ist die Mediation. Sie haben vor dem Hintergrund umfangreicher Mängelbehauptungen lange überlegt, sich ausführlich über Konfliktlösungsmöglichkeiten informiert und sich nun für diese Variante entschieden. Glückwunsch, denn hierbei bleiben Sie Herr des Verfahrens. Doch eine Mediation ist nur machbar, wenn beide Parteien an Bord bleiben und bereit sind, aufeinander zuzugehen und gegenseitige Zugeständnisse zu machen. Ist erst einmal das Tischtuch zerschnitten, kann dieser Ansatz nicht funktionieren.

Gut also, wenn in Ihrem Fall eine solche Lösung möglich erscheint. Eine Mediation läuft so ab: Es wird von beiden Parteien ein (dafür ausgebildeter) Mediator beauftragt. In aller Regel ist dies ein ö. b. u. v. Sachverständiger. Sollte er der Meinung sein, dass die Mängelbehauptung eine erhebliche rechtliche Komponente beinhaltet, zieht er einen Juristen hinzu.

Nach der Anhörung aller Parteien legt der Mediator Vorschläge für die Lösung der Streitigkeiten vor. Dabei wird er immer die Interessen beider Parteien im Auge behalten und entsprechend würdigen.

Hierzu folgt ein außerhalb der Technik liegendes Beispiel: Ihre beiden Kinder streiten sich um eine Orange. Sie schreiten zur Streitschlichtung ein und teilen die Frucht in zwei gleiche Hälften. Nun beschweren sich beide und Sie wissen gar nicht, was los ist. Was Sie nicht bedacht haben: Ihre Tochter wollte die Orange essen, Ihr Sohn aus der Schale ein Schiffchen bauen. Hätten Sie die Interessenslagen beider erst geklärt, wären am Ende beide zufrieden gewesen. Sie sehen, es geht also erst einmal darum, das Interesse der beteiligten Parteien zu klären, um dann einen passenden Vorschlag zur Konfliktlösung zu machen.

9.5 Das Schiedsgutachten

Möglich ist auch eine Einigung durch ein Schiedsgutachten. Einvernehmlich beauftragen die Beteiligten dann ein ö. b. u. v. Sachverständiger für das jeweilige Fachgebiet, meist für Schäden an Gebäuden. Dieser erstellt aus sämtlichen ihm vorgelegten Unterlagen und nach einer Besichtigung der Mängelbehauptungen das Schiedsgutachten, dem sich beide Parteien unterwerfen.

Kapitel 10

Neun Umstände, unter denen Ihr Vorhaben zum Alptraum werden kann

Am Ende dieses Buches finden Sie die häufigsten Möglichkeiten, wie ein Bauvorhaben zum Scheitern gebracht werden kann. Lernen Sie daraus, damit Ihnen das nicht passiert. Mein wichtigster Tipp: Seien Sie jederzeit ehrlich zu sich selbst!

- Sie fangen an, Ihr Haus zu bauen, und haben noch nicht einmal das Budget berechnet, das Ihnen zur Verfügung steht, und zwar im schlechtesten Fall.
- Sie gehen einem Bauträger auf den Leim, ohne den Bauvertrag prüfen zu lassen.
- Sie haben einen Bekannten, der von sich behauptet, einen Eingabeplan schnell erstellen zu können. Kostet auch nicht die Welt, denn es handelt sich ja schließlich um einen Freundschaftsdienst.

  Warum kann das schiefgehen? Weil die Anspruchshaltungen unterschiedlicher nicht sein können. Ihr Bekannter weiß, dass er Ihnen einen guten Preis gemacht hat, und hält sich mit seinem persönlichen Einsatz zurück. Oder kann es schlicht nicht besser. Sie dagegen erwarten einen hohen Einsatz, schließlich baut man ja nur einmal im Leben. Wenden Sie sich also besser an einen echten Profi.

  Ich habe zu diesem Thema einen extremen Fall erlebt: Ein Freund, ein arbeitsloser Bauingenieur, konnte und durfte zwar einen Bauplan zeichnen, hatte aber von einer regelgerechten Ausführung des Untergeschosses in Hanglage nicht unbedingt Ahnung. Der Auftraggeber ging mit dem Plan dieses Freundes zu einer ortsansässigen Firma und ließ das Gebäude entsprechend errichten. Leider kam es wegen einer falsch geplanten Abdichtung zu einem Wassereinbruch ins Untergeschoss. Dieser Fehler entstand in den Leistungsphasen 1 bis 4, also bei der Baugenehmigungsplanung. Das Ende vom Lied war, dass sich der Bauherr die Schlechtleistung seines Architekten anrechnen lassen musste und damit auf mehreren 10.000 € Schaden sitzen blieb. Denn der Freund war nahezu mittellos und hatte keine Berufshaftpflichtversicherung.
- Sie suchen mit einem nicht professionell ausgeführten Plan nach einer Baufirma und lassen sich ein Angebot machen. Das nehmen Sie dann, decken die persönlichen Daten und die Preise ab und holen auf dieser Basis weitere Angebote ein.

  Warum kann das schiefgehen? Weil die Baufirma, von der Sie das Angebot bekommen haben, den Braten gerochen hat. Sie wird also alles daran setzen, um am Ende den Auftrag zu kriegen. Eine Möglichkeit ist zum Beispiel, dass diese Firma Positionen einbaut, die gar nicht zur Ausführung kommen. Für diese gibt sie niedrige Einheitspreise an (also pro m^3, pro m^2 usw.). Die anderen Firmen, die Sie kontaktieren, kennen natürlich die Planung nicht, sondern sehen nur die Ausschreibung mit den angegebenen Maßen. Sie erstellen ihr Angebot entsprechend und haben daher keine Chance. Es gibt hier viele Tricks, die Sie als Laie nicht durchschauen. Was anfänglich als günstig erscheint, kann im Endeffekt wesentlich teurer werden.

➜ Sie schließen keinen Bauvertrag ab, sondern wursteln einfach zusammen mit der Baufirma vor sich hin.
Warum das oft schiefgeht? Weil ohne konkrete Absprachen so gut wie nichts rundläuft und am Ende meist Streit entsteht. Die Formulierung „Na, dann schauen wir mal" führt erfahrungsgemäß meist ins Aus.

➜ Sie leisten sich keine Qualitätskontrolle durch einen versierten und ö. b. u. v. Sachverständigen.
Was kann hier schiefgehen? Die beauftragte Baufirma kann mit Ihnen als technischem Laien machen, was sie will. Natürlich gibt es auch anständige Baufirmen, keine Frage. Aber meine Erfahrungen haben eher nichts mit denen zu tun.

➜ Sie verzichten auf die Abnahmen der einzelnen Gewerke unter Zuhilfenahme eines ö. b. u. v. Sachverständigen oder – bei einem Bauträgerobjekt – auf die Abnahme der Bauleistung.
Warum kann das schiefgehen? Weil Sie als technischer Laie mangel- oder fehlerhafte Ausführungen nicht erkennen können. Dabei geht es um die verdeckten (nicht die versteckten) Probleme, wenn also das Versagen schon angelegt ist, was mittel- und langfristig zu Schäden führen könnte. Sie können die vereinbarte Leistung zum Beispiel hinsichtlich der Oberflächenbeschaffenheit, etwa Fliesen oder Beschichtung, der Anzahl der Steckdosen oder der Armaturen überprüfen, doch mehr in der Regel nicht. Was ist, wenn das WDV-System falsch an die Fensterbänke anschließt, der Feuchteschutz des Sockelputzes oder der Chloridschutz in der Garage nicht den bautechnischen Notwendigkeiten entspricht?

➜ Sie lassen sich, besonders wenn es um ein Bauträgerobjekt geht, vom Unternehmer überreden und verzichten auf den Ihnen zustehenden Rückbehalt bei vorhandenen Mängeln.

Was kann hier schiefgehen? Dass Sie eventuell Ihrem Geld hinterherlaufen müssen. Denn freiwillig gibt kein Bauträger zu viel gezahltes Geld zurück. Also müssen Sie darum streiten – und das kostet. Holen Sie sich besser rechtzeitig fachlichen Rat ein.

→ Trotz deutlicher Hinweise, dass etwas im Argen liegt, und obwohl Sie jemand vor dem Vertragspartner warnt, denken Sie: Na, der wird schon wissen, was er macht. Leider, leider, wissen das eben viele nicht! Diese Haltung gegenüber Bauträgern haben schon viele bereut.

Das waren einige der Methoden, um bei der Verwirklichung eines Traums unglücklich zu werden. Ich bin sicher, das ist noch nicht alles.

Nun bleibt mir nur noch, Ihnen Umsicht und Gelassenheit beim Kauf oder beim Neubau Ihrer Immobilie zu wünschen. Viele nützliche Tipps haben Sie ja bekommen. Wenn Sie diese umsetzen, sehe ich keinen Grund, warum Sie nicht am Ende glücklich und zufrieden in Ihr neues Zuhause einziehen können.

Literatur*

Colin, François: Lernen aus Schäden im Holzbau. Ursachen, Vermeidung, Beispiele. Fraunhofer IRB Verlag, 2000.

Eisenschink, Alfred: Falsch geheizt ist halb gestorben. Gesundheit und Rat für Millionen. Resch Verlag, 1994.

Eisenschink, Alfred: Glück im Haus: Heizen und Bauen für Morgen. Johan-ThV, 2010.

Eisenschink, Alfred: Schöner bauen, richtig heizen, besser wohnen. Resch Verlag, 1995.

Eisenschink, Alfred: Zweckform, Reißform, Quatschform. Wasmuth, 1998.

Meier, Claus: Energiesparen am Gebäude. Thesen und Pseudo-Thesen – Wissen contra Argumentenschwindel. Expert, 2012.

Meier, Claus: Investitions- und Folgekosten bei Bauvorhaben. Bedeutung und Planungskonsequenzen. Expert, 1996.

Meier, Claus: Mythos Bauphysik. Spiegelbild der Gesellschaft – Irrtümer, Fehldeutungen, Missbrauch, Wegweisungen. Expert, 2010.

Meier, Claus: Phänomen Strahlungsheizung. Ein humanes Heizsystem wird rehabilitiert. Expert, 2010.

Meier, Claus: Richtig bauen: Bauphysik im Zwielicht. Probleme und Lösungen. Expert, 2010.

Meier, Claus: Verwildertes Bauen. Kriminelle Netzwerke zerstören Bauten – und Glaubwürdigkeit. Expert, 2010.

* Vergriffene Titel können eventuell über den Club of Home bezogen werden: www.club-of-home.de.

Links

- Unabhängige Fachleute ohne Gewinnmaximierungstendenzen haben sich im **Club of Home** zusammengefunden. Diese stehen Ihnen bei allen Fragen rund um das Bauen zur Seite: www.club-of-home.de.
- Zur **Ermittlung des U-Werts** empfiehlt sich die kostenlose Seite: www.u-wert.net.
- Kritische Beiträge zum Thema **Wärmedämmung** findet man unter www.ndr.de, dort in der Mediathek unter dem Suchwort „Wärmedämmung".
- Eher etwas für **Fachleute**: www.bauschaeden-forum.de

Dank

Die Frage stellt sich an dieser Stelle – glaube ich – jedes Mal: Wo fängt man mit der Kausalitätskette an? Beim Urknall, beim Entstehen unseres Planeten? Ich entscheide mich für meine Eltern. Mein Dank geht zuallererst an meine Mutter, die uns ein liebevolles und behütetes Zuhause bot. Leider ist sie viel zu früh verstorben, sodass sie weder meinen beruflichen Werdegang als Sachverständiger noch die Geburt meiner wundervollen drei Töchter miterleben durfte. Meinem Vater gilt auch und vor allem mein „beruflicher" Dank. Selbst Architekt, hat er mich bereits in jungen Jahren geprägt und als Student zu selbstständigem und kritischem Denken angeregt. Nicht unerwähnt bleiben dürfen meine Kollegen/Kolleginnen – zuallererst mein hoch verehrter Lehrer Dipl.-Ing. Architekt Raimund Probst, Begründer des Bauschäden-Forums in Rottach-Egern – und Freunde, mit denen ich in fachlichen Gesprächen meinen Wissensschatz erweitern durfte.

Ich danke der Produktionsfirma On-Media, die mit mir die Filmarbeiten zu „Bauexperte im Einsatz" realisiert hat, insbesondere Cornel Neata, der mir ein guter Freund geworden ist. Außerdem danke ich Theresa Weiglhofer vom Linde Verlag, die mir mit ihrer sympathischen Art und sanftem Druck bei der Fertigstellung dieses Buches zur Seite stand.

Allen voran danke ich meinem Freund Jochen Batscheider und meiner Lebensgefährtin Karin Angenoorth, die mich liebevoll unterstützt und unermüdlich Korrektur gelesen haben, was bei den manchmal komplexen fachtechnischen Zusammenhängen nicht immer einfach war. Dass dabei auch einige verbale Spitzen auf der Strecke blieben, sei nur am Rande erwähnt.

Ein Dank liegt mir am Herzen – der an mein höheres Selbst. Hat „es" mir doch den richtigen Weg gezeigt. Seitdem ich (noch) bewusster darauf höre, wird mein Weg immer klarer.

Danke.

Abkürzungsverzeichnis

a. R. d. T.	anerkannte Regel der Technik
abP	allgemeines bauaufsichtliches Prüfzeugnis
abZ	allgemeine bauaufsichtliche Zulassung
AGB	Allgemeine Geschäftsbedingung
Az.	Aktenzeichen
BGB	Bürgerliches Gesetzbuch
BGH	Bundesgerichtshof
cm	Zentimeter
DIBt	Deutschen Institut für Bautechnik
ebf	erschließungsbeitragsfrei
ebp	erschließungsbeitragspflichtig
EnEV	Energieeinsparverordnung
FLL	Forschungsgesellschaft Landschaftsentwicklung und Landschaftsbau
g	Gramm
GÜ	Generalübernehmer
GU	Generalunternehmer
ha	Hektar
HGW	höchster anzunehmender Grundwasserstand
HOAI	Honorarordnung für Architekten und Ingenieure
H_t'	Transmissionswärmeverlust
IHK	Industrie- und Handelskammer
IVD	Immobilienverband Deutschland
kg	Kilogramm
kg/dm^3	Kilogramm je Kubikdezimeter
kg/m^3	Kilogramm je Kubikmeter
l	Liter
lfm	laufender Meter
Lph	Leistungsphase
m	Meter
m^2	Quadratmeter
m^3	Kubikmeter

MaBV	Makler- und Bauträgerverordnung
mm	Millimeter
N/cm^2	Newton pro Quadratzentimeter
N/mm^2	Newton pro Quadratmillimeter
ö. b. u. v	öffentlich bestellt und vereidigt
Q_p'	maximaler Primärenergiebedarf
r. F.	relative Feuchte
RDG	Rechtsdienstleistungsgesetz
SD-Wert	diffusionsäquivalente Luftschichtdicke
StGB	Strafgesetzbuch
U-Wert	Wärmedurchgangskoeffizient
VOB	Vergabe- und Vertragsordnung für Bauleistungen
VOB/B	Vergabe- und Vertragsordnung für Bauleistungen, Teil B
WDV-System	Wärmedämmverbundsystem
WEG	Wohnungseigentümergemeinschaft
$W/m^2 \times K$	Watt pro m^2 mal Kelvin
ZPO	Zivilprozessordnung

Stichwortverzeichnis

Abnahme 31
– Folgen 33
Abschlagszahlung 46
Absolute Feuchte 84
Absorption 87
Adsorption 87
Aerosole 175
Allgemeine bauaufsichtliche Zulassung (abZ) 113
Allgemeine Geschäftsbedingung (AGB) 25
Allgemeines bauaufsichtliches Prüfzeugnis (abP) 113
Anerkannte Regeln der Technik (a. R. d. T.) 52
Architekt 38, 62
– Leistungsbild 38
– Vertrag 64
Aufstauendes Sickerwasser 117
Aufwendungsersatz 30
Außenwand
– Baustoffe 136
– Funktionen 135
– monolithisch 137
Badezimmer 206
Balkon 181
– Belag 183
Baugrundgutachter 66
Baugrundverhältnisse 110
Bau(herren)gemeinschaft 37
Baustatiker 66
Bauträger 40
– Bürgschaft 41
Bauträgerschaft 35
Beheizung 212
Bernoulli-Effekt 88
Beton 94, 96, 139
– monolithisch 121
Betonarten 95
Betonklassen 95
Betonwerksteinbelag 184
Beweislastumkehr 29
Blockhaus 231
Bodenfeuchtigkeit 115
Brettschichtholz 103
Bürgerliches Gesetzbuch (BGB) 26

Carbonatisierung 90

Dach 161
– Titanzinkblech 171
Dampfbremse 86
Dampfdiffusion 82
Dampfkonvektion 82
Dampfsperre 85, 151
Diffusionsäquivalente Luftschichtdicke (SD-Wert 86
DIN-Normen 54
Dränung 111
Drückendes Wasser 118

Eigenkapitalanteil 18

Elementwände 125
Energieeinsparverordnung (EnEV) 56
Erfüllungsgehilfe 38

Fachanwalt für Bau- und Architektenrecht 48
Fachlich an der Ausführung Beteiligte 66
Fachwerkhaus 153
Fassade 143
Fehlertolerantes Bauen 107
Fenster 189
Fenstertür 158
Fertigbetonwände 131
Fertighaus 220
Fiktive Abnahme 32
Filtervlies 112
Flachdach 174
Flächenbedarf 16
Fliesen 183, 205
Fußbodenbelag 205
Fußbodenheizung 215

Garage 159
Gebäudehülle 108, 196
– Luftdichtheit 196
Genehmigungsplanung 66
Generalübernehmer (GÜ) 36
Generalunternehmer (GU) 36
Geschliffener Estrich 205
Gewährleistungsfrist 45
Gewöhnliche Verwendung 70
Gips 207
Gleichgewichtsfeuchte 85
Gründach 178
Grundstück 17
Gutachten 248

Heizkörper 213
Hexabromcyclododecan (HBCD) 146
Hirnholz 90
Höchster anzunehmender Grundwasserstand (HGW) 111
Holz 99
Holzdielen 185
Holzparkett 206
Holzrahmenbau 220
Holztafelbau 220
Honorar 64, 67
Honorarordnung für Architekten und Ingenieure (HOAI) 38
Honorarzonen 68
Hydratation 95
Innenausbau 203
– Baustoffe 204
Innendämmung 147
Innenwand
– Beschichtung 218

Kalkputz 211
Kalksandstein 98, 139
Kapillaraktiv 90
Kapillarität 83
Keller 110
Klage auf Kostenvorschuss 251
Klage auf Schadenersatz 251

Konstruktionsvollholz 103
Konstruktiver Holzschutz 101
Konvektor 213
Kündigung 46

Lastfall 113
– aufstauendes Sickerwasser 113
– Bodenfeuchtigkeit 113
– drückendes Wasser 113
Leistungsphasen 38
Leistungsverzeichnisse 65
Linoleum 206
Lochfraßkorrosion 172
Luftdichtheitsschicht 199
Luftdifferenzdruckmessung 200
Luftwechselrate 200

Makler- und Bauträgerverordnung (MaBV) 36, 40
Mängelbeseitigungsaufforderung 45
Mängelrechte 27
Mauerwerk 97
Mediation 253
Metallfenster 192
Minderung der Vergütung 30
Monolithische Außenwand 137
Monolithischer Beton 121
Musterbauvertrag 39
Mustervertrag 72

Nacherfüllung 30
Nassraum 206
– Wandbaustoffe 207
Natursteine 97
Nebenkosten 16
Nettobaukosten 64

Ortstermin 248

Partialdruck 83
Physikalische Grundlagen 80
Porenbeton 98, 138
Projektant 66

Referenzgebäudeverfahren 57
Regeln der Technik (R. d. T. 54
Regeln der Technik (R. d. T.)
– Vereinbarung 55
Relative Feuchte (r. F.) 84
Rissbreitenbegrenzung 122
Rollladen 194
Rücktritt 30

Schiedsgutachten 254
Schwarze Wanne 118
Selbständiges Beweisverfahren 249
Selbstvornahme 30
Sockel 154
– Fenstertür 158
– Garage 159
Sollriss 90
Steildach 161
Stillschweigende Abnahme 32
Strahlungsheizung 216
Stufenvertrag 64

Taupunkt 84

Terrasse 181
– Belag 183
Titanzinkblech 171

Umbaukostenzuschlag 69
Umkehrdach 180
Untergeschoss 110, 114
UV-Strahlung 88, 101

Verbundabdichtung 208
Vereinbarte Beschaffenheit 26, 44
Verglasungselemente 189
Vergütung 27, 42
Verjährungsfrist 34
Vertragsordnung für Bauleistungen, Teil B (VOB/B) 42
Vollholz 99
Vollsparrendämmung 164
Vorflut 112

Wandbaustoffe 135
Wärmedämmverbundsystem (WDV-System) 140
Wärmedurchgangskoeffizient (U-Wert) 87
Wärmestrahlung 86
Wärmestrom 87
Wasser 80
Wasserdicht 112
Wasserundurchlässig 112
Weiße Wanne 120
Weißrost 172
Werkerfolg 63
Werkvertrag 26

Zement 94
Ziegel 137
Ziegelhohlkörperdecke 170
Zweite Entwässerungsebene 162
Zwischensparrendämmung 164

Der Autor

Manfred Heinlein

- Diplom-Ingenieur Architekt
- Öffentlich bestellter und vereidigter Sachverständiger für Schäden an Gebäuden
- Freier Sachverständiger für die Bewertung von bebauten und unbebauten Grundstücken
- Fachjournalist
- Referent der Architekten- und Stadtplanerkammer Hessen
- Mitarbeiter der juristischen Fachzeitschrift „Immobilien & Baurecht", IBR
- Seit Frühjahr 2014 Leiter des Bauschäden-Forums in Rottach-Egern/Tegernsee

Beruflicher Werdegang

- 1973–1977 Studium der Architektur an der FH Frankfurt/Main
- Danach acht Jahre im väterlichen Architekturbüro tätig
- Ab 1985 selbstständig mit bis zu fünf Mitarbeitern
- 1992 öffentliche Bestellung und Vereidigung als Sachverständiger für Schäden an Gebäuden
- Ab 1998 fast ausschließlich als Sachverständiger tätig